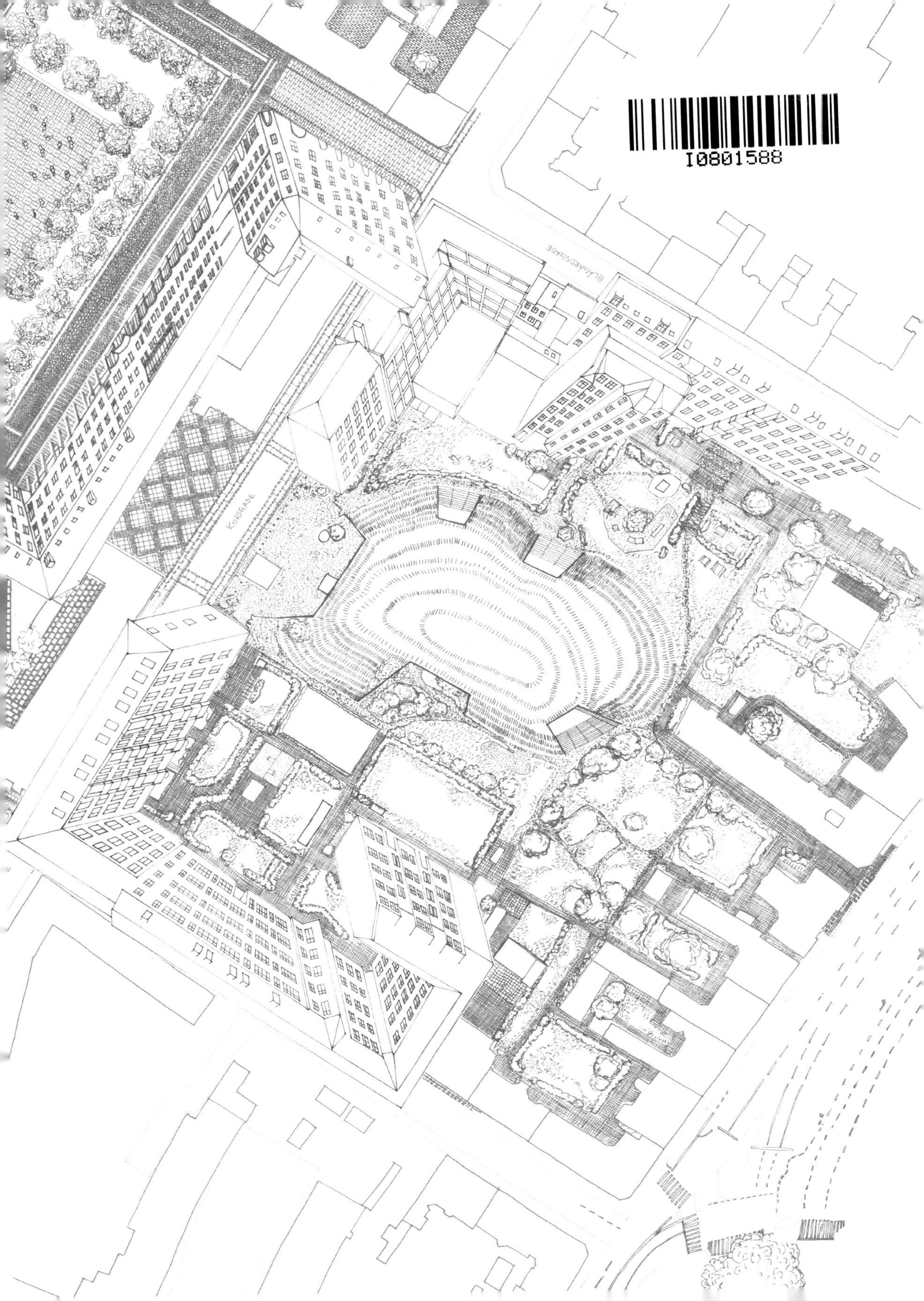
BLÅGÅRDSGADE
KORSGADE

KORSGADE
WESSELSGADE

Frits Palmboom, Bruno Notteboom, Kornelia Dimitrova, Bart Decroos

The Drawing in Landscape Design and Urbanism

This issue of *OASE* explores the agency of drawing – as activity and artefact – in landscape design and urbanism. Initiated by guest editor Frits Palmboom, co-founder of the Rotterdam design studio Palmbout Urban Landscapes and emeritus professor at Delft University of Technology, this issue investigates the agency of the drawing from both a practical and an academic perspective. What does the drawing *do* within the design processes of landscape architects and urban designers, and how can we (re)*think* the drawing within contemporary and historical design practices? These questions were posed to the professional and academic field by means of a call for papers based on three qualities of the drawing as they emerge from contemporary practice. First, the drawing as an analytical instrument: Since in urban design and landscape architecture the transformation of the existing (urban) landscape is at stake, in what way is drawing a means to investigate, understand and conceptualize this? Secondly, the role of the drawing within the design process: How does drawing help to generate ideas for spatial interventions? How does the drawing mediate between the design and the eventual physical realisations, and how does it deal with the factors of time, change and uncertainty so inherent to landscape and urban design? Third, the drawing as an instrument for discussion: How does the drawing allow the transformation of the (urban) landscape to be discussed in a broader social field, as a means to make intentions or concerns explicit, and to help define the urban project?

The question of what the agency of the drawing is in these three capacities derives urgency from current developments in landscape architecture and urban design. These disciplines are historically anchored in housing, land use and embellishment issues, but today also include questions of ecology, energy transition or 'metabolism', in a context of increasing participation and coproduction. Which new ways of analysing, designing and discussing do these new issues lead to, and which drawings are being developed? How do drawings help to 'spatialise' the multitude of information from all these disciplines and problem fields and to make it accessible for spatial interventions? What are the historical precedents? By including the capacity of the drawing as a medium for conversation in the call, we also wanted to pose the question of the sociopolitical dimension of the drawing: To what extent does it help determine what does and does not appear in the image, and who does and does not have a voice?

While *OASE* 105 was focused on the architectural drawing, this issue extends to the disciplines of landscape design and urbanism. In *OASE* 105, with reference to architecture critic Robin Evans, the drawing was questioned as an instrument that mediates between design and building.[1] The starting point was the active role of the drawing, not as a mere instrument necessary for the direct translation of a design idea into built reality, but as a practice in which the gap between drawing and building becomes a productive moment. In this issue, however, the mediating role of the drawing in landscape design and urbanism is even more pronounced. Almost by definition, the landscape and urban design drawing ends up in a broader arena than the architectural drawing, given the scale on which designs are made (from street design to regional plan) and the number of parties involved at the table (not only clients and users, but also the many forums for discussion and decision making). Whereas the architectural

1
Bart Decroos et al., 'The Drawing as Practice', *OASE* 105 (2020), 13–23.

Frits Palmboom, Bruno Notteboom, Kornelia Dimitrova, Bart Decroos

De tekening in landschapsontwerp en stedenbouw

Dit nummer van *OASE* gaat over de tekening – en de activiteit van het tekenen – in landschapsontwerp en stedenbouw. Op initiatief van gastredacteur Frits Palmboom, medeoprichter van het Rotterdamse ontwerpbureau Palmbout Urban Landscapes en emeritus-hoogleraar aan de TU Delft, stelt dit nummer de vraag naar de *werking* van de tekening, zowel vanuit een praktijkgericht als academisch perspectief. Wat *doet* de tekening in de ontwerpprocessen van landschapsarchitecten en stedenbouwkundigen, en hoe kunnen we de tekening (opnieuw) *denken* binnen de hedendaagse en historische ontwerppraktijk? Deze vragen kreeg het professioneel en academisch veld voorgelegd via een *call for papers* met als uitgangspunt drie hoedanigheden om de tekening binnen de hedendaagse praktijk te benaderen. Een eerste kenmerk is de tekening als analytisch instrument: aangezien in landschapsontwerp en stedenbouw de transformatie van het bestaande (stedelijke) landschap het belangrijkste onderwerp is, hoe is tekenen dan een middel om dit te onderzoeken, te begrijpen en te conceptualiseren? Ten tweede wordt de inzet van de tekening bij het ontwerp aan de orde gesteld: hoe helpt tekenen om ideeën voor ruimtelijke ingrepen te genereren? Hoe bemiddelt de tekening tussen het ontwerp en de uiteindelijke realisatie, en hoe gaat ze daarbij om met de factoren tijd, verandering en onzekerheid, die zo eigen zijn aan het landschaps- en stedenbouwkundig ontwerp? En ten derde is er de tekening als gespreksinstrument: hoe opereert zij als medium om de transformatie van het (stedelijk) landschap te bediscussiëren in een bredere maatschappelijke omgeving, als middel om intenties of bezorgdheden te verduidelijken, en om het stedelijk project te helpen definiëren?

De vraag naar de werking van de tekening in deze drie hoedanigheden krijgt een urgente lading door de actuele ontwikkelingen in landschapsontwerp en stedenbouw. Deze disciplines zijn historisch gezien verankerd in huisvestings-, landinrichtings- en verfraaiingsvraagstukken, maar nemen vandaag ook kwesties rond ecologie, energietransitie of metabolisme mee, in een omgeving waar participatie en co-creatie een steeds grotere rol spelen. Tot welke manieren van analyseren, ontwerpen en bediscussiëren leiden deze nieuwe vraagstukken en welke tekeningen worden daarbij ontwikkeld? Hoe helpen tekeningen om de hoeveelheid informatie uit al die disciplines en probleemvelden te 'verruimtelijken' en toegankelijk te maken voor ruimtelijke ingrepen? Zijn hiervoor historische precedenten? Door de hoedanigheid van de tekening als gespreksmedium in de oproep mee te nemen, legde de redactie van dit nummer tevens de vraag voor naar de sociopolitieke dimensie van de tekening: in welke mate bepaalt de tekening mee wat wel en niet in beeld komt, en wie wel en niet een stem krijgt?

Dit nummer is een vervolg op *OASE* 105 over de architectuurtekening en breidt dit uit naar de stedenbouw- en landschapstekening. In *OASE* 105 wordt, refererend naar architectuurcriticus Robin Evans, de tekening besproken als bemiddelaar tussen ontwerp en gebouw.[1] Het uitgangspunt was de actieve rol van de tekening in het ontwerpproces, niet als instrument dat louter noodzakelijk is om een ontwerpidee rechtstreeks te vertalen naar een gebouwde werkelijkheid, maar als praktijk waar de ruimte tussen het tekenen en het bouwen kan worden onderzocht en benut. In de landschapsarchitectuur en stedenbouw is de bemiddelende rol van de tekening echter nog sterker aanwezig. De landschaps-

1 Bart Decroos et al., 'De tekening als praktijk', *OASE* 105 (2020), 14-24.

drawing – however complex its relationship with reality – is in a certain sense always a 'drawing of a building', the mediating role of the drawing in landscape design and urbanism often begins earlier: in the analysis of the urban or landscape context in the broadest sense, or even in determining the commission. Landscape design and urbanism are deeply permeated by the importance of process in design: the factors of time and uncertainty play a great role. Plans usually cover a longer period of time, drawings go through many phases and procedures, city and landscape are 'never finished'. How do drawings deal with that?

Observations and Fields of Tension

The contributions to this issue approach the medium of drawing from different points of view. The cases range from the landscape drawing from ground level, through the bird's-eye view to the map and diagram, and include both digital and handmade drawings. Starting from the three qualities of the drawing mentioned above, the selected contributions led to different observations.

A first observation is that these three qualities do not form chronological stages but are strongly interrelated; they feed each other reciprocally. Chiara Cavalieri, for example, in her article, with André Corboz, refers to the concept of description.[2] This is a mode of drawing based on a gradual transition between 'reading' and 'writing' the territory, between analysis and design. The practice of, and reflection on, mapping over the past decades has clearly shown that both the map and the plan have a projective character.[3] The character of the site is as much a matter of creative interpretation as the design itself. Partly due to the rise of public participation and participatory planning since the late 1960s, the drawing as an instrument of communication and discussion also increasingly became part of analysis and project in an exploratory stage. The articles by Elke Couchez or Nitin Bathla and Sumedha Garg argue that a map can be read as both documentation of place as well as an invitation to concrete actions and possibilities. A design can be a hypothesis that resulted from the analysis. An analysis can be drawn in order to bring forth an argument for or against a decision in the design process. Be it the inclination of the hand, the eye, the technology or the audience, (reading a) drawing is rooted in a widely shared visual culture, but remains a subjective act within.

A second observation is that all drawings presented in this issue are situated in a field of tension between the reduction and multiplication of meaning. It has often been argued that the landscape drawing or map is a reduction of reality, an interpretation and/or projection that is not 'neutral' but is directed by the author(s), together with specific social, economic or political stakeholders.[4] This reduction gives the drawing its strength and scope of action. At the same time, in various contributions in this issue we see a search to capture as much complexity as possible within the drawing and to make multiple meanings possible. In drawing, the acts of omitting and adding, of simplifying and compiling, compete with each other. How can the landscape and urban design drawing evoke an illuminating but non-hegemonic image of the existing and create a desired future, and leave room for evolution and multiplicity?

A third, related observation concerns the field of tension between the mental space of the drawing and its role as a means of negotiation. Because of its mediating role the drawing is not seen as an autonomous object by definition. It is striking how, in landscape design and urbanism, drawings often occur in series and also have several authors. If they are made by one author, they are often the result of multiple voices. Nevertheless, we note that in the process of making and negotiating through the drawing, its autonomy comes back to the foreground. Frits Palmboom speaks in his contribution of the 'enlightening moment' (and also the 'creative error'), in which the process of drawing goes

2
André Corboz, 'La descrizione tra lettura e scrittura', 2nd International Conference on Urbanism: 'Describing territories', Prato (1995), later published as 'La description: entre lecture et écriture', in : André Corboz, *Le Territoire comme palimpseste et autres essais* (Paris: Les éditions de l'imprimeur, 2001).

3
Jil Desimini and Charles Waldheim, *Cartographic Grounds: Projecting the Landscape Imaginary* (New York: Princeton Architectural Press, 2016), 11. See also Chiara Cavalieri's contribution in this issue.

4
See, for example: Denis E. Cosgrove, *Social Formation and Symbolic Landscape* (Madison: University of Wisconsin Press, 1998 [1980]).

en stedenbouwkundige tekening bevindt zich haast per definitie in een bredere arena dan de architectuurtekening, gezien de schaal waarop in deze disciplines ontworpen wordt (van straatinrichting tot regionaal plan) en de hoeveelheid betrokken partijen die mee aan tafel zitten (niet alleen opdrachtgevers en gebruikers, maar ook de vele fora van discussie en besluitvorming). Waar de architectuurtekening – hoe complex haar relatie met de realiteit ook is – in zekere zin altijd een 'tekening van een gebouw' blijft, begint de bemiddelende rol van de tekening in landschapsarchitectuur en stedenbouw vaak al eerder: bij de analyse van de stedelijke of landschappelijke context in de breedste zin, of zelfs bij het bepalen van de opdracht. Landschapsontwerp en stedenbouw zijn diep doordrongen van het belang van het proces in het ontwerp: de factoren tijd en onzekerheid spelen een grote rol. Plannen beslaan een lange periode, tekeningen doorlopen vele fasen en procedures, stad en landschap zijn 'nooit af'. Wat betekent dat voor het tekenen en de tekening?

Observaties en spanningsvelden

De inzendingen voor dit nummer interpreteren de tekening vanuit verschillende invalshoeken. De bijdragen variëren van de landschapstekening op ooghoogte, via de vogelvlucht tot de kaart en het diagram, en bevatten voorbeelden van zowel digitale als handgemaakte tekeningen. Met de drie kenmerken van de tekening als vertrekpunt, hebben de geselecteerde bijdragen tot verschillende observaties geleid.

Ten eerste blijkt dat analyse, ontwerp en gesprek niet los staan van elkaar. Het zijn geen afzonderlijke stadia die elkaar chronologisch opvolgen, ze beïnvloeden elkaar wederzijds. Zo verwijst Chiara Cavalieri in haar artikel (in navolging van André Corboz) naar het concept van descriptie.[2] Dit is een manier van tekenen die uitgaat van een graduele verschuiving tussen 'lezen' en 'schrijven' van het territorium, tussen analyseren en ontwerpen. De praktijk van *mapping*, en de reflectie daarop, maakte tijdens de afgelopen decennia duidelijk dat zowel de kaart als het plan een projectief karakter heeft.[3] De ondergrond is net zo goed een kwestie van creatieve interpretatie als het ontwerp zelf. Mede door de opkomst van inspraak en de participatieve planning sinds het einde van de jaren 1960, beïnvloedde de tekening als instrument van communicatie en discussie ook in toenemende mate de stadia van analyse en ontwerp. Zo betogen de artikelen van bijvoorbeeld Elke Couchez of Nitin Bathla en Sumedha Garg dat een kaart kan worden gelezen als een documentatie van de plaats, maar ook als een uitnodiging tot concrete acties en ingrepen. Een ontwerp kan een hypothese zijn, die door analyse tot stand is gekomen. Een analyse kan worden getekend om een argument voor of tegen een beslissing in het ontwerpproces naar voren te brengen. Of het nu gaat om een neiging van de hand, het oog, de techniek of het publiek, het lezen en het maken van een tekening is geworteld in een brede visuele cultuur – maar daarbinnen blijven het subjectieve handelingen.

Een tweede observatie is dat de tekeningen in dit nummer zich bewegen in het spanningsveld tussen eenduidigheid en meerduidigheid. Het is al vaak vastgesteld dat de landschapstekening of de kaart een reductie van de werkelijkheid vormt, een interpretatie en/of projectie die niet 'neutraal' is, maar gestuurd door de auteur(s), samen met bepaalde maatschappelijke, economische of politieke belanghebbenden.[4] Deze reductie verleent de tekening haar kracht en haar handelingsbereik. Tegelijkertijd zien we in diverse bijdragen in dit nummer een zoektocht om binnen de tekening juist een zo groot mogelijke complexiteit te vangen en meerdere betekenissen mogelijk te maken. In het tekenen, strijden het weglaten en toevoegen, het versimpelen en vervolledigen om de voorrang. Hoe kan de landschaps- en stedenbouwtekening vanuit haar

2
André Corboz, 'La descrizione tra lettura e scrittura', 2nd International Conference on Urbanism: 'Describing territories', Prato (1995), later gepubliceerd als: André Corboz, 'La description: entre lecture et écriture', in: André Corboz, *Le Territoire comme palimpseste et autres essais* (Parijs: Les éditions de l'imprimeur, 2001).

3
Jil Desimini en Charles Waldheim, *Cartographic Grounds: Projecting the Landscape Imaginary* (New York: Princeton Architectural Press, 2016), 11. Zie eveneens de bijdrage van Chiara Cavalieri in dit nummer.

4
Zie bijvoorbeeld: Denis E. Cosgrove, *Social Formation and Symbolic Landscape* (Madison: University of Wisconsin Press, 1998 [1980]).

beyond the straightforward interpretation of the existing and the wishes of stakeholders and evokes a desired reality that both incorporates and transcends it. In a seemingly paradoxical way, this interpretation thus occurs primarily through the reduction inherent in the activity of drawing itself: a simplification of reality that at the same time opens the door to a multiplicity of meanings and possibilities.

A fourth and last observation concerns the historical background against which almost all contributions can be placed. They revolve around the criticism of orthodox modernism, in which form was unambiguously linked to function, and urban and landscape matters were notoriously (over)simplified. They recount the interest that has arisen since the late 1960s in the sustainable form of the city and landscape and in a more open and dynamic relationship with its processes and programmes. In later decades, the dimension of uncertainty and temporal dynamics were addressed even more strongly. Without wanting to offer a complete historical overview, several authors shed light on this. Thus the Italian 'descriptive tradition' comes to the fore, fed by Aldo Rossi's criticism of the reductionism of functional urbanism. On this basis, designers and theorists such as Giancarlo De Carlo, and Bernardo Secchi and Paola Viganò developed since the 1970s a design idiom based on a reading of the existing landscape. A similar situation is sketched for the Netherlands, where since the end of the 1970s interest in the shape of the city was increasingly linked to that of the landscape, as an alternative to urban design that was anchored in abstract housing schemes or a technocratic approach to infrastructure issues. We also see similar developments elsewhere in Europe and the United States, which give rise to the development of new genres such as the figure-ground drawing, the diagram and the score, and the layered approach. Likewise, in these historical examples, the tension between the drawing as mental space and the drawing as an instrument of negotiation is strongly present.

Reflective Practices and Historical Cases

This issue consists of a number of longer contributions, which build up a reflection from multiple images that were drawn from contemporary or historical practices, and a number of shorter texts that reflect on a single image. The ten extensive contributions can be divided according to the position of the author: half of them are reflections by designers on their own contemporary drawing practice, while the other half consists of reflections on historical cases.

Several of the designers that reflect on their own work explore the agency of the drawing as embedded in a process of spatial as well as social transformation. This is the case for William Mann, who recounts the evolution of the drawing in the development of a landscape strategy for the Upper Lee Valley. The process of walking and drawing led to an acupunctural approach in dialogue with the stakeholders. Chiara Cavalieri reflects on the cartographic and design project 'Blue Space' for the French-Belgian Eurometropolis around Lille and Courtrai. Hinged on the water system, a series of different forms of drawings generate new meaning for a fragmented geographical and political context. Mapping became a form of empowerment. The contributions of Nitin Bathla and Sumedha Garg, and of Julie Marin and Bruno De Meulder, also discuss the role of medium and technique. While the former focusses on a tapestry stitched by women workers in the textile industry of Delhi, the latter deals with a synoptic assemblage informed by different stakeholder groups in Limburg, Belgium. In both cases the assembly of fragments related to multiple authors generates a new image of the landscape. The participants are empowered both to take ownership of the present and of the future of the space they live in.

This issue of *OASE* also illuminates the agency of (the) drawing at the level

synthetisch vermogen een verhelderend, maar niet-hegemonisch beeld oproepen van het bestaande en een gewenste toekomst in het vooruitzicht stellen, die ruimte laat voor evolutie en meerduidigheid?

Een derde, hiermee samenhangende observatie gaat over het spanningsveld tussen de autonomie van de tekening en haar bemiddelende rol. De tekening wordt per definitie niet als autonoom object beschouwd. Tekeningen uit het landschapsontwerp en de stedenbouw komen vaak in serie voor en hebben dikwijls meerdere auteurs. Indien ze gemaakt zijn door één auteur, zijn ze vaak het resultaat van meerdere stemmen. Niettemin stellen we vast dat de tekening, tijdens het proces van het maken en onderhandelen, niet louter instrumenteel is, maar een eigen ruimte biedt voor exploratie en innovatie. Frits Palmboom spreekt in zijn bijdrage van het 'verhelderende moment' (en ook de 'creatieve vergissing'), waarop de tekening voorbij de interpretatie van het bestaande en de wensen van *stakeholders* schiet, en zicht biedt op een gewenste werkelijkheid. Op een schijnbaar paradoxale manier gebeurt deze interpretatie in de eerste plaats door de reductie die eigen is aan de activiteit van het tekenen zelf: een vereenvoudiging van de werkelijkheid, die tegelijkertijd de deur openzet voor meervoudige betekenissen en mogelijkheden.

Een vierde en laatste observatie betreft de historische achtergrond waartegen vrijwel alle bijdragen kunnen worden geplaatst. Ze cirkelen om de kritiek op het orthodoxe modernisme, waarin vorm eenduidig aan functie werd gekoppeld, en stedelijke en landschappelijke zaken opmerkelijk werden (over) vereenvoudigd. Ze verhalen over de belangstelling die sinds de late jaren 1960 ontstond naar de duurzame vorm van stad en landschap en naar een meer open en dynamische relatie met processen en programma's. In latere decennia kwamen de onzekerheid en de temporele dynamiek nog sterker aan de orde. Zonder een volledig historisch overzicht te willen geven, bieden verschillende auteurs hierop een perspectief. Zo komt de Italiaanse 'descriptieve/beschrijvende traditie' aan bod, die door Aldo Rossi's kritiek op het reductionisme van de functionele stedenbouw in gang werd gezet. Ontwerpers en theoretici als Giancarlo De Carlo, en Bernardo Secchi en Paola Viganò bouwden hier sinds de jaren 1970 op voort, door een ontwerpidioom te ontwikkelen vanuit een grondige lezing van het bestaande landschap. Eenzelfde situatie wordt geschetst voor Nederland, waar sinds het einde van de jaren 1970 onder meer aan de TU Delft de interesse in de vorm van de stad meer en meer werd gekoppeld aan die van het landschap, als alternatief voor een stedenbouw die beperkt bleef tot abstracte huisvestingsschema's of een technocratische benadering van infrastructuur. Elders in Europa en de Verenigde Staten zien we gelijksoortige stromingen, die leiden tot de ontwikkeling van nieuwe genres zoals de *figure-ground* tekening, het diagram en de partituur, en de lagenbenadering. Ook in deze historische voorbeelden is de spanning tussen de tekening als mentale ruimte en de tekening als instrument van onderhandeling, sterk aanwezig.

Reflectieve praktijken en historische beschouwingen

Dit nummer bestaat uit een aantal langere stukken, die reflecteren vanuit meerdere beelden uit de hedendaagse of historische praktijk, en een aantal kortere die reflecteren op een enkel beeld. De tien uitgebreidere bijdragen kunnen opgedeeld worden aan de hand van de positie van de auteur: de ene helft neemt de eigen, hedendaagse tekenpraktijk in beschouwing, de andere helft behandelt historische gevallen.

Meerdere ontwerpers bespreken de werking van de tekening en het tekenen als onderdeel van een proces dat zowel ruimtelijke als sociale veranderingen betreft, in het kader van hun eigen werk. Zo verhaalt William Mann van het Londense architectuurbureau Witherford Watson Mann over de evolutie van de

of the designer's internal world. Frits Palmboom reflects on his own design practice from his 1981 graduation project at Delft University of Technology. He describes a process of reading the site that gradually turns into a design, by constantly redrawing the map, thus reshaping the process of landscape formation on the roll of sketching paper until the drawing begins to tell its own story, making new relationships possible. The drawing forms the designer's own laboratory, which offers space for experimentation and contemplation; it enables him/her to make discoveries that do not emerge immediately from the conversation with the external partners, but that can enrich it.

While these contributions offer an insight into drawing from the inside, five others reflect on more historically situated and institutionally anchored drawing practices, particularly in the Netherlands and Italy.

Two articles deal with traditions and practices within an educational setting. Elke Couchez examines the 1977 summer course in Urbino, organized by Giancarlo De Carlo's ILAUD. Its education programme was intended to break away from universalist and modernist design methods. The Urbino edition focused on the 'reading' of space and its social, historical and topographical transformations through the drawing. Similarly, as he reflects on his own design practice Paul Broekhuisen departs from Rein Geurtsen's course, which introduced contextualism into urban planning education in the Netherlands in the 1980s. Both the city itself and the design process were conceived as a series of spatial adaptations, linked to political, technological, social and economic transformations.

Finally, three texts reveal the discourses around specific forms of drawing, and their discursive context. In the 1970s, in circles around Colin Rowe, the figure-ground plan was rediscovered as a means of analysing the shape of the city. Praised and reviled for both his abstraction and contextualisation, Roberto Damiani traces the history of this form of drawing, and advocates its qualities and potential as a descriptive, projective and discursive instrument.

The various drawings for Melun Senart produced by OMA in 1987, the subject of the article of Holger Schurk, display different degrees of autonomy as well as different relationships to reality. On the basis of this series Schurk, with Rem Koolhaas, problematises the fixation on the form of the city as a 'primary vessel of meaning'. The contribution by Marialessandra Secchi and Marco Voltini questions the current practice of drawing with thematic layers. The authors see a public role for the drawing as one of the prerequisites for a 'unitary moment', a reflection on society, the city, and their future. By contrast, they denounce the sectoral approach and the lack of a specific 'spatialisation' of specific layer approaches and plea for an approach that stimulates rather than reduces complexity.

The longer contributions are followed by shorter descriptions of specific drawings. These are placed between the longer texts in a rather associative way, to offer a broad perspective on the possibilities, roles and techniques of the drawing. A number of them show a variety of historical examples: the contributions by Gianni Lobosco, Sandra Parvu, Marc Treib, Koenraad Danneels and Bram van Kaathoven. Reflections on own drawings from practice or education are by Heidi Svenningsen, Gini Lee and Antonia Besa, Kees Christiaanse and Pieter Schengenga. They form a richly composed gallery, where each piece is exemplary for its medium and technique, the form of the drawing and the spatial and societal context in which it operates.

Autonomy and Anchoring

Together, all these articles explore the way abstraction and contextualisation challenge and prevail over each other in different drawing types. It is indeed

tekening bij het bedenken van een landschapsstrategie voor de Upper Lee Valley. Een proces van wandelen en tekenen leidde tot een acupuncturele aanpak in dialoog met de betrokkenen. Chiara Cavalieri gaat in op het cartografisch ontwerpproject 'Blauwe Ruimte' voor de Frans-Belgische Eurometropool rondom Rijsel en Kortrijk. Met het watersysteem als ruimtelijke sleutel geven verschillende vormen van tekenen een nieuwe betekenis aan een gefragmenteerde geografische en politieke context. *Mapping* wordt een vorm van *empowerment*. De artikelen van Nitin Bathla en Sumedha Garg, en van Julie Marin en Bruno De Meulder gaan specifiek in op de rol van medium en techniek. Terwijl de eersten focussen op een wandkleed dat vrouwelijke arbeiders in de textielindustrie van Delhi gezamenlijk borduurden, beschrijven de laatsten een 'synoptische assemblage' die is gemaakt in wisselwerking met verschillende belangengroepen in Belgisch-Limburg. In beide gevallen levert de assemblage van fragmenten die zijn verbonden met meerdere actoren, tot een nieuw beeld van het landschap. Het biedt aanknopingspunten om zich het heden en de toekomst van de ruimte waarin men leeft, toe te eigenen.

Dit nummer van *OASE* belicht ook de werking van het tekenen binnen het denkproces van de ontwerper(s) zelf. Frits Palmboom reflecteert op zijn eigen ontwerppraktijk, om te beginnen zijn afstudeerproject aan de TU Delft (1981). Hij beschrijft een proces van een lezing van de site die geleidelijk overgaat in een ontwerp: de kaart wordt telkens hertekend en de landschapsvormende aspecten overgezet op de schetsrol, tot de tekening een eigen verhaal begint te vertellen, waardoor nieuwe relaties mogelijk worden. De tekening is voor de ontwerper een eigen laboratorium, dat ruimte biedt voor experiment en contemplatie; ze stelt hem/haar in staat ontdekkingen te doen, die niet meteen uit het gesprek met de externe partners voortkomen, maar dat wel kunnen verrijken.

Terwijl voorgaande bijdragen een inzicht bieden in het tekenen van binnenuit, reflecteren de andere vijf langere artikelen op meer historisch gesitueerde en institutioneel verankerde tekenpraktijken, met name in Nederland en Italië.

Twee artikelen gaan in op tradities en praktijken binnen het onderwijs. Elke Couchez bespreekt de zomercursus in 1977 in Urbino, georganiseerd door Giancarlo De Carlo's ILAUD. Het onderwijsprogramma beoogde een alternatief te vinden voor universele en modernistische ontwerpmethoden. Tijdens de editie in Urbino stond het 'lezen' van de ruimte en haar sociale, historische en topografische transformatie door middel van de tekening centraal. Paul Broekhuisen keert eveneens terug naar de laat-twintigste eeuw in de reflectie op zijn eigen ontwerppraktijk. Zijn vertrekpunt is de cursus van Rein Geurtsen, die in de jaren 1980 het contextualisme introduceerde in het Nederlandse stedenbouwonderwijs. Zowel de stad zelf als het ontwerpproces werd opgevat als een reeks bewerkingen, die niet alleen ruimtelijk waren, maar samenhingen met politieke, technologische, maatschappelijke en economische omwentelingen.

Ten slotte gaan drie artikelen in op de geschiedenis en de discussies over specifieke soorten tekeningen. Omstreeks de jaren 1970 werd in de Verenigde Staten in kringen rondom Colin Rowe de *figure-ground* tekening herontdekt als een middel om de vorm van de stad te analyseren. Geprezen en verguisd om zowel haar abstraherend als contextualiserend vermogen, traceert Roberto Damiani de geschiedenis van deze tekenvorm, en pleit hij voor haar unieke eigenschappen en mogelijkheden als descriptief, projectief en discursief instrument.

De serie ontwerptekeningen voor Ville Nouvelle Melun-Sénart van OMA uit 1987, het onderwerp van de bijdrage van Holger Schurk, toont verschillende graden van abstractie, alsook verschillende relaties tot de werkelijkheid. In dit kader stelt Schurk, met Rem Koolhaas, de vorm van de stad als betekenisdrager

abstraction that allows new imaginations of the future, but it is contextualisation that can make these concrete in local practice. In both operations the act of drawing is crucial.

Throughout the entire issue, the drawings construct a parallel narrative of their own, forming a visual landscape. The drawings speak their own language, consisting of lines, patterns, forms, colours and shades. Their agency – as a mediator between analysis, design and conversation – originates from its ability to surpass verbal language and enable multiplicity and ambiguity of its own kind. A drawing works because it refers to the world, and is a part of it, but does not coincide with it. It always retains a degree of autonomy. A drawing guides the spoken and written conversation about the world without directly mirroring it. This is equally true of all design disciplines, but is maybe even more challenging in the complex and elusive field of urbanism and landscape design. This issue of *OASE* is a plea to explore, cherish and develop both the anchoring of the drawing in the world and its autonomous mental space – in education, research and practice.

Translation: Kornelia Dimitrova

ter discussie. In het artikel van Marialessandra Secchi en Marco Voltini wordt de actuele tekenpraktijk met thematische lagen kritisch ondervraagd. De auteurs zien voor de tekening een publieke rol weggelegd als voorwaarde voor een *unitary moment*, een reflectie op de samenleving, de stad en hun toekomst. Daartegenover stellen ze de sectorale benadering en het gebrek aan een specifieke 'verruimtelijking' van bepaalde lagenbenaderingen aan de kaak, en pleiten ze voor een werkwijze die complexiteit stimuleert in plaats van reduceert.

De lange bijdragen worden gevolgd door korte beschrijvingen van telkens een enkele tekening. Deze zijn associatief gerangschikt, om een breed perspectief te bieden op de mogelijkheden, rollen en technieken van de tekening. Een aantal van hen toont uiteenlopende historische voorbeelden: de bijdragen van Gianni Lobosco, Sandra Parvu, Marc Treib, Koenraad Danneels en Bram van Kaathoven. Reflecties op eigen tekeningen uit de praktijk of het onderwijs zijn van Heidi Svenningsen, Gini Lee en Antonia Besa, Kees Christiaanse en Pieter Schengenga. Ze vormen een rijk samengestelde galerij, waarbij elk stuk exemplarisch is voor wat betreft het medium en de techniek, de vorm van de tekening en de ruimtelijke en maatschappelijke context waarin ze opereert.

Autonomie en verankering

Deze artikelen tezamen verkennen de wijze waarop in de diverse manieren van tekenen abstrahering en contextualisering elkaar uitdagen en om voorrang strijden. Abstrahering maakt nieuwe voorstellingen voor de toekomst mogelijk, maar contextualisering maakt deze concreet in lokale praktijken. In beide gevallen is de activiteit van het tekenen cruciaal.

Door het hele nummer heen vormen de tekeningen een eigen parallelle vertelling, een beeldlandschap. De tekeningen spreken hun eigen taal: ze bestaan uit lijnen, patronen, vormen, kleuren of tinten. Hun werking – als bemiddelaar tussen analyse, ontwerp en gesprek – komt voort uit hun vermogen om het gesproken woord te overtreffen en een eigen vorm van multipliciteit en dubbelzinnigheid op te roepen. Een tekening werkt, omdat ze verwijst naar de wereld; ze is er deel van, maar valt er niet mee samen. Ze behoudt altijd een mate van autonomie. Een tekening gidst de gesproken en geschreven conversatie over de wereld, zonder deze rechtstreeks te weerspiegelen. Dit geldt voor alle ontwerpdisciplines, maar is misschien nog uitdagender in het complexe en moeilijk grijpbare veld van landschapsontwerp en stedenbouw. Dit nummer van *OASE* is een pleidooi om zowel de verankering van de tekening in de wereld, als haar autonome ruimte te onderzoeken, te koesteren en te ontplooien – in onderwijs, onderzoek en praktijk.

Chiara Cavalieri

From Text to Plan

Mapping the Blue Space of the Eurometropolis

The Blue Space of the Eurometropolis is a territorial vision in which interpretative cartographies play a crucial role in revealing water as that element able to federate regions across their own administrative boundaries.[1] The Blue Space is a joint project; an idea collectively discussed, continuously revised and progressively refined; a sometimes endless discussion among the design team,[2] the Eurometropolis agency and the other founding institutions, which regularly came together in the so-called 'group of actions'. Actions that, despite frequent disagreements between parties, ultimately sought to reveal the space of water as a large European park where waterways, streams and groundwater systems become the backbone of an unusually large-scale project. Within this framework, this article seeks to portray the (co)construction of the Blue Space by describing the progressive – yet not linear – evolution of its cartographies, their shape, dimension and scale.

A Written Image

The first image of the Blue Space is a written one: a text co-authored in 2014 by the three deputies of the principal 'Eurometropolitan' parties (MEL, European Metropolis of Lille; Leiedal, Kortrijk; Ideta, Tournai).[3] The text describes the possibility of a large territorial project. It defines water as 'the matrix that marks the history of the metropolitan region of Lille-Kortrijk-Tournai', as 'a network of seamless spatial links connecting people to each other and to nature', and ultimately as 'the element that granted the past development of this region and that might today federate these spaces across boundaries'. Moreover, the text explicitly proposes the construction of a 'Eurometropolitan Park', with the word *park* referring more to 'a complex system of relationships that integrate numerous functions' than to the traditional nineteenth-century park, in the sense of 'a piece of more or less isolated artificialized nature'.[4]

As a design team, we read this text as a project to be traced, as a written description that needed to be translated into a drawn one. However, by the time we started the mission (2016), none of the three deputies were in charge anymore, and thus the interregional collaboration implicitly assumed in the text had to be partially reconstructed. Indeed, while we proposed to deconstruct and study the Blue Space from three complementary water systems – waterways, tributaries and groundwater – disagreements about the overall project objective, its priorities and its geographies – especially the role of each region – started to emerge in the group of actions. The challenge of the mission soon turned out not to be simply that of translating a text into an image – and then into a project – but also that of reshaping it according to the stakeholders' different positions.

A Performative Image

With such a powerful – and yet still written and controversial – image as a starting point, we believed that the first operation required was that of interpreting and then transcribing the written word into a drawing, into a representation able to illustrate, localise and interrogate those drafted spaces. However, the very

1
The Eurometropolis Lille-Kortrijk-Tournai is the first (2008) European Group of Territorial Cooperation, consisting of 14 partners (from two countries, three regions and 152 municipalities). The 'Blue Space' is a cross-boundary territorial vision for this region. See Karel Debaere (ed.), *Le parc Bleu de l'eurométropole/ Het blauwe park van eurometropool* (Lille-Kortrijk-Tournai: Eurometropolis, 2018).

2
The vision was produced by Studio Paola Viganò (Paola Viganò, Michael Stas) and Lab-U EPFL (Chiara Cavalieri) in 2016-2018.

3
Oriol Clos, Karel Debaere and Pierre Got, 'Eurométropole Lille-Kortrijk-Tournai: Commission Eurométropole Bleue et Verte: Note pour la réunion du 27.02.14' (Kortrijk: unpublished document, 2014). Translated from French.

4
Ibid.

Chiara Cavalieri

Van tekst naar plan

De Blauwe Ruimte van de Eurometropool in kaart gebracht

De Blauwe Ruimte van de Eurometropool is een visie op het territorium waarbij het maken van interpreterende kaarten een cruciale rol speelt bij de ontdekking van water als hét element dat regio's over hun eigen bestuurlijke grenzen heen verenigt.[1] De Blauwe Ruimte is een gezamenlijk project; een idee dat collectief wordt besproken, telkens wordt herzien en geleidelijk verfijnd. Ook een soms eindeloze discussie tussen het ontwerpteam,[2] het bureau van de Eurometropool en de overige betrokken instellingen, die regelmatig bij elkaar kwamen in de zogenaamde 'actiegroep'. Acties die, ondanks de vele meningsverschillen tussen partijen, uiteindelijk een poging hebben gewaagd water – in de zin van ruimte – te openbaren als een groot Europees park, waar een systeem van waterwegen, beken en grondwater de ruggengraat vormt voor een ongewoon grootschalig project. In dit artikel wordt de (co)constructie van de Blauwe Ruimte in beeld gebracht aan de hand van de voortschrijdende (maar niet lineaire) evolutie van cartografieën: hun vorm, kenmerken en schaal.

Een geschreven beeld

Het eerste beeld van de Blauwe Ruimte bestaat uit tekst: geschreven in 2014 door de drie afgevaardigden van de belangrijkste 'Eurometropolitane' partijen (MEL, Europese metropool Rijsel; Leiedal, Kortrijk; Ideta, Doornik).[3] De tekst beschrijft de kans van een groot territoriaal project en definieert water als 'de matrix die de geschiedenis van de metropool Rijsel-Kortrijk-Doornik markeert', als 'een netwerk van naadloze ruimtelijke verbindingen dat mensen met elkaar en de natuur samenbrengt', en uiteindelijk als 'het element dat de vroegere ontwikkeling van deze regio mogelijk maakte en dat heden deze ruimten over de grenzen heen zou kunnen verenigen'. Bovendien stelt de tekst expliciet de aanleg van een 'Eurometropolitaan Park' voor, waarbij het woord park eerder verwijst naar 'een complex systeem van relaties dat veel verschillende functies integreert', dan naar het traditionele negentiende-eeuwse park, als 'een stukje min of meer geïsoleerde, gekunstelde natuur'.[4]

Als ontwerpteam lazen we deze tekst als een project, dat opgespoord moest worden; als een schriftelijke beschrijving die vertaald moest worden in een getekende. Tegen de tijd dat we met deze missie begonnen (2016), had geen van de drie afgevaardigden meer de leiding, en dus moest de interregionale samenwerking die impliciet in de tekst werd verondersteld, gedeeltelijk opnieuw worden bepaald. Terwijl we voorstelden om de Blauwe Ruimte uit elkaar te halen en te onderzoeken vanuit drie complementaire watersystemen (waterwegen, zijtakken en grondwater) begonnen de meningsverschillen over het globale doel van het project, de prioriteiten en de geografie – vooral de rol van de regio's – zich in de actiegroep te manifesteren. De uitdaging van de missie bleek al snel, niet alleen de vertaling van een tekst in een beeld – en vervolgens in een project – maar ook het opnieuw vormgeven van de tekst volgens de verschillende standpunten van de belanghebbenden.

1
De Eurometropool Rijsel-Kortrijk-Doornik is de eerste (2008) Europese Groep voor Territoriale Samenwerking, bestaande uit 14 partners (uit twee landen, drie regio's en 152 gemeenten). De 'Blauwe Ruimte' is een grensoverschrijdende territoriale visie op deze regio. Zie: Karel Debaere (red.), *Le parc Bleu de l'eurométropole/Het blauwe park van eurometropool* (Rijsel-Kortrijk-Doornik: Eurometropolis, 2018).

2
De visie is gemaakt door Studio Paola Viganò (Paola Viganò, Michael Stas) en Lab-U EPFL (Chiara Cavalieri) in 2016-2018.

3
Oriol Clos, Karel Debaere en Pierre Got, 'Eurométropole Lille-Kortrijk-Tournai: Commission Eurométropole Bleue et Verte: Note pour la réunion du 27.02.14' (Kortrijk: onuitgegeven document, 2014). Vertaald uit het Frans.

4
Ibid.

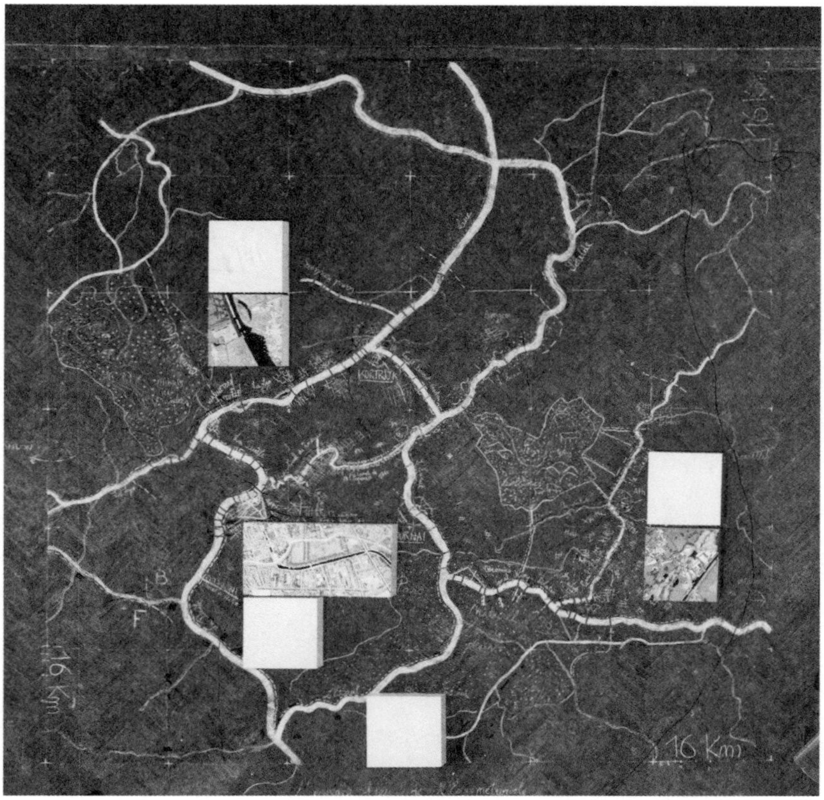

Blue Space, ‘ground map’ on theater floor/ Blauwe Ruimte, ‘grondkaart’ op theatervloer, 2016

Blue Space, ‘ground map’: production, details, debate/ Blauwe Ruimte, ‘grondkaart’: maakproces, details, discussie, 2016

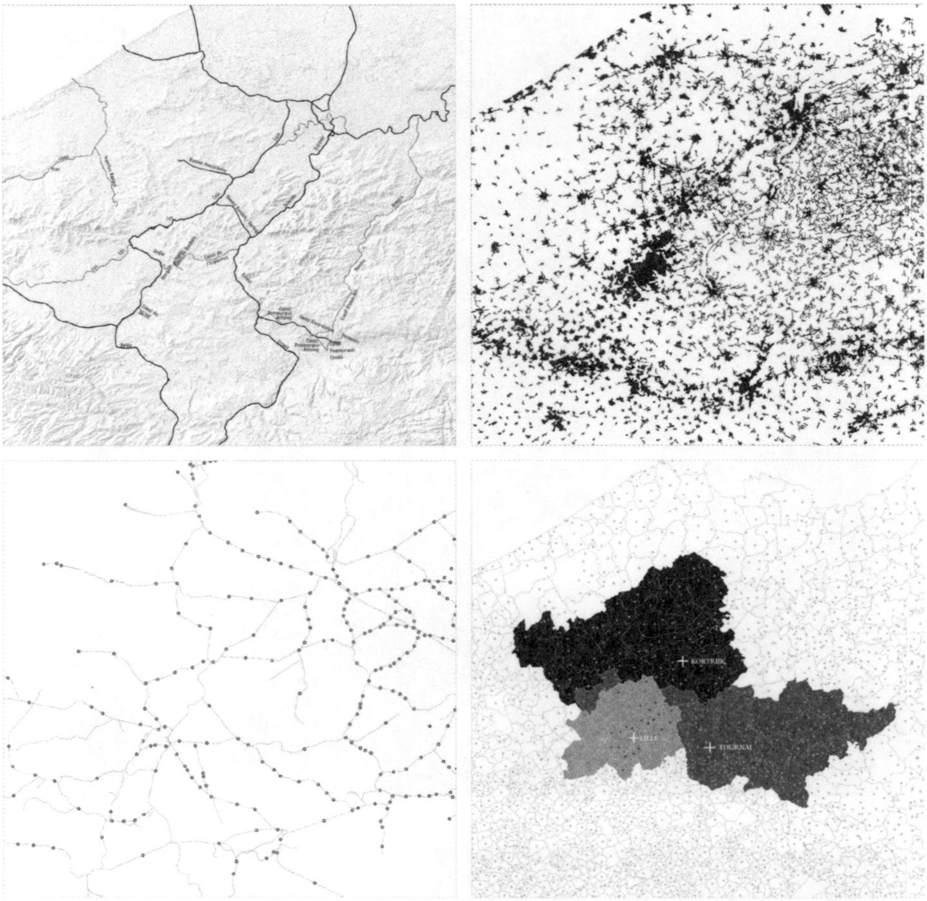

Elemental maps/ elementaire kaarten, **Eurometropolis, 120 x 120 km, 2016-2018**

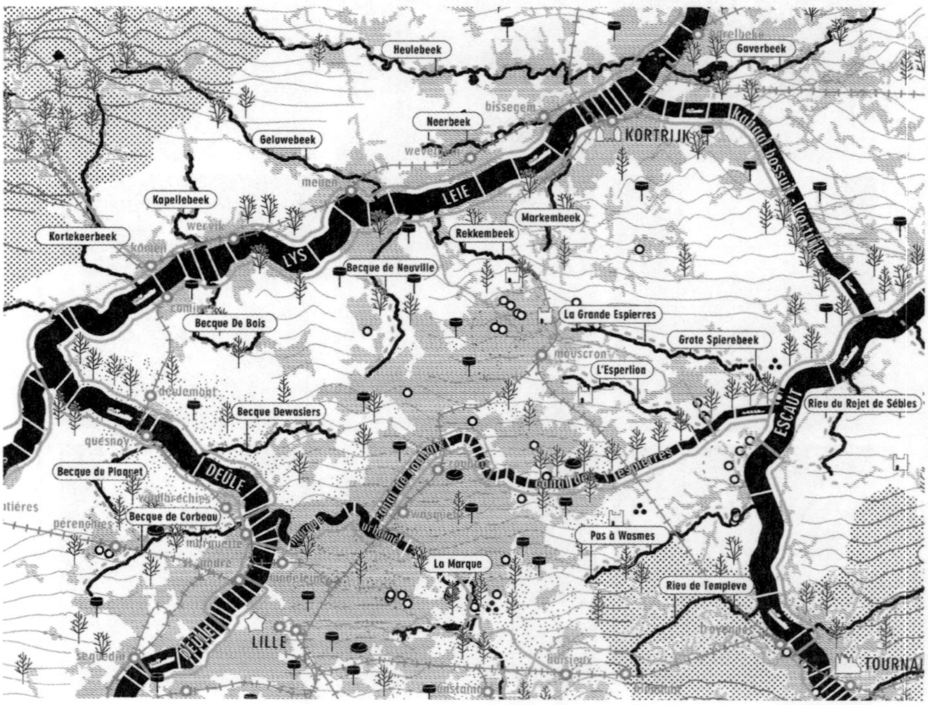

Blue Park Plan, detail: ***le carré bleu*****, 2018**

first difficulty we encountered during this operation revealed itself to be one of the main obstacles in accomplishing the whole mission. An obstacle that reflected the main 'Eurometropolitan' fracture, that is to say that of coping with three regions, three spatial planning and water management structures, and with three different ways of collecting, organising and most importantly sharing data. Because of (and maybe thanks to) this major constraint, our first large, material visualisation of the Blue Space was produced by hand, as a sort of 'performative cartography' exercise. The image, the result of the first of three design workshops that accompanied the mission, is indeed at the same time a physical object and the product of a collaborative operation.[5] As a physical object, it was drawn with chalk and tape on the floor of a theatre, merging flat elements with three-dimensional models that detailed students' design proposals along the waterways. As a collective operation, the image is produced by different hands that retraced diverse elements such as pictures, sketches, historical maps or aerial photographs. In one night, once we had drawn a first synthetic backbone mainly made of water, railways and parks, the students started to detail the drawing adding elements resulting both from their personal surveys (such as bridges, bike paths, interruptions of continuity) and from their design explorations. The resulting image is necessarily incomplete but yet powerful in its evocativeness. It traces and selectively designs the Blue Space as a region of 120 x 120 km, crossed by more than 300 km of waterways accompanied by bike paths that act as territorial connectors between large parks across regional and national borders (Parc naturel du Pays des Collines, Parc naturel des Plaines de l'Escaut, Regionaal Landschap West-Vlaamse Heuvels). Finally, the image is an intentionally *large* (3.5 x 3.5 m) albeit temporary object, one that proved to be a powerful claim of the existence of such a large-scale park. It ultimately led to a working definition of the Blue Space as a 'park of connection', where water suddenly appears as key in reshaping the narrative of such an extended region around its geographical rather than political structure.

An Imperfect Image

The 'ground map' represented a crucial moment in our mission. It displayed the real possibility of living in and using such a space, and, most importantly, it strove to persuade those still hesitant stakeholders that the main infrastructure of the park was 'already there'. Under this silent consensus, we then attempted to transfer that image onto paper, an operation that revealed itself to be rather long, and that ended up by delivering a set of cartographies that could be explored as a twofold corpus. On the one hand, we produced a set of *elemental* cartographies of single-layer images that represented the occasion for further measuring, expanding and ultimately designing the proposed territorial concept sketched on the ground. I refer to maps that range from descriptions of administrative and urbanised patterns to a hierarchisation of the 'eurometropolitan' waterways, images that represent the result of an extensive and yet incomplete operation of data collection, interpretation and inevitably simplification across regional and national boundaries. On the other hand, a second family of maps portrays the process of transcription of the Blue Space from the 'ground' into a digital, more precise, and inevitably less performative cartography. These are images that transcribe and gradually transform: while retracing the ground map and the results of its performance onto paper, at the same time they implement further elements that emerged from the successive design workshops and from the consequent discussions with the group of actions. The last image of this set records a second shift in the Blue Space collective perception, and a step in the process of its (co)construction: from this moment on, the Eurometropolis agency substituted the word 'space' with the word 'park', while the image

5
Studio016, EPFLausanne (with Gent University, ENSAP Lille, UCLouvain, Iuav Venice and KULeuven), 'Les Couloirs/De Corridors' Summer School (Blue Space of Eurometropolis, Tournai, 28 August – 8 September 2016). The second and the third design workshop were dedicated to the themes of tributary rivers and underground water. See the full reports at: www.espacebleu.eu/studies.

Een performatief beeld

Met zo'n krachtig, nog steeds geschreven en controversieel beeld in het begin, geloofden we dat allereerst het geschreven woord geïnterpreteerd moest worden en vervolgens overgezet in een tekening; een representatie die zou kunnen illustreren, lokaliseren en ondervragen. De eerste moeilijkheid die we daarbij tegenkwamen, bleek nu juist een van de belangrijkste hobbels om de missie tot een goed einde te brengen. Een obstakel dat de belangrijkste 'Eurometropolitane' breuk weerspiegelde, namelijk de omgang met drie regio's, drie structuren voor ruimtelijke ordening en waterbeheer, en drie verschillende manieren om data te verzamelen, te organiseren en vooral te delen. Juist door (en misschien dankzij) deze beperking werd onze eerste grote, fysieke visualisatie van de Blauwe Ruimte met de hand gemaakt, als een soort 'performatieve cartografie'. Het beeld, het resultaat van de eerste van drie ontwerpworkshops, is zowel een fysiek object als het product van intensieve samenwerking.[5] Het werd met krijt en tape op de vloer van een theater getekend, waarbij platte elementen zijn gecombineerd met ruimtelijke maquettes die nauwkeurig de ontwerpvoorstellen van de studenten voor langs de waterwegen weergeven. Als collectieve operatie is het beeld geproduceerd door verschillende handen, die gebruik maakten van elementen als schetsen, historische kaarten of luchtfoto's. Nadat we een eerste ruggengraat hadden samengesteld van voornamelijk water, spoorwegen en parken, hebben de studenten in één nacht de tekening verder ingevuld met elementen uit zowel hun eigen veldonderzoek (bruggen, fietspaden, gaten in de continuïteit) als hun ontwerpverkenningen. Het eindbeeld is weliswaar onvolledig, maar sterk in zijn verbeeldingskracht. Het traceert en ontwerpt de Blauwe Ruimte selectief als een regio van 120 x 120 km, doorkruist door meer dan 300 km waterwegen, met fietspaden die fungeren als territoriale verbindingen tussen grote parken over de regionale en nationale grenzen heen (Parc naturel du Pays des Collines, Parc naturel des Plaines de l'Escaut, Regionaal Landschap West-Vlaamse Heuvels). Ten slotte gaat het om een bewust *groot* (3,5 x 3,5 m), zij het tijdelijk object, dat een krachtige claim op het bestaan van zo'n grootschalig park bleek te leggen. Het heeft uiteindelijk geleid tot een werkdefinitie van de Blauwe Ruimte als 'park van verbinding', waar water ineens de sleutel blijkt te zijn om het narratief van dit uitgestrekte gebied eerder geografisch dan politiek te herformuleren.

Een onvolmaakt beeld

De 'grondkaart' bleek tijdens onze missie een sleutelmoment op te leveren. De kaart liet zien dat het inderdaad mogelijk is een dergelijke ruimte te bewonen en te gebruiken; – en nog belangrijker – ze probeerde de nog aarzelende belanghebbenden ervan te overtuigen dat de hoofdinfrastructuur van het park 'er al was'. Binnen deze stille consensus hebben we vervolgens geprobeerd om dat beeld op papier te zetten, een operatie die vrij lang duurde en die uiteindelijk resulteerde in een dubbele set kaarten. Aan de ene kant een stel *elementaire* kaarten van platte beelden om het voorgestelde territoriale concept dat op de grond was geschetst, verder op te meten, uit te breiden en uiteindelijk te ontwerpen. Ik refereer hier aan kaarten die variëren van een beschrijving van administratieve en verstedelijkte patronen tot de bepaling van een hiërarchie in de 'eurometropolitane' waterwegen, beelden die het resultaat zijn van een uitgebreide, en toch onvolledige operatie van gegevensverzameling, interpretatie en onvermijdelijke vereenvoudiging over de regionale en nationale grenzen heen. Aan de andere kant verbeeldt een tweede serie kaarten de transcriptie van de Blauwe Ruimte vanaf de 'grond' in een digitale, nauwkeuriger en onvermijdelijk minder performatieve cartografie. Dit zijn beelden die transcriberen en transformeren: terwijl ze de grondkaart en de resultaten van

5
Studio016, EPFLausanne (met Universiteit Gent; ENSAP Lille; UCLouvain; Iuav Venetie en KULeuven), 'Les Couloirs/De Corridors' summer school (Blue Space of the Eurometropolis, Doornik, 28 augustus – 8 september, 2016). De tweede en derde ontwerpworkshop waren gewijd aan de thema's zijrivieren en grondwater. Zie de volledige verslagen op: www.espacebleu.eu/studies.

started to blur the idea of a *map* with that of a *plan*.[6] Hence the image becomes a more explicit design-oriented representation, in which the term *plan* does not (only) refer to the procedural aspects of the traditional 'master' or 'zoning' plan, but also alludes to a more projective morphological drawing.[7] In this sense – even if still unfinished and imperfect – the *plan* of the Blue Park discloses a space that is at the same time procedural and physical. On the one hand, the Blue Park as an ongoing procedure is outlined by a series of macro and micro interventions, such as the completion of a bike path, the location of a new bridge, the selection of those train stations eligible as park access points, or the introduction of a 'blue' signage. The Blue Park as a physical park, on the other hand, is an existing, but precisely selected, sequence of spaces, such as regional parks, forests, abandoned quarries, local monuments or different types of services, unified by their proximity with water and portraying a 'Eurometropolitan park-system' that could simply start to be used as it appears on the plan.

Revealing Images

Despite the diversity of nature, materiality and even authors, these images depict the progressive construction of a shared idea, that of a park gradually defined by a selection of differently urbanised water landscapes and constantly refined by a set of expeditions, design workshops, participative seminars and public debates. Whereas our mission ended with a shared, reasoned, albeit still schematic representation of the Blue Park as a potential, the construction of the park itself as a space entered into the political agenda of the respective institutions. Hence, the Blue Park as a mapping project is mainly a project of *revelation,* one empowering *implicit* geographies, while connecting fragmented ones.[8] Within this process, the Blue Space engages the agency of mapping on different levels and across scales.[9] While constantly intertwining the local and the regional, mapping here emerges as an operation that selects, connects and ultimately *describes* a sequence of spaces.[10] The map not only crosses both administrative boundaries and the traditional scale of planning instruments, but also, and most importantly, overcomes the imagination with its extraordinary *large* dimensions. Ultimately, the Blue Space as a mapping project empowered maps as physical objects, as a physical space 'of connection' of stakeholders, as scenography for institutional discussions, and ultimately as performances able to orientate positions and (re)shape a common political agenda.

6
Image presented in Roubaix, World Water Day, Eurometropolis, 22 March 2018.

7
Jil Desimini and Charles Waldheim, *Cartographic Grounds: Projecting the Landscape Imaginary* (New York: Princeton Architectural Press, 2016), 11. In this text, the authors promote the realignment of the 'map' and the 'plan' as equally projective and detailed investigation methods.

8
Giuseppe Dematteis, *Progetto implicito: il contributo della geografia umana alle scienze del territorio* (Milan: FrancoAngeli, 1995).

9
James Corner, 'The Agency of Mapping: Speculation, Critique and Invention', in: Denis Cosgrove (ed.), *Mappings* (London: Reaktion Books, 1999), 213-252.

10
For description as a design project, see : André Corboz, 'La descrizione tra lettura e scrittura' (2nd International Conference on Urbanism: 'Describing territories', Prato, 30 March1995); later published as 'La description: entre lecture et écriture', in : André Corboz, *Le Territoire comme palimpseste et autres essais* (Paris: Les éditions de l'imprimeur, 2001).

de uitvoering ervan op papier hertekenen, voegen ze tegelijkertijd elementen toe, die uit de ontwerpworkshops en de discussies met de actiegroep naar voren kwamen. Het laatste beeld van deze set registreert een tweede verschuiving in de collectieve waarneming van de Blauwe Ruimte, en een stap in het proces van (co)constructie: vanaf dit moment heeft het bureau Eurometropool het woord 'ruimte' vervangen door het woord 'park', terwijl in het beeld het conceptuele onderscheid tussen een *kaart* en een *plan* begon te vervagen.[6] Het beeld wordt daardoor een explicieter ontwerpgerichte representatie, terwijl de term *plan* niet (alleen) verwijst naar de procedures van het traditionele 'masterplan' of 'bestemmingsplan', maar ook zinspeelt op een meer projectieve morfologische tekening.[7] In die zin maakt het *plan* van het Blauwe Park – ook al is het onvoltooid en onvolmaakt – een ruimte zichtbaar die tegelijk procedureel en fysiek is. Enerzijds wordt het Blauwe Park als een lopend proces geschetst door een reeks macro- en micro-interventies, zoals de voltooiing van een fietspad, de plaatsing van een nieuwe brug, de selectie van de stations die in aanmerking komen als toegangspunten tot het park of de invoering van een 'blauwe' bewegwijzering. Het Blauwe Park als fysiek park daarentegen is een bestaande, maar dan wel nauwkeurig geselecteerde opeenvolging van ruimten, zoals regionale parken, bossen, verlaten steengroeven, lokale monumenten of verschillende soorten diensten, verenigd door de nabijheid van water en de verbeelding van een 'Eurometropolitaan parksysteem' dat eenvoudig zou kunnen worden gebruikt zoals het op het plan staat.

Onthullende beelden

Ondanks de verscheidenheid aan soorten, materialen en zelfs auteurs, tonen deze beelden de voortschrijdende constructie van een gemeenschappelijk idee, namelijk een park dat geleidelijk aan wordt gedefinieerd door een selectie van verschillend verstedelijkte waterlandschappen en dat voortdurend wordt verfijnd door de expedities, workshops, seminars en debatten. Terwijl onze missie eindigde met een gedeelde, beredeneerde, weliswaar schematische voorstelling van het Blauwe Park als kans, kwam de aanleg van het park zelf als ruimte op de politieke agenda van de verschillende instellingen te staan. Het Blauwe Park als karteringsproject is dus vooral een project van openbaring, van bekrachtiging van *impliciete* geografieën om gefragmenteerde geografieën te verbinden.[8] Binnen dit proces engageert de Blauwe Ruimte het vermogen van *mapping*, op en door de verschillende schaalniveaus heen.[9] Door het lokale en regionale voortdurend met elkaar te verweven, komt *mapping* hier naar voren als een operatie die een opeenvolging van ruimten selecteert, verbindt en uiteindelijk *beschrijft*.[10] De kaart overschrijdt niet alleen de administratieve grenzen en de traditionele schaal van de planningsinstrumenten, maar overstijgt vooral de verbeelding door haar buitengewoon *grote* dimensies. Uiteindelijk worden door de Blauwe Ruimte als *mapping*-operatie: kaarten met de macht van fysieke objecten, van een fysieke ruimte 'van verbinding' van belanghebbenden, van scenografie voor institutionele discussies, en uiteindelijk van representaties die in staat zijn posities de goede kant op te richten en een gemeenschappelijke politieke agenda (opnieuw) vorm te geven.

Vertaling: Bruno Notteboom

6
Beeld gepresenteerd in Roubaix, Wereld Water Dag, Eurometropool, 22 maart 2018.

7
Jil Desimini en Charles Waldheim, *Cartographic Grounds: Projecting the Landscape Imaginary* (New York: Princeton Architectural Press, 2016), 11. In deze tekst claimen de auteurs een heroriëntatie op *kaart* en *plan* als gelijkwaardige projectieve, gedetailleerde onderzoeksmethoden.

8
Giuseppe Dematteis, *Progetto implicito: il contributo della geografia umana alle scienze del territoriaux* (Milaan: FrancoAngeli, 1995).

9
James Corner, 'The Agency of Mapping: Speculation, Critique and Invention', in: Denis Cosgrove (red.), *Mappings* (Londen: Reaktion Books, 1999), 213-252.

10
Voor beschrijving als ontwerpproject, zie: André Corboz, 'La descrizione tra lettura e scrittura' (2nd International Conference on Urbanism: 'Describing territories', Prato, 30 maart 1995); later gepubliceerd als: 'La description: entre lecture et écriture', in: André Corboz, *Le Territoire comme palimpseste et autres essais* (Parijs: Les éditions de l'imprimeur, 2001).

William Mann, Witherford Watson Mann Architects

Upper Lee Valley, London

'The Lee Valley' has long served as a bureaucratic shorthand for a tangled set of problems and opportunities at London's eastern edge. This toponym bundles together infrastructure, industry, recreation, deprivation, pollution and development. The valley itself can barely be perceived: it is flat and cut up by fences and raised reservoirs, further fragmented by conflicting ambitions of governance and imaginary. In 2009, together with Jonathan Cook Landscape Architects, Witherford Watson Mann Architects was commissioned by a coalition of stakeholders – the Greater London Authority, the four neighbouring boroughs, national agencies for flood defence, ecology and canals, the water company and the Regional Park Authority – to prepare a Landscape Strategy for 20 km of the Upper Lee Valley.

On starting such a vast project, with many partners, the earliest meetings are the hardest. There is the unrealistic expectation that you will understand the questions quickly, perhaps even bring proposals. This is a trap: since half-formulated ideas will be picked apart, and you cannot speak to an audience whose concerns you do not yet understand. Instead, we presented analytic maps, information on other linear parks, photographs and interviews with users. Listening carefully to the stakeholders' reactions, it was clear that each of them viewed the area in terms of their own territory and discipline, and didn't have a strong sense of the whole. While they were determinedly upbeat about their own initiatives, they were uncertain about the scope for co-ordination. Conversely, interviewees experienced the spaces as a seamless whole, and were deeply aware of the symbiotic relation between different uses.

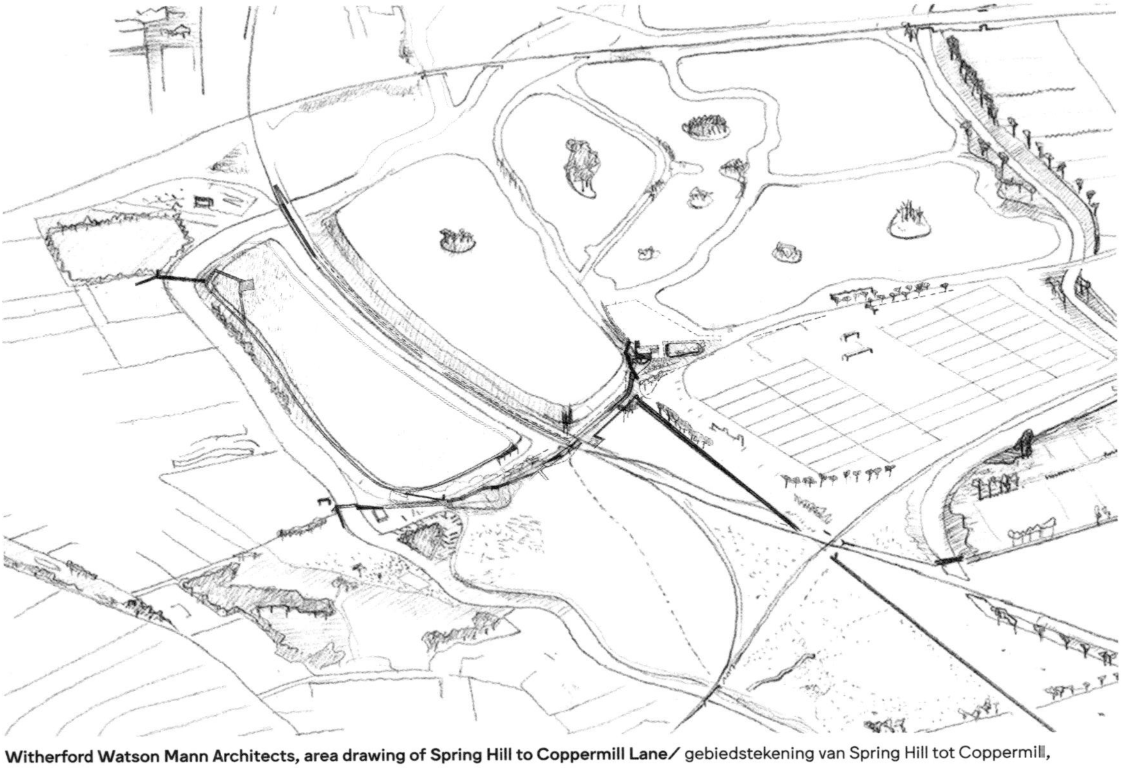

Witherford Watson Mann Architects, area drawing of Spring Hill to Coppermill Lane/ gebiedstekening van Spring Hill tot Coppermill, **Lee Valley Landscape Strategy, 2009**

Upper Lee Valley, Londen

De term 'Lee Valley' is een bureaucratisch stopwoord voor de wirwar van problemen en kansen aan de oostrand van Londen. Het toponiem staat voor infrastructuur, industrie, recreatie, armoede, vervuiling en ontwikkeling. De vallei zelf is nauwelijks waarneembaar: het land is vlak, doorsneden met hekken en hoge waterreservoirs, en raakte verder versplinterd door de tegenstrijdige ambities van bestuur en verbeelding. In 2009 kregen Witherford Watson Mann Architects en Jonathan Cook Landscape Architects van een coalitie van belanghebbenden – de Greater London Authority, de vier aangrenzende gemeenten en een aantal landelijke instanties voor overstromingspreventie, ecologie en kanaalbeheer, het waterbedrijf en de Regional Park Authority – de opdracht een landschapsstrategie op te stellen voor 20 km Upper Lee Valley.

Bij de start van een dergelijk grootschalig project, met veel partners, zijn de eerste bijeenkomsten het moeilijkst. Men heeft de onrealistische verwachting dat je de vragen snel zult begrijpen, misschien zelfs voorstellen zult doen. Dit is een valkuil: van half geformuleerde ideeën laat men geen spaan heel. Het is onmogelijk een groep mensen aan te spreken, als je hun zorgen nog niet begrijpt. In plaats daarvan bestond onze presentatie uit analysekaarten, informatie over andere lineaire parken, foto's en interviews met gebruikers. Door goed te luisteren naar de reacties van de belanghebbenden werd al snel duidelijk dat ze het gebied allemaal opvatten in termen van hun eigen territorium en discipline, en geen duidelijk beeld hadden van het geheel. Men was vastberaden optimistisch over de eigen initiatieven, maar onzeker over mogelijke coördinatie. De geïnterviewde personen daarentegen ervoeren de betreffende ruimte als een naadloos geheel en waren zich sterk bewust van de symbiotische relatie tussen de verschillende vormen van gebruik.

Deze institutionele discussie over de relatie tussen de verschillende elementen was niet alleen noodzakelijk, maar daarmee wonnen we ook tijd om het gebied te leren kennen. Elke week bezochten we een deel van de vallei te voet of per fiets en probeerden we specifieke kenmerken en dynamieken te begrijpen. Zo stelden we geleidelijk aan een mentale lappendeken van het geheel samen. Aan elk bezoek hielden we een aantal mogelijke verbeterpunten over, op zich allemaal bescheiden, omdat zowel het economische klimaat als de omvang van het gebied een acupuncturele aanpak suggereerde, maar uiteindelijk hadden we een groot aantal spelden op de kaart staan.

De keuze voor onze manier van representatie was intuïtief, maar ook gebaseerd op jaren van – min of meer fragmentarische – verkenning van niet-perspectivisch tekenen, zoals bijvoorbeeld in Chinese scheve projecties. We maakten een ruw overzicht in vogelvluchtprojectie door een digitale kaart in de hoogte te halveren – zodat de x-as op schaal bleef, de y-as werd gecomprimeerd en de z-as op en neer kon worden geprojecteerd om hoogte en diepte aan te brengen. Op deze gemanipuleerde digitale kaart heb ik een vel overtrekpapier gelegd waarop ik de topografie in potlood heb weergegeven – ik begon met een leeg vel en daar heb ik een minimale set vectoren, knooppunten en velden aan toegevoegd. Het cartografisch raster verdween en er ontstond een lossere matrix van infrastructuur als schering en inslag: de wegen die de vallei van oost naar west doorsnijden, vormen repeterende horizonten; de vertakkingen van de rivier suggereren uiteenlopende en convergerende perspectieven.

In de eerste plaats brengt zo'n vogelvluchttekening de ervaring van de plek in herinnering, in de tweede plaats dient zo'n tekening om die ervaring te

Witherford Watson Mann Architects, composite of multiple area drawings from Lea Bridge Road to Ponders End/
samenvoeging van meerdere gebiedstekeningen van Lea Bridge Road tot Ponders End, **Upper Lee Valley Landscape Strategy, 2009**

Witherford Watson Mann Architects, gouache of the whole valley/
gouache van de gehele vallei, **Upper Lee Valley Landscape Strategy, 2009**

This institutional discussion about the relation between elements was necessary in itself, but also bought us time to explore the area. Every week, on foot or bicycle, we would visit a section of the valley, trying to grasp specific characteristics and dynamics, gradually assembling a mental patchwork of the whole. We came away from each visit with possible improvements, all individually modest, since both the economic climate and the scale of the area suggested an acupunctural approach: we ended up with many pins in play.

Our choice of representation was intuitive, but drew on years of piecemeal exploration of non-perspectival drawing, for example in Chinese oblique projections. We formed a rough bird's-eye projection by squashing a digital map by 50 per cent in height – so the x-axis stays to scale, the y-axis is compressed, and a z-axis could be projected up and down to give height and depth. Taking this doctored digital map, and overlaying a sheet of tracing paper, I picked out the topography in pencil, starting from an empty page and building up a minimal set of vectors, nodes and fields. The cartographic grid disappeared, and a looser matrix of infrastructures emerged as warp and weft: the east-west roads across the valley form repeating horizons, the branches of the river hint at diverging and converging perspectives.

The first use of these bird's-eye drawings for the architect is mnemonic, the second digestive. In the studio, your memory of the distant place is revived; the sheets are A1, so they envelop your field of vision. Although your eye hovers over this land, your hand retraces your walk, opening up other memories and impressions. The digestive quality of such hand drawings comes from your awakened consciousness as you trace, question and disentangle the elements of the landscape: engineered straight lines, smooth manufactured curves, unexplained interruptions and complex natural forms. If you have not walked the landscape, and you have not drawn it, you have not understood it. Around the multiple Rivers Lee/Lea, where existing watercourses have been harnessed and corrected for power, transport, water supply, flood management or drainage of effluent, and where a patch of grass may be ancient marshland, dispersed bomb rubble, landfill or park, it is essential to observe fine distinctions.

With memory and understanding engaged, the imagination interpolates and extrapolates: a new path on the line of the aqueduct, another following the old meanders, a bridge across the stream to cross into the reservoir compound; inverting and appropriating objects in the landscape, so that an eye-catcher, an old chimney, is transformed into a viewing tower; re-wilding and community cultivation; a new youth hostel, the relocation of the sailing clubhouse. The complexities of the urban landscape are filtered through the individual consciousness, but represented in almost ego-less form, with just hints of human presence.

The experiential quality and neutral viewpoint of these drawings seemed to prompt the stakeholders to both engagement and detachment. We reviewed several project areas at each meeting, and out of localised and specific responses a series of threads emerged. The multifunctional nature of proposals developed: for example the tributary streams need more flood-storage capacity, and this could be accommodated in local parks while enhancing their landscape character. Proposals were further developed through one-on-one consultations with every stakeholder, enabling us to adjust to the many constraints and to incorporate their projects, which were integrated as links in a wider chain. Holding the pencil, I was as much scribe as author. Design was not something sudden, fixed and personal, but was rather gradual, collective and open-ended.

Considering how to communicate the strategic dimension, we realised that our compressed projection could be indefinitely extended; the parts we had

verwerken – dat is het nut ervan voor ontwerpers. In de studio wordt je herinnering aan de verre plek nieuw leven ingeblazen; het formaat van de vellen papier is A1, dus ze vullen je blikveld. Hoewel je blik over het land scheert, keert je hand op zijn schreden terug, wat allerlei herinneringen en indrukken oproept. De verwerkingsmogelijkheden van zulke, met de handgemaakte tekeningen komen voort uit je bewustzijn dat ontwaakt, terwijl je de elementen van het landschap overtrekt, ondervraagt en ontwart: kunstmatige rechte lijnen; gladde, geproduceerde bochten; onverklaarbare onderbrekingen, en complexe natuurlijke vormen. Als je niet door het landschap hebt gelopen, als je het niet hebt getekend, dan heb je het niet begrepen. Rondom al die verschillende Rivers Lee/Lea, waar bestaande waterlopen zijn geharnast en gecorrigeerd voor stroomopwekking, transport, watervoorziening, overstromingsbeheer of afvoer van rioolwater, en waar een lap gras kan bestaan uit oud moerasland, opgeslagen oorlogspuin, een vuilstort of een park, is het van essentieel belang om kleine verschillen te onderscheiden.

Als het geheugen en het verstand actief zijn, dan interpoleert en extrapoleert de verbeelding, bijvoorbeeld een nieuw pad in lijn met het aquaduct, een ander pad dat de oude meanders volgt, een brug over de beek om het reservoircomplex te bereiken; het omkeren en toe-eigenen van objecten in het landschap, bijvoorbeeld een blikvanger, een oude schoorsteen, die is getransformeerd tot een uitkijktoren; het aanmoedigen van verwildering en gemeenschappelijk gedeelde volkstuinen; een nieuwe jeugdherberg, de verhuizing van het clubhuis van de zeilvereniging. De ingewikkeldheid van het stadslandschap wordt gefilterd door het individuele bewustzijn, maar gerepresenteerd in een bijna ego-loze vorm, met slechts enkele tekenen van menselijke aanwezigheid.

Onder de *stakeholders* leidde de belevingswaarde en het neutrale gezichtspunt van deze tekeningen tot zowel betrokkenheid als afstandelijkheid. Per bijeenkomst bekeken we verschillende projectgebieden en uit de reacties op specifieke locaties kwam een aantal draadjes naar voren. De voorstellen werden steeds multifunctioneler: de zijrivieren hadden bijvoorbeeld meer overstromingsopvangcapaciteit nodig en die zou kunnen worden gerealiseerd in lokale parken, waarvan dan meteen het landschappelijke karakter kon worden versterkt. De voorstellen werden verder ontwikkeld tijdens één-op-één overleg met alle belanghebbenden, zodat we ons konden aanpassen aan de vele beperkingen en hun projecten konden verwerken als schakels in een bredere keten. Met het potlood in de hand was ik net zo goed secretaris als auteur. Het ontwerp was niet plotseling, individueel en vastomlijnd, maar eerder geleidelijk, collectief en met een open einde.

Terwijl we nadachten over de beste manier om de draden van de strategie samen te binden, beseften we dat onze gecomprimeerde projectie eindeloos kon worden uitgebreid; de delen die we getekend hadden, konden worden samengevoegd tot een overzichtstekening. Het resultaat is een digitale tekening waarop de acht gebiedsschema's over elkaar op een enkele basis zijn gelegd: een mozaïek als representatie, voor een strategische dimensie als een mozaïek. We hebben de tekening op een lengte van 2,5 m uitgeprint en ik heb de spichtige lijntjes vertaald in een robuuste gouache, die de diversiteit in nuance van tint en textuur weergeeft. Dit overzicht comprimeert een uitgebreid landschap tot één pagina; het belichaamt een aantal kenmerkende onderdelen van de studie en draagt zo bij aan een verschuiving van de politieke opvatting van het gebied:

- Er kwam een ommekeer in de ontwikkelprioriteiten van een aantal actoren; in plaats daarvan is het netwerk van open ruimten de sturende factor voor de identiteit van het gebied.
- De vallei wordt voorgesteld als een rivierstelsel; de oost-westverbindingen met lokale parken, zijrivieren en hoofdstraten zijn sterk benadrukt. Het

drawn could be pieced together into an overview. The resulting digital drawing overlays all eight area schemes onto a single base: a mosaic representation of a mosaic strategy. We plotted this at a length of 2.5 m, and I translated the wispy lines into robust patches of gouache, representing the diversity in nuances of hue and texture. This overview compresses an extensive landscape onto a single page; it embodies several distinctive strands of the study, thereby helping to shift the political understanding of the area:

- The focus on development privileged by certain actors is inverted, instead the open space network is represented as the formative element of the area's identity.
- The valley is represented as a river system, in which the east-west connections to local parks, tributary streams and high streets are given a strong presence. This reconstitutes the chain of open spaces as something that transcends the linear Regional Park, with a large stake for the boroughs at the edge.

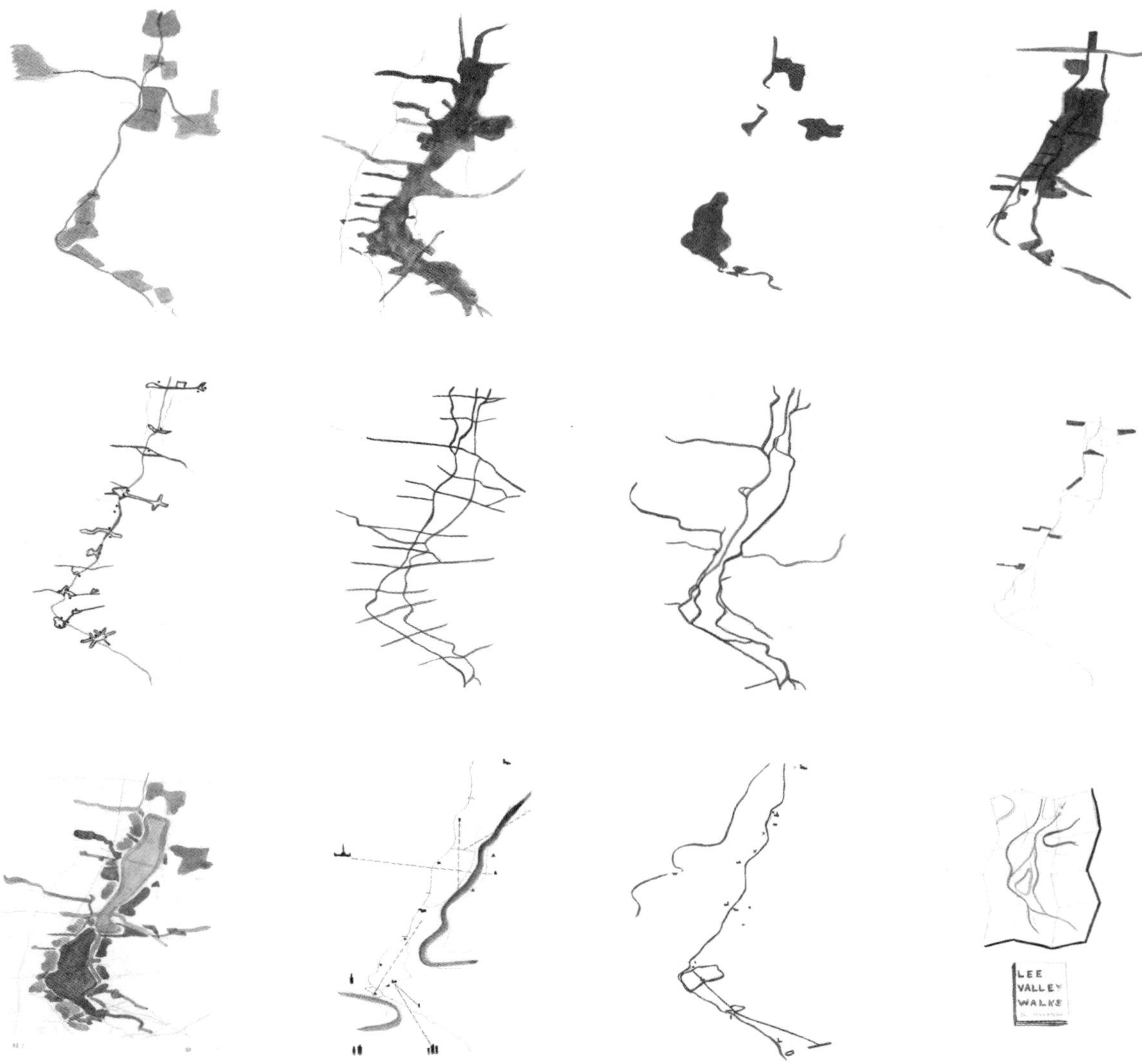

Witherford Watson Mann Architects, thematic calligrams for the strategy/
thematische kalligrammen ten behoeve van de strategie, **Upper Lee Valley Landscape Strategy, 2009**

snoer van open ruimten gaat daarmee verder dan het lineaire Regional Park, waarbij vooral veel aandacht wordt besteed aan de belangen van de randgemeenten.

- De schaal en het transformatiepotentieel van de locatie bij de Walthamstow Reservoirs werd levendig gecommuniceerd.
- De versnippering van eigendom, gebruik en karakter wordt omarmd en bijeengehouden door een matrix van verbindingen. De overzichtstekening maakt van dit landschap van grenzen en randen een centrum. Dit wordt nog versterkt door de voor de studie gekozen titel, 'From Edge to Common Ground'.

De rol van 2,5 m werd in het eindrapport opgenomen, eerst in zijn geheel, sterk verkleind, en vervolgens bijna op ware grootte maar dan in drie delen, waardoor de honderden 'spelden' en vele clusters als lokale eenheden kunnen worden gelezen. Naast deze synthetische tekening zat er ook een reeks thematische kalligrammen bij die in gouache op dezelfde projectieve basis waren getekend, waarbij 12 principes ter ondersteuning van verdere ontwikkeling waren geaccentueerd.

Paradoxaal genoeg vloeide er uit een strategie die was opgezet als een serie acupuncturele ingrepen, toch een enkel groot project voort. Om het 'Walthamstow Wetlands'-project te realiseren, werd een samenwerkingsverband ontwikkeld tussen de Waltham Forest Council, het waterbedrijf, de stadsregio en een Wildlife Trust. Dit partnerschap was de institutionele evenknie van de symbiose tussen infrastructuur en ecologie en tussen plaatselijke toegankelijkheid van de natuur en regionale recreatiemogelijkheden. Daardoor kon een project worden ontwikkeld dat eerder multifunctioneel was dan op zichzelf staand, en dat verschilde van de projecten die de belanghebbenden elk zelfstandig

Witherford Watson Mann Architects, Walthamstow Wetlands, Coppermill Tower viewing platform/ Coppermill Tower uitkijkplatform, **2017**

- The scale and transformational potential offered by the site at Walthamstow Reservoirs was vividly communicated.
- The fragmentation of ownership, use and character is embraced, bound together by a matrix of connections. The representation turns this landscape of borders and edges into a centre – reinforced by the title chosen for the study, 'From Edge to Common Ground'.

The long scroll was incorporated in the final report, first as a whole, greatly reduced, then redivided into three sections at almost full scale, enabling the hundreds of 'needles' and many clusters to be read as local totalities. This synthesis was complemented by a series of thematic calligrams, drawn in gouache on the same projective base, picking out a dozen principles to guide further development.

Paradoxically, out of a strategy conceived as many acts of acupuncture, one large project emerged. To realise the 'Walthamstow Wetlands' project, a collaborative partnership was developed, encompassing the Waltham Forest council, the water company, the mayor's office and a wildlife trust. This partnership expressed in institutional form the symbiosis between infrastructure and ecology, and between local access to nature and regional leisure, enabling the development of a project that is multifunctional rather than singular, and different to what any of the stakeholders would implement independently, supported by an assembled raft of capital and revenue funding. From 2012 to 2017, we developed this project with Kinnear Landscape Architects, who brought rigour, wit and sensibility to the substantial landscape challenges. Together we transformed this divided edge into a common ground for East Londoners.

While many strokes of the pencil from the landscape strategy have been quietly forgotten, and others have developed in other hands, here at Walthamstow Wetlands we have tested each line through detailed study and construction. In an area of the regional park that was previously no more than a towpath wide, a 200-hectare reserve has been opened up, easily accessible from two Underground stations, by the construction of one new bridge and a path through the heart of the ten reservoirs. Two hectares of reed bed and careful screen planting along certain paths enhance and protect the habitat of the significant bird population. The new entrance off Forest Road is a boardwalk in rusty steel along the wild Old River Lea, while the entrance off Coppermill Fields is a short bridge that links into the central path, bypassing the operational compound of the water company and opening up access to a viewing tower in the old chimney. The paths follow the streams, and their nodes are marked by infrastructural buildings. These bridges, paths, habitats and towers were all first sketched out in the strategy. While they have been enriched by the care and knowledge of many others, they started their existence at the tip of a pencil on a bird's-eye drawing. The most miraculous of all the translations from fragile graphite to constructed physicality is the elevated viewing platform at the top of the Coppermill Tower: first glimpsed in 2009 and accessed in 2012, it was only in 2017, when the stair was already being fabricated and the void was scaffolded, that we could finally see the long-anticipated view. Now, after climbing a hanging steel stair within the old beam-engine shaft, you look out through the brick arcade and see millennia of geology continued in centuries of engineering –where industrialised abuse is countered by natural resilience.

From this elevated viewpoint the floodplain is reconstituted as a surprising collective landscape.

zouden hebben uitgevoerd. Het project kon worden gerealiseerd dankzij een scala van kapitaal- en inkomstenbronnen. Tussen 2012 en 2017 ontwikkelde ons bureau dit project samen met Kinnear Landscape Architects, dat de aanzienlijke landschappelijke uitdaging met precisie, intelligentie en gevoel tegemoet trad. Samen transformeerden we deze verdeelde rand in een gemeengoed voor de bewoners van Oost-Londen.

Terwijl veel potloodlijnen uit de landschapsstrategie in de vergetelheid zijn geraakt en andere zich in andere handen hebben ontwikkeld, hebben we hier in de Walthamstow Wetlands elke lijn door middel van gedetailleerd onderzoek en constructie beproefd. In een strook van het regionale park, voorheen niet breder dan een jaagpad, is een 200 ha groot natuurreservaat ontsloten dat gemakkelijk bereikbaar is vanaf twee metrostations, door de bouw van een nieuwe brug en de aanleg van een pad midden over het terrein met de tien waterreservoirs. Twee ha rietland en nieuw aangelegde bermbeplanting langs bepaalde paden versterken en beschermen het leefgebied van de waardevolle vogelpopulatie. De nieuwe ingang ter hoogte van Forest Road bestaat uit een plankier in roestig staal langs de wilde Old River Lea, terwijl een korte brug ter hoogte van Coppermill Fields aansluit op het centrale pad en zo het werkgebied van het waterbedrijf omzeilt en de uitkijktoren in de oude schoorsteen ontsluit. De paden volgen de beekjes en hun knooppunten worden gemarkeerd door infrastructurele bouwwerken. Deze bruggen, paden, leefgebieden en torens werden allemaal voor het eerst in de strategie geschetst. Hoewel ze door de zorg en kennis van veel anderen zijn verbeterd, zijn ze hun bestaan begonnen op een vogelvluchttekening. Het meest wonderbaarlijke van alle vertalingen van fragiel grafiet tot gebouwde materialiteit is het verhoogde uitkijkplatform op de top van de Coppermill Tower: die werd het eerst in 2009 gespot en in 2012 betreden, maar het was pas in 2017, toen de trap al werd gefabriceerd en de leegte was gevuld met steigers, dat we eindelijk van het langverwachte uitzicht konden ervaren. Na de hangende stalen trap in de schacht van de oude balansmachine te hebben beklommen, kijk je nu door de bakstenen bogen neer op millennia van geologie en eeuwen van ontwikkeling – waar industrieel misbruik wordt tegengegaan door natuurlijke veerkracht.

Vanaf dit verhoogde uitkijkpunt is de vallei getransformeerd tot een verrassend collectief landschap.

Vertaling: InOtherWords, Maria van Tol

Frits Palmboom

Redrawing the Map

Oscillating between Resemblance and Alienation

How do drawing and designing relate to each other? In what way does drawing facilitate the transition from analysis to design? How can this be learned? How can it be taught? These questions have preoccupied me throughout my career – as a student, as a reflective practitioner in my urban design studio Palmbout Urban Landscapes, and in recent years as a professor at Delft University of Technology. Designing starts by getting a grip on the assignment and the location involved. The site is not just a neutral, distant background to a design. In urban and landscape design, the essence of the assignment lies in the site itself, in the directing and guiding of its transformation. Sites usually extend far beyond one's direct range of vision. Images, maps and drawings are indispensable tools to come to understand them. It takes more than just 'looking at' a location, more than just registering and collecting data about what it is. It requires 'constructive perception': a form of perception aimed at recognising and constructing the possibilities for change that are embedded in it.[1] For this reason, redrawing the map has always been important to my work. It has enabled me to see 'the same yet different', in search of both resemblance *and* alienation.

1
Barbara Tversky, *Mind in Motion: How Action Shapes Thought* (New York: Basic Books, 2019), 266, 356.

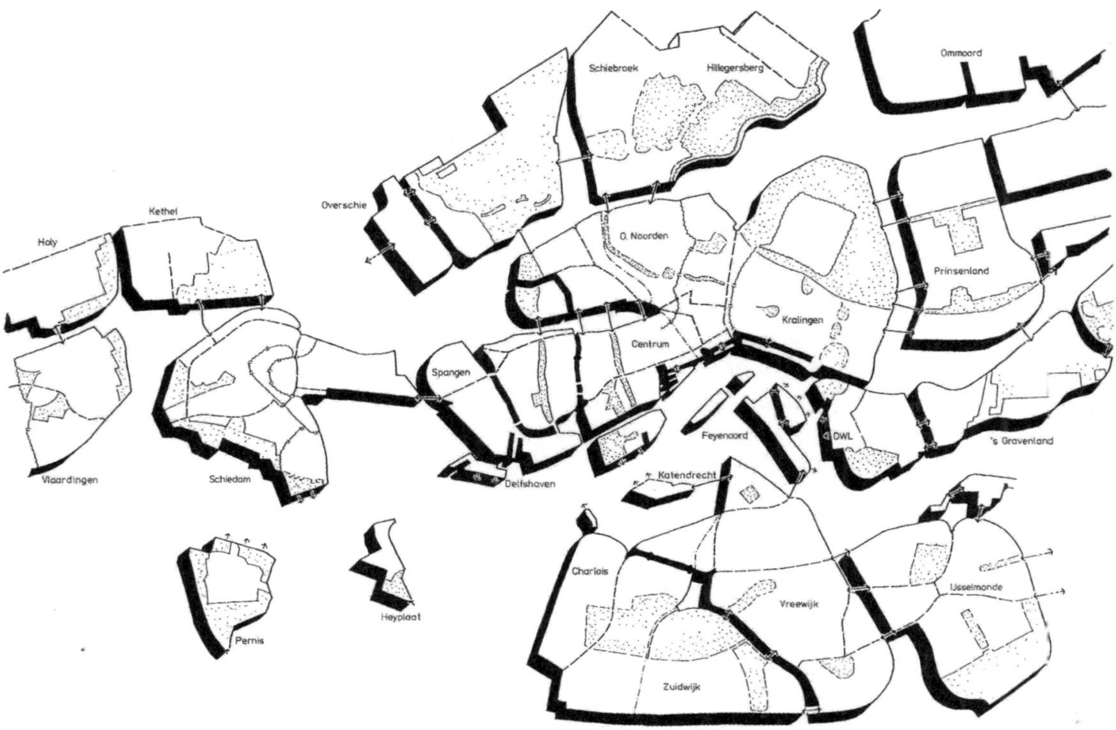

Frits Palmboom, Rotterdam as an agglomeration of islands (design site at the right middle edge)/
Rotterdam als een opeenhoping van eilanden (afstudeergebied aan de rand rechts midden), **1981**

Frits Palmboom

Hertekenen van de kaart

Pendelen tussen gelijkenis en vervreemding

Hoe hangen tekenen en ontwerpen met elkaar samen? Hoe helpt het tekenen om de sprong van analyse naar ontwerp te maken? Hoe kan je dat leren, en onderwijzen? Deze vragen hebben me mijn hele loopbaan beziggehouden – als student, als *reflective practitioner* met mijn ontwerpbureau Palmbout Urban Landscapes, en de laatste jaren als hoogleraar aan de TU Delft. Het ontwerpen start met het vat krijgen op opgave en locatie. De locatie is meer dan een neutrale achtergrond of een omgeving-op-afstand voor het ontwerp. In stedenbouw en landschapsontwerp ligt de essentie van de opgave *in de locatie zelf*: in het sturen en begeleiden van haar transformatie. De site strekt zich doorgaans verder uit dan het directe gezichtsveld. Afbeeldingen, kaarten, tekeningen zijn onontbeerlijke hulpmiddelen om er enige greep op te krijgen. Het vraagt om meer dan louter kijken naar de locatie, om meer dan registreren en gegevens verzamelen omtrent wat zij is. Het gaat om *constructive perception*:[1] een vorm van waarneming die gericht is op het herkennen en construeren van mogelijkheden tot verandering, die de site in zich draagt. Daarom heeft het hertekenen van de kaart in mijn werk altijd een belangrijke rol gespeeld. Het is een hulpmiddel om hetzelfde met andere ogen te zien; een zoektocht naar gelijkenis én vervreemding.

Woorden en beelden

Bij het lezen van een kaart of tekening stuit je altijd op de delicate verhouding tussen woordentaal en beeldentaal. Bij elke tekening kunnen verschillende woorden worden gesproken; bij elk woord kunnen verschillende tekeningen worden gemaakt. Woordentaal en beeldentaal verwijzen naar elkaar, maar vallen niet samen.[2] De relatie tussen woord en beeld wordt niet gestuurd door wetmatigheden, maar door conventies. De legenda is een hulpmiddel om per geval de beoogde betekenissen van de tekens op de kaart of tekening vast te leggen, te coderen. Maar ze zijn per definitie veranderlijk en veranderbaar. Ik heb ze daarom eerder al benoemd als 'mogelijkheidsrelaties':[3] je kunt er altijd uitvindingen en ontdekkingen in doen. Dat is de ruimte – de speelruimte – waar je als ontwerper gebruik van maakt. Max Risselada leerde mij al tijdens mijn studie dat je een tekening kunt maken met een bepaalde bedoeling – als een voertuig voor bepaalde informatie – maar dat je het resultaat kunt lezen als een schilderij, als een beeld, een ruimtelijke compositie, zonder tussenkomst van een legenda.[4] In de tekening blijken andere verhalen gelezen te kunnen worden, dan de informatie die ze over wil brengen. Zo kan de tekening je op onvermoede ideeën brengen, of verborgen vermoedens aan de oppervlakte brengen. Ik koester in het ontwerpen dit moment van de 'creatieve vergissing': bij het lezen van de tekening vergeet je even de legenda.[5]

Positief en negatief

De notie van de creatieve vergissing is me het duidelijkst voor ogen gekomen tijdens mijn afstudeerproject in 1981. Ik ervoer daarin een aantal verhelderende momenten, die me altijd zijn bijgebleven. Het afstudeerproject speelde zich af

1
Barbara Tversky, *Mind in Motion: How Action Shapes Thought* (New York: Basic Books, 2019), 266, 356.

2
Dit paradigma uit de semiotiek introduceerde Kees Vollemans, docent kunstgeschiedenis, in de jaren 1970 in het onderwijs aan de faculteit Bouwkunde, TU Delft. Zie ook: Frits Palmboom, *De Delta-paradox: Stedenbouw in deltalandschappen*, intreerede Van Eesteren Leerstoel (Delft: TU, faculteit Bouwkunde, afdeling stedenbouw, 2014).

3
Frits Palmboom, 'IJburg: Systematiek en compositie', in: Mirjana Milanovic en Irma Dejong (red.), *Het Sluishuis: Landmark in het water bij IJburg* (Bussum: Thoth, 2002), 12-17.

4
Dirk Van den Heuvel, Madeleine Steigenga en Jaap van Triest, *Lessen: Tupker/Risselada: Dubbelportret van het Nederlandse architectuuronderwijs 1953/2003* (Amsterdam: SUN, 2003), 56-57.

5
Frits Palmboom, 'Stedenbouw: Spel & speelruimte versus weerzin & noodzaak', in: Han Meyer (red.), *Transformaties van het Verstedelijkt Landschap: Het werk van Palmboom & van den Bout, Stedenbouwkundigen* (Amsterdam: SUN, 2003), 72-77. Zie ook: Frits Palmboom, 'Thinking with the Pencil', in: Harma Horlings en Noël van Dooren (red.), *Design Lessons from Practice: Professionals Reflecting on Design Processes* (Amsterdam: Academie van Bouwkunst, 2015), 60-70.

Frits Palmboom, the design site and its context redrawn/ het afstudeergebied in zijn context opnieuw getekend, **1981**

in Rotterdam, op een perifere locatie, de Capelse Put, ingeklemd door rivieren, hoge dijken en zware verkeerswegen, die aangewezen was als nieuwe woningbouwlocatie. Bij het analyseren van de locatie realiseerde ik me dat de lijnen waarmee de stadsplattegrond van Rotterdam doorgaans werd afgebeeld, onderling een enorm uiteenlopende invloed hebben. Aan de ene kant zijn er de lijnen van het gangbare stratennet, die in principe voor iedereen toegankelijk en in alle richtingen begaanbaar zijn, die je kunt oversteken en waarlangs allerlei functies zich kunnen vestigen. Aan de andere kant zijn er de lijnen van wat ik 'de verkeersmachine' ben gaan noemen: de spoorlijnen, snelwegen en kanalen die alleen voor specifieke vervoermiddelen toegankelijk zijn en waar alle bewegingen volgens een strikt eenrichtingssysteem zijn voorgeschreven.[6] Zij leggen verbindingen over grote afstanden, maar werken naar hun directe omgeving als barrière. De op het eerste gezicht egale ruimte van de stad valt uiteen in verschillende stelsels en domeinen, met extreme verschillen in bruikbaarheid en toegankelijkheid. Hoe kon ik dit onderscheid op de kaart zichtbaar maken?

Een eerste verhelderend moment bestond eruit om ze als lagen uit elkaar te trekken en boven elkaar te hangen, en om vervolgens de verkeersmachine alleen als negatief te tonen: door haar uit de kaart weg te laten vallen. Het normaliter platte kaartbeeld vertoont opeens diepte; de verhouding tussen de stelsels wordt als het ware verruimtelijkt tot een driedimensionale compositie van vormen. Het brengt als in een karikatuur de fragmentatie van de stad in beeld, als een stelsel van schotsen of eilanden. Maar het toont ook de uiteenlopende gedaanten van de fragmenten zelf; en vestigt de aandacht op de dunne pijltjes, de dwarsverbindingen die de eilanden nog net bij elkaar houden en die voor de ruimtelijke samenhang van de stad zo belangrijk zijn. Het maakte me duidelijk hoezeer het isolement van het afstudeergebied onderdeel uitmaakte van een algemeen patroon en dat de opgave er niet alleen uit bestond om de scherf van een nieuwe programmatische invulling te voorzien, maar vooral ook een eigen interne kwaliteit en vorm mee te geven, en haar op logische wijze aan de naburige scherven op te hangen.

Letterlijk en figuurlijk

Na het radicaliseren van de legenda in de voorgaande stap deed ik een experiment met het verzachten van de legenda. Naast het begrijpen van het principiële verschil tussen de verschillende stelsels, wilde ik ook vat krijgen op de situatieve eigenaardigheden van het gebied zelf – door op transparant papier met krijt, pen en potlood de lijnen van de kaart letterlijk over te trekken en na te voelen. Het leverde een tweede verhelderend moment op: 'Ik graveer alles (...) direct in het papier, alsof het het aardoppervlak zelf is. (...) In de volgorde van tekenen speel ik het proces van landschapsvorming na.'[7]

Ik teken achtereenvolgens opnieuw de loop van de rivieren, de begeleidende dijken, de drooglegging van enkele diepgelegen polders, het ophogen van gebieden met baggerslib, de aanleg van wegen en spoorlijnen, de groei van de stedelijke bebouwing. Daarbij drong zich de vraag op, hoe de rationele legenda van stratennet versus verkeersmachine was te combineren met de meer intuïtieve benadering van deze tweede kaartenreeks. Welnu, door de stad in figuurlijke zin als eilandenrijk te benoemen, lag de associatie van de snelwegen met rivieren op de loer. Wat als ik de snelwegen ook letterlijk als rivier zou tekenen?

> Op het moment dat ik de wegen daadwerkelijk als rivieren teken, wordt de echte rivier ... een zee. En op het moment dat de rivier een zee wordt, wordt de diepe en uitgestrekte polder in het noorden ... een groot bergmassief. De afgelegen Kralingse Plas weerspiegelt de bergrand; tussen het meer en

6
Frits Palmboom, *Rotterdam Verstedelijkt Landschap* (Rotterdam: Uitgeverij 010, 1987), 43-41.

7
Citaat uit tekst afstudeerpresentatie 'Stedenbouwkundig Ontwerp Capelse Put', november 1981 (persoonlijk archief).

Words and Images

Reading a map or drawing, one always comes across the delicate relationship between the language of words and the language of images. Each drawing comes with its own spoken words; each word can generate different drawings. Word-based language and image-based language refer to each other, but do not coincide.[2] The relationship between word and image is not governed by laws, but by conventions. The legend is a tool to record and encode the intended meanings of the signs used on a map or drawing. By definition, however, they are versatile and changeable. This is why I have previously designated them 'relations of possibility': they are always open to inventions and discoveries.[3] It creates the 'room for manoeuvre' that designers make use of. During my studies, Max Risselada taught that a drawing can be made with a certain intention – as a vehicle for certain information – but that the result can be read as a painting, an image or a spatial composition in itself.[4] Other stories can be read in drawings than the information its maker wants to convey. Drawings can lead to unexpected ideas, or bring hidden assumptions to the surface. In the design process, I cherish the moment of the 'creative mistake': reading the drawing, one 'forgets the legend' for a moment.[5]

Positive and Negative

The notion of the 'creative mistake' came to me most clearly during my graduation project in 1981. I experienced a number of enlightening moments that have always stayed with me. The graduation project was situated in Rotterdam, in a peripheral location called De Capelse Put, sandwiched between rivers, high dikes and roads with heavy traffic, designated as a new housing location. Analysing the location, I realised that the lines used to depict the city map of Rotterdam all have a different impact. On the one hand, there are the lines of the regular street pattern, which is in principle open to all and accessible in all directions, which can be crossed and along which all kinds of functions are located. On the other hand, there are the lines of what I came to call 'the traffic machine': the railways, motorways and canals that are only open to specific vehicles and that only allow movement in accordance with a strict one-way system.[6] Though these connect far apart destinations, they act as barriers to their immediate surroundings. The seemingly uniform space of the city is divided into systems and domains that are extremely different in terms of usability and accessibility. How could I visualise this distinction on the map?

In a first enlightening moment I pulled the two layers apart, and subsequently omitted the traffic machine from the map, thus showing it as a negative. The normally flat image of the map suddenly showed depth; the relationship between the systems was 'spatialised' into a three-dimensional composition of forms. It was like a caricature, portraying the fragmentation of the city as a system of floes or islands. But it also portrayed the different forms of the fragments themselves and called attention to the slender arrows, the cross-connections that only just manage to hold the islands together and that are so important to the spatial coherence of the city. It made clear that the isolation of the graduation area was part of an overall pattern and that the challenge was not only to provide a shard with a new programme, but also to give it a quality and shape of its own and to link it logically to neighbouring shards.

Literal and Figurative

After radicalising the legend in the above-mentioned step, I conducted an experiment with its softening. I not only wanted to understand the fundamental difference between the various systems, but also wanted to get a grip on the situational peculiarities of the area itself – by literally tracing the lines of the

2
Art history lecturer Kees Vollemans introduced this semiotic paradigm into the study programme of Delft University of Technology's Faculty of Architecture in the 1970s. See also Frits Palmboom, *De Delta-paradox: Stedenbouw in deltalandschappen*, inaugural speech Van Eesteren Chair (Delft University of Technology, Faculty of Architecture, Department of Urbanism, 2014).

3
Frits Palmboom, 'IJburg: Systematiek en compositie', in: Mirjana Milanovic and Irma Dejong (eds.), *Het Sluishuis: Landmark in het water bij IJburg* (Bussum: Thoth, 2002), 12-17.

4
Dirk Van den Heuvel, Madeleine Steigenga and Jaap van Triest, *Lessons: Tupker/Risselada: A Double Portrait of Dutch Architectural Education 1953/2003* (Amsterdam: SUN, 2003), 56-57.

5
Frits Palmboom, 'Urban Design: Game and "Free Play" versus Aversion and Necessity', in: Han Meyer (ed.), *Transformations of the Urbanized Landscape: The work of Palmboom & van den Bout, Urban Planners* (Amsterdam: SUN, 2003), 72-77. Also see Frits Palmboom, 'Thinking with the Pencil', in: Harma Horlings and Noël van Dooren (eds.), *Design Lessons from Practice: Professionals Reflecting on Design Processes* (Amsterdam: Academy of Architecture, 2015), 60-70.

6
Frits Palmboom, *Rotterdam Verstedelijkt Landschap* (Rotterdam: 010, 1987), 43-41.

de zee liggen kavels met boerderijen die samen een langwerpige nederzetting vormen. (...) Ik was enorm ingenomen met deze tekening. Ze hielp me om de site niet meer als een optelsom van problemen te zien, maar als een waaier van mogelijkheden. De tekening spiegelt een droom of een idylle voor, maar is tegelijkertijd een rationele tekening, die niet meer doet dan de verschillen die in het gebied zitten verhevigd weergeven en er een iets andere naam aan geven. De lijnen blijven hetzelfde, de vlakken veranderen door hun inkleuring van betekenis en gevoelswaarde, en lokken nieuwe ketens van associaties uit.[8]

Verschalen en transponeren

Door deze nieuwe lezing van de omgeving, kon ik ook de ontwerplocatie zelf met nieuwe ogen zien. Ik werd getroffen door de overeenkomst tussen de vorm van de bergkom rond de plas en de noordelijke uithoek van de ontwerp-site. Deze beeldrijm lokt een schaalsprong uit: ik kopieer de constellatie van lijnen en open ruimten rond de plas, verklein hem qua schaal en transponeer hem naar de site. Het levert een paar toevalstreffers op. Een lijn die de locatie in oost-west-richting doorsnijdt verbindt de Capelse Put met de rest van de stad; naar analogie met de langwerpige nederzetting tussen plas en zee, wordt het nieuwe stratenplan daaraan opgehangen. De 'plas' wordt een park, de 'bergrand' een hogere bebouwing die het geluid van de snelwegen weert.

Wat begon als een zuivere analyse, een registratie van de uitgangssituatie, ontwikkelde zich door het proces van het tekenen tot een katalysator van ontwerp ideeën. De sleutel hiertoe was het vrijmoedig lezen en hertekenen van de kaart: door figuurlijke betekenis letterlijk te nemen, en andersom; door te spelen met positieve en negatieve weergave, met weglaten en overdrijven; door diepte te lezen als hoogte en hoogte als diepte; door te wisselen van kleur,

8 Ibid.

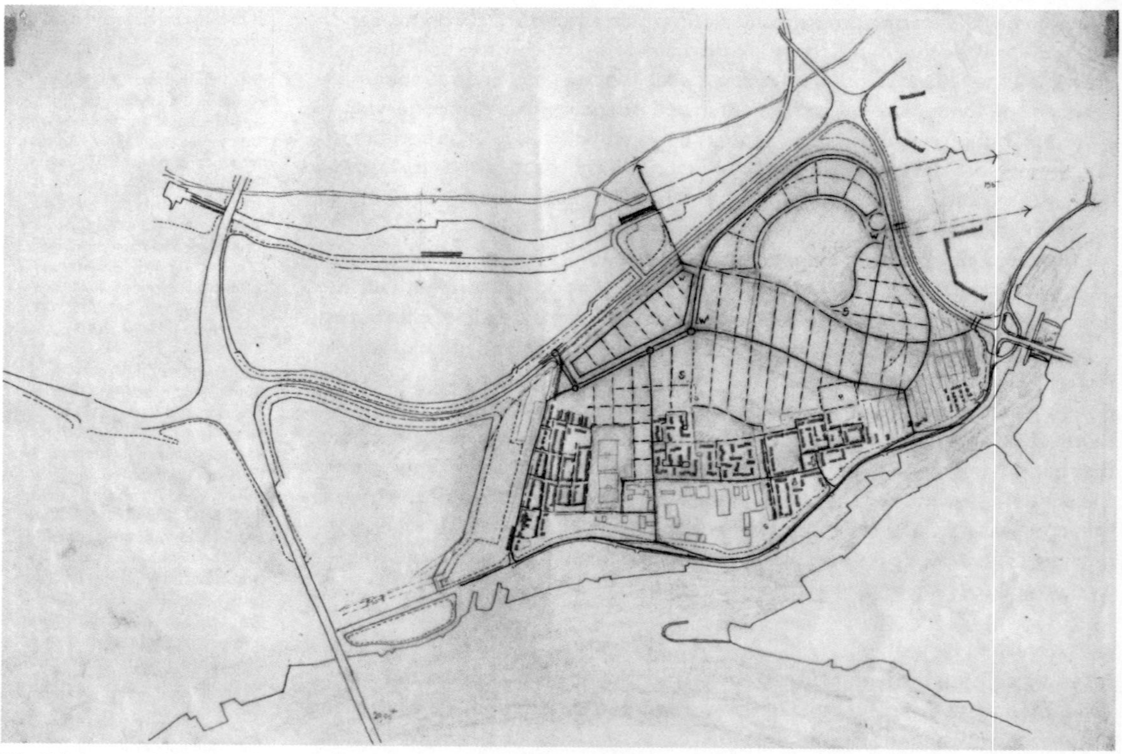

Frits Palmboom, initial scheme for the final urban design/ eerste schets voor het stedenbouwkundig ontwerp, **1981**

map on transparent paper with chalk, pen and pencil: to get a feel for them. This gave rise to a second enlightening moment: 'I am carving everything . . . directly into the paper, as if it is the earth's surface itself. . . . In the order of drawing I am re-enacting the process of landscape formation.'[7]

I subsequently redrew the course of the rivers, flanking dikes, reclamation of several low-lying polders, raising of areas with dredged silt, construction of roads and railways and proliferation of urban buildings. Then the question arose of how to combine the rational legend of street pattern versus traffic machine with the more intuitive approach of this second series of maps. Well, after figuratively designating the city as an archipelago, the association of the highways with rivers was lurking. What if I were to literally draw the motorways as rivers?

> The moment I actually draw the roads as rivers, the real river becomes . . . a sea. And the moment the river becomes a sea, the deep and vast polder to the north becomes . . . a large massif. The remote Kralingse Plas mirrors the mountain ridge; between the lake and the sea there are plots of land with farms that jointly form an elongated settlement. . . . I was very pleased with this drawing. It helped me to see the site as a range of possibilities rather than a sum total of problems. The drawing conjures up a dream or an ideal, but at the same time it is a rational drawing that merely renders the differences in the area in an intensified way and provides them with slightly different names. The lines remain the same; the meaning and emotional value of the planes change through their colouring and thus provoke new chains of associations.[8]

Downscaling, Transposing

Because I read the environment in a different way, I was also able to look at the design location with fresh eyes. I was struck by the similarity between the shape of the mountain ridge around the Kralingse Plas and the northern corner of the design site. This visual echo provoked a change in scale: I copied the constellation of lines and open spaces around the Kralingse Plas, downscaled it and transposed it to the site. This resulted in several strokes of luck. A line intersecting the location diagonally from east to west connects De Capelse Put with the rest of the city; I pinned the new street plan onto it, in line with the elongated settlement between the 'lake' and the 'sea'. The 'lake' becomes a park; the 'mountainside' consists of high buildings that keep out the noise of the motorway.

The drawing process started out as pure analysis, as a registration of the initial situation, but in the course of time turned into a catalyst of design ideas. Key was a candid reading and redrawing of the map: taking figurative meanings literally, and vice versa; playing with positive and negative representations, omissions and exaggerations; reading depth as height and height as depth; changing colour, manipulating scale, allowing myself to be guided by the rhyme or contrast of images – a chain of creative mistakes. All of these 'moves' went hand in hand with drawing operations, with the sketch paper roll and tracing lines as the most important tools.

The Sketch Paper Roll

The sketch paper roll is a simple yet magical tool: the proverbial 'new sheet on top'. One can see through the transparent paper and discern what lies beneath. The paper is not transparent in the same way glass is, but makes the underlying image somewhat foggy and unfocused. By tracing the map, its information is reduced to a play of lines, a graphic pattern that reveals compositional proportions such as measurements, shape, scale, rhythm and so on. It opens the map to new interpretations. As more transparent sheets are superimposed, the image of the background (the initial drawing) becomes more blurred. The previous

7
Quote from the text of the graduation presentation 'Stedenbouwkundig Ontwerp Capelse Put', November 1981 (personal archives).

8
Ibid.

door te manipuleren met schaal, door me te laten leiden door beeldrijm of contrast. Een keten van creatieve vergissingen. Al deze *moves* gingen gepaard met tekenkundige operaties, met de schetsrol en het lijnen overtrekken als belangrijkste gereedschap.

De rol van de schetsrol

De schetsrol is een simpel doch magisch hulpmiddel: het spreekwoordelijke 'velletje er overheen'. Je kunt door het transparante papier heen kijken en onderscheiden wat eronder ligt. Maar het is niet transparant als glas; het maakt het onderliggende beeld enigszins mistig en onscherp. Door het overtrekken breng je de kaart terug tot een lijnenspel: een grafisch patroon dat de compositorische verhoudingen in het kaartbeeld onthult, de verhoudingen qua maat, vorm, schaal, ritme, enzovoort. De kaart komt open te liggen voor nieuwe interpretaties. Naarmate er meer transparante velletjes over elkaar heen liggen, wordt het beeld van de ondergrond (de begintekening) vager. De geschiedenis van het voorgaande teken- of ontwerpwerk schemert er nog door, maar wordt steeds minder dwingend. Het proces van kiezen, van weglaten en benadrukken, wordt erdoor versterkt en uitgedaagd. De onzekerheid over wat onder ligt neemt toe, maar ook de vrijheid om te interpreteren.

Een cruciaal moment is om de (vaak vele) tussenliggende velletjes weer weg te halen en het inmiddels ontstane interpretatie-beeld te confronteren met de gegevens die er oorspronkelijk onder liggen. Er blijken met elke nieuwe laag, met elke nieuwe interpretatie vaak aanzienlijke afwijkingen te zijn ontstaan. Ook dit is een creatief moment: een stimulans om weer met nieuwe ogen naar de locatie – en naar de inmiddels ontstane nieuwe ideeën – te kijken. Zo maakte de schetsrol het mogelijk heel dicht bij de ondergrond te blijven, en er tegelijkertijd op subtiele wijze los van te komen. Het is misschien wel het medium bij uitstek om in de vervaging van de verschillende lagen de legenda te vergeten.

Lijn en ruimte

Paul Klee definieerde ooit een lijn als een punt die uit wandelen gaat. Vanaf het moment dat hij zich in beweging zet, creëert hij nieuwe verhoudingen in de ruimte om zich heen: tussen links en rechts, onder en boven, klein en groot, hol en bol, enzovoort. De lijn is het fysieke teken op papier, zwart op wit, met een bepaald verloop, een richting, een vorm. Daaromheen is de ruimte relatief onbepaald, vol mogelijkheden, wachtend om gelezen, ingevuld, met betekenis geladen te worden.

Deze open verhouding tussen lijn en ruimte hielp me in het afstudeerproject, maar is in bredere zin cruciaal in het werk van de stedenbouwkundig ontwerper. We trekken lijnen om houvast en perspectief te bieden, maar evenzeer om nieuwe mogelijkheden open te leggen, nieuwe interpretaties uit te lokken of nieuwe metamorfosen voor te bereiden. In mijn latere werk met Palmbout Urban Landscapes is dat uitgemond in het concept van het ruimtelijk raamwerk, waarbij hoofdstructuur en cruciale details zorgvuldig zijn vastgelegd, maar de invulling van de ruimte eromheen wordt vrijgelaten. De activiteit van het tekenen zelf is een voortdurende oefening in het vinden van een balans tussen vastleggen en openlaten.

A multi-layered highway of consciousness

Ter afronding van mijn hoogleraarschap vond in februari 2020 het seminar 'Spatial Perspectives – beyond IJsselmeer' plaats.[9] Spil van het congres Barbara Tversky citeerde daar de kunstenaar William Kentridge. Hij omschreef het tekenen als 'a multi-layered highway of consciousness, where one lane has one

9
Barbara Tversky, 'Thinking through Drawing', sleuteltekst seminar 'Spatial Perspectives – beyond IJsselmeer', 7 februari 2020, TU Delft.

drawing or design still shines through, but becomes less and less compelling. This strengthens and stimulates the process of choosing, omitting and highlighting. As the uncertainty about what lies beneath grows, so does the freedom of interpretation.

A pivotal moment arises when one removes the – often many – separating sheets and confronts the interpretation created with the underlying original data. As it turns out each new layer, each new interpretation, has generated substantial deviations. This, too, is a creative moment: a stimulus to look at the location – and at the new ideas that came up – with fresh eyes. The sketch paper roll makes it possible to stay quite close to the original while subtly disconnecting from it at the same time. It may well be the best possible medium to, by the blurring of the various layers, 'forget about the legend'.

Line and Space

Paul Klee once defined a line as 'a dot that went for a walk'. From the moment it gets going, the line creates new proportions in the space that surrounds it: between left and right, above and below, big and small, concave and convex and so on. The line is the physical sign on the paper, black on white, with a certain locomotion, a direction, a shape. The space around it is relatively indeterminate, full of possibilities, waiting to be read, filled in and loaded with meaning.

This open relationship between line and space helped me in my graduation project but in a broader sense, it is crucial in the work of the urban designer. One not only draws lines to get a grip and a perspective, but also to open up new possibilities, provoke new interpretations or prepare new metamorphoses. In my later work with Palmbout Urban Landscapes this resulted in the concept 'spatial framework', in which the main structure and crucial details are meticulously captured, but the substantiation of the surrounding space is left open to interpretation. The activity of drawing itself is an ongoing exercise in finding a balance between determinacy and indeterminacy.

A Multi-Layered Highway of Consciousness

In February 2020, a seminar entitled 'Spatial Perspectives – beyond IJsselmeer' took place in conclusion of my professorship.[9] During this seminar, keynote speaker Barbara Tversky quoted the artist William Kentridge. He described drawing as 'a multi-layered highway of consciousness, where one lane has one thought but driving up from behind and overtaking is a completely different thought'. This gave me a jolt of recognition and took me back to the lightbulb moments of 1981: the sensation of having one's feet on parallel 'lanes of thought' – to think in words and images at the same time, in literal and figurative meanings, in positive and negative forms – and to let the sparks jump back and forth while drawing.

It has nourished my conviction that the very ambiguity of drawing carries the creativity of the design process: the fact that a drawing can carry different meanings at the same time allows it to develop. Rather than the scientific disentanglement of the problem or the incremental deduction towards an ideal solution, it is the cherishing of the creative mistake that is the basis of design: the play with the legend, with signs and meanings, that reveals possibilities for changes in the location. It is this play with the legend that facilitates the 'leap' from analysis to design, from observation to conception – and back again. Observation and design learn from each other, make each other better. Drawing is the common denominator, the vehicle that connects the two. One cannot do without.

Translation: InOtherWords, Maria van Tol

9
Barbara Tversky, 'Thinking through Drawing', keynote speech at the 'Spatial Perspectives – beyond IJsselmeer' seminar, 7 February 2020, Delft University of Technology.

thought but driving up from behind and overtaking is a completely different thought'. Het bezorgde me een schok van herkenning en voerde me terug naar de verhelderende momenten uit 1981: de sensatie met twee benen op parallelle *lanes of thought* te staan – om in woorden en beelden tegelijk te denken, in letterlijke en figuurlijke betekenissen, in positieve en negatieve vormen – en al tekenend de vonken over en weer te laten springen.

Het heeft mijn overtuiging gevoed dat de meerduidigheid van de tekening de drager is van creativiteit in het ontwerpproces: het feit dat zij meerdere betekenissen tegelijkertijd kan dragen, en zich daardoor kan ontwikkelen. Niet de wetenschappelijke zuivering van de probleemstelling en de stapsgewijze deductie van een ideale oplossing is de basis voor het ontwerp, maar het koesteren van de creatieve vergissing: het spel met de legenda, met teken en betekenis, dat in de locatie mogelijkheden tot verandering aan het licht brengt. Het spel met de legenda maakt het mogelijk de sprong te maken van analyse naar ontwerp, van observatie naar inventie – en weer terug. Observatie en ontwerp scherpen zich aan elkaar, ontwerp en analyse trekken zich aan elkaar op. Het tekenen is de gemeenschappelijke noemer, het voertuig dat beiden met elkaar verbindt. Zonder tekenen gaat het niet.

Elke Couchez

Reading by Drawing

ILAUD 1977: A Tentative Tool for Urban Regeneration

In the second half of the twentieth century the International Laboratory of Architecture and Urban Design (ILAUD) organised summer courses in which the drawing-centred method of 'reading the city' occupied a central role. The ILAUD was established in 1976 by *Spazio e Società's* founder Giancarlo De Carlo (1919-2005) as an extension of Team 10, and worked as follows: groups from different universities, each consisting of one or two staff members and five to six students, were invited to reconsider urban form within the architecture discourse.[1] Organised parallel to the institutionalised architecture education, these groups participated in permanent initiatives throughout the year and gathered together in a highly-ambitious eight-week residential summer course organised *in situ* in an Italian city.

The Programmatic Claims of Tentative Design

The second summer school was organised in Urbino in 1977 and focused on the theme of 'participation and reuse'. In an attempt to override the standard division between theory and practice, it was kicked off with lectures by acclaimed Team 10 members such as Jacob Bakema and Peter Smithson and by Christian Norberg-Schulz – whose lamentation on the 'loss of place' caused by the disintegration of the traditional physical environment resonated strongly in the student proposals.[2]

The physical and social environment of Urbino functioned as a frame of reference for exploring these theoretical preoccupations: all participants were invited to develop strategies for urban interventions and the reuse of existing buildings, based on a thorough understanding of the marks left by social, historical and topographical transformations on the physical space.[3] 'Reading' was the proposed method of action to unravel an intricate web of relationships in the physical environment. As De Carlo later explained in an opening lecture in 2013, reading is: 'to discover and decode every strata of signs . . . to understand the essence of that which has to be retrieved.'[4] The role of the designer, according to De Carlo, was to empathetically engage with the pre-existing layers of meaning and relationships and to articulate them through the activity of drawing. Unlike a classic design process of fine-tuning from the particular to the general and vice versa, the ILAUD staff stimulated drawing as a process. De Carlo retrospectively used the notion 'tentative design' as a tautological construction, thus indicating an activity that can proceed without closure, not aimed at an 'unequivocal solution with linear motion but moving towards multiple solutions by means of itinerant motion, passing through sequences of hypotheses and verifications'.[5]

Giancarlo De Carlo's reflection on how to read urban form in architecture education clearly evolved within the post-war Italian discourse on the European city and the region.[6] Prompted by a general dissatisfaction with universalistic modernist planning models and the imposition of priori visons upon the city – which arguably disregarded human needs and neglected the existing historical, physical and topographical factors of an area – he, together with other

1
Spazio e Società (Space and Society) was a quarterly magazine, founded in 1978 by Giancarlo De Carlo. The last issue was published in 2001. Giancarlo De Carlo, 'Introduction: Comments on the Design Work', in: *International Laboratory of Architecture and Design: 2nd Residential Course Urbino 1976* (Urbino: ILAUD & Università di Urbino, 1977), 5. De Carlo joined Team 10 after the 1959 CIAM conference in Otterlo.

2
Christian Norberg-Schulz, 'Dwelling Participation Place', in: ibid., 147-149. The focus of this paper is on the second edition, as the student proposals of the first year were rather indecisive and lacked conceptual consistency.

3
De Carlo made an urban master plan for this city in 1958.

4
Benedict Zucchi and Giancarlo De Carlo, *Giancarlo De Carlo* (Oxford: Butterworth Architecture, 1992), 141.

5
From De Carlo's opening lecture at the Università degli studi di Catania, 2013, quoted in: ibid.

6
For a deeper discussion on the theoretical debates on the urban in architecture, see: Mary Louise Lobsinger, 'The New Urban Scale in Italy', *Journal of Architectural Education* 59/3 (2006), 28-38; Pier Vittorio Aureli, 'The Difficult Whole', *Log* 9 (2007), 39-61.

Elke Couchez

Tekenend lezen

ILAUD 1977: tentatief instrument voor stadsvernieuwing

In de tweede helft van de vorige eeuw organiseerde het ILAUD (Laboratorio Internazionale di Architettura e Progettazione Urbana) een aantal zomercursussen waar de lezing van steden aan de hand van het tekenen centraal stond. Het ILAUD werd in 1976 opgericht door *Spazio e Società*-stichter Giancarlo De Carlo (1919-2005) als extensie van Team 10 en werkte als volgt: verschillende universiteiten vaardigden een groep af, telkens bestaande uit één à twee docenten en vijf à zes studenten, die de notie van stedelijke vorm overdachten binnen het discours over architectuur.[1] De groepen namen gedurende het jaar deel aan allerlei initiatieven en kwamen in de zomer bijeen voor een ambitieuze, acht weken durende cursus die in telkens een andere Italiaanse stad plaatsvond en parallel aan het institutionele architectuuronderwijs werd georganiseerd.

De programmatische claims van tentatief ontwerp

De tweede zomercursus van het ILAUD, die in 1977 in Urbino plaatsvond, had als thema 'participatie en hergebruik'. In een poging om de gebruikelijke scheiding tussen theorie en praktijk op te heffen, begon de cursus met lezingen door veelgeprezen Team 10-leden als Jacob Bakema, Peter Smithson en Christian Norberg-Schulz – wiens klaagzang over 'het verlies van plaats' door het uiteenvallen van de traditionele fysieke omgeving een sterke weerklank vond in het werk van de studenten.[2]

De fysieke en sociale omgeving van Urbino fungeerde als referentiekader om deze theoretische thema's te onderzoeken: alle deelnemers werden uitgenodigd om strategieën voor stedelijke interventies en hergebruik van bestaande gebouwen te bedenken, gebaseerd op grondige kennis van de sporen die sociale, historische en topografische transformaties in de fysieke ruimte hadden achtergelaten.[3] De studenten kregen de opdracht het ingewikkelde web van relaties in de fysieke omgeving te ontrafelen door 'te lezen'. Zoals De Carlo later in een openingsspeech in 2013 uitlegde, is dit 'lezen': 'het ontdekken en ontcijferen van alle betekenislagen (...) om de essentie te begrijpen van wat moet worden behouden'.[4] Het was volgens De Carlo de taak van de ontwerper om op een empathische manier om te gaan met bestaande betekenislagen en relaties, en deze te articuleren door te tekenen. De staf van het ILAUD stimuleerde het proces van het tekenen in tegenstelling tot het klassieke ontwerpproces van fijn slijpen, waar het bijzondere op het algemene wordt afgestemd en vice versa. Achteraf gebruikte De Carlo de notie 'tentatief ontwerp' als een tautologische constructie om een activiteit aan te duiden die geen besluit behoeft en die niet is gericht op 'een ondubbelzinnige oplossing op basis van lineaire beweging, maar op meerdere oplossingen door middel van circulaire bewegingen, die reeksen van hypothesen en verificaties doorlopen'.[5]

Giancarlo De Carlo's reflectie op het 'lezen' van stedelijke vorm in het architectuuronderwijs heeft zich onmiskenbaar ontwikkeld binnen het naoorlogse Italiaanse discours over de Europese stad en de regio.[6] Aangezet door een algemene ontevredenheid over universele modernistische planningsmodellen en het opleggen van apriori visies op de stad – die aantoonbaar geen

1
Spazio e Società (Space and Society) was een driemaandelijks tijdschrift, in 1978 opgericht door Giancarlo De Carlo. Het laatste nummer verscheen in 2001. Giancarlo De Carlo, 'Introduction: Comments on the Design Work', in: *International Laboratory of Architecture and Design: 2nd Residential Course Urbino 1976* (Urbino: ILAUD & Università di Urbino, 1977), 5. De Carlo voegde zich bij Team 10 na de CIAM-conferentie van 1959 in Otterlo.

2
Christian Norberg-Schulz, 'Dwelling Participation Place', in: ibid., 147-149. Deze tekst focust op de tweede editie van 1977, omdat de studentenvoorstellen van de eerste editie nogal vaag waren en een gebrek aan conceptuele consistentie vertoonden.

3
De Carlo maakte in 1958 een stedenbouwkundig masterplan voor deze stad.

4
Benedict Zucchi en Giancarlo De Carlo, *Giancarlo De Carlo* (Oxford: Butterworth Architecture, 1992), 141.

5
Uit De Carlo's openingsspeech voor de Università degli studi di Catania, 1988, geciteerd in: ibid.

6
Zie voor een diepgravende bespreking van de theoretische debatten over het stedelijke in de architectuur: Mary Louise Lobsinger, 'The New Urban Scale in Italy', *Journal of Architectural Education* 59, 3 (2006), 28-38; Pier Vittorio Aureli, 'The Difficult Whole', *Log* 9 (2007), 39-61.

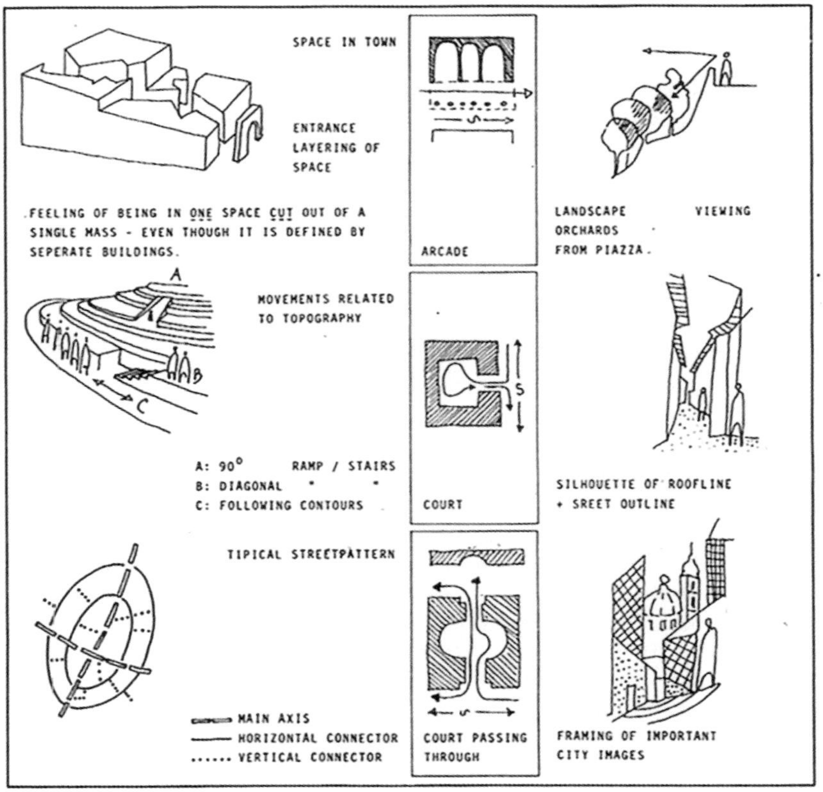

Oslo group ILAUD, reading of the town/ het lezen van de stad, 1977

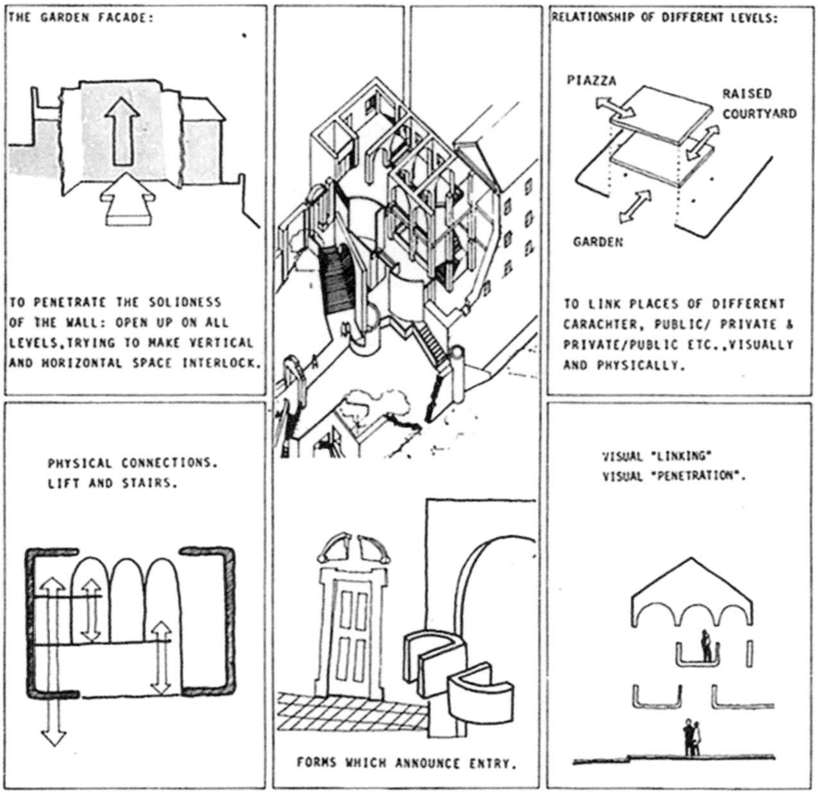

Oslo group ILAUD, reuse of the San Gerolamo garden/ herbestemming van de San Gerolamo-tuin, 1977

rekening hielden met menselijke behoeften en de bestaande historische, fysieke en topografische factoren van het gebied verwaarloosden – richtte hij zich samen met andere architecten, theoretici en onderwijzers op de stedelijke 'realiteit'.[7] Door de tekening als een open einde te zien – een tekening 'beschrijft voortdurend haar eigen ontstaan en ontwikkeling' zoals Emma Dexter het zo mooi verwoordde – leek De Carlo vooral zijn programmatische claim te accentueren, dat stedenbouw een elastisch of zelf organiserend systeem was, 'bestaande uit vaste punten of scharnieren die onder bepaalde omstandigheden elke mogelijke vorm zouden laten ontstaan'.[8, 9] Met deze claim nam hij expliciet een tegenovergesteld standpunt in ten opzichte van Aldo Rossi, een andere grote speler in de Italiaanse stedenbouw, die planning liever als gesloten of eindig en duidelijk begrensd opvatte.[10] Er was dus geen eensgezindheid over de precieze manier waarop de stedelijke vorm moest worden gewaardeerd.

Twee ontwerpvoorstellen

Uit het ILAUD-jaarboek van 1977 blijkt dat de activiteit van lezen door te tekenen geen duidelijke boodschappen opleverde, die gemakkelijk in ontwerpvoorstellen konden worden omgezet. De uiteenlopende voorstellen van de studenten laten duidelijk zien dat zij worstelden met de vraag hoe ze dit lezen van steden konden integreren in hun ontwerpproces. Ze hadden immers niet genoeg kennis van 'adequate analytische en grafische hulpmiddelen om de zeer complexe werkelijkheid nauwkeurig te articuleren'.[11] Droeg de lezing van steden door te tekenen op een of andere manier bij aan het begrijpen van de complexiteit van de stedelijke vorm?

Van alle bijdragen aan het ILAUD-jaarboek van 1977 springen twee uitgebreide voorstellen van studenten in het oog. De twee voorstellen zijn illustratief omdat ze verschillende, zelfs tegenstrijdige toepassingen van De Carlo's manier om steden te lezen laten zien. Een groep studenten van de Arkitektur- og designhøgskolen i Oslo (AHO) stelde een typo-morfologische benadering voor, terwijl een tweede groep, van de KU Leuven, het thema van participatie op een meer structurele manier verkende. Beide groepen richtten zich op de revitalisatie van de historische woonwijk Via Saffi, die binnen de middeleeuwse en renaissancistische muren op een steile heuvel ten zuiden van de stad lag.[12] Omdat dit gebied met overwegend woningen geïsoleerd lag van zowel het stadscentrum als het omliggende platteland en bovendien was aangetast door een ongecontroleerde mix van door projectontwikkelaars, de staat en de universiteit gefinancierde gebouwen, bood het een typisch Italiaanse context om na te denken over manieren om wat Norberg-Schulz 'het verlies van plaats' had genoemd, tegen te gaan.[13]

Aan het einde van de zomer presenteerde de groep uit Oslo een gedetailleerde visuele analyse van de verschillende topografische en fysieke condities van de stad en de wijk Via Saffi. Aan de hand van een reeks empirische tekeningen die trefzeker en helder waren opgezet, analyseerde de groep onderlinge verbindingen tussen verschillende elementen van de gebouwde omgeving, zoals bestaande zichtlijnen, straatpatronen, silhouetten en straatcontouren – een typo-morfologische benadering die doet denken aan Kevin Lynch's invloedrijke studie *The Image of the City* (1960). In plaats van de visuele elementen te categoriseren, wilde de Oslo-groep bestaande stedelijke structuren transformeren door ze te tekenen. Alle visuele elementen werden uit hun context getild en op een wit beeldvlak geplaatst om de tussenruimten in de stad opnieuw te definiëren en om alternatieve voetgangersroutes te verkennen. De tekeningen toonden hypothetische verbindingen tussen het afgelegen Via Saffi en het centrum, in overeenstemming met de topografische kenmerken van de stad – naar boven en naar beneden, langs, rondom. Gesloten massa's

7
Zucchi en De Carlo, *Giancarlo De Carlo*, op. cit. (noot 4), 28; De Carlo, 'Introduction', op. cit. (noot 1), 5.

8
Emma Dexter, 'Introduction: To Draw Is to Be Human', in: Jordan Kantor en Igor Zabel (red.), *Vitamin D: New Perspectives on Drawing* (Londen: Phaidon Press, 2016), 6.

9
De Carlo's idee van de open vorm, zoals besproken door: Lobsinger, 'The New Urban Scale in Italy', op. cit. (noot 6), 32.

10
Aureli, 'The Difficult Whole', op. cit. (noot 6), 54.

11
Claudio Baracca, Massimo Giuliani en Len Rodrigues, 'La Fornace/Via Saffi, Re-Use of the brick mill Study of Its Connection with the Area of via Saffi', in: *International Laboratory of Architecture and Design*, op. cit. (noot 1), 84.

12
Deelnemers aan de KU Leuven-groep waren: Luc De Leye, Marc Robben en Jan Schreurs. De Oslo-groep bestond uit: Jan Digerud, Jan Arne Frydenlund, Odd Erik Helasen, Einar Hermanrud, Jon Aage Johansen, Wolfram Leschke, Jon Strohaug en Hazel Wong.

13
Lobsinger, 'The New Urban Scale in Italy', op. cit. (noot 6), 30.

architects, theorists and educators turned to the urban 'real'.[7] By stressing this open-ended character of drawing – a drawing is 'forever describing its own making and becoming' as Emma Dexter put it beautifully – De Carlo foremost seemed to accentuate his programmatic claim of urban design as an elastic or self-organising system 'comprising fixed points or hinges that would allow any form to emerge in given conditions'.[8,9] With this claim, he was taking an explicitly antagonistic stance against Aldo Rossi, another protagonist of urban design in Italy, who promoted planning as a closed or finite form with clear limits.[10] The exact way in which the urban form had to be assessed thus allowed for multiple interpretations.

Two Design Proposals

The 1977 ILAUD yearbook shows that the activity of reading by drawing did not elicit clear messages that could easily be turned into design proposals. The wide-ranging student propositions show that they were clearly struggling with how to perform this urban reading as part of their design process, as they were 'lacking adequate analytical and graphical tools to precisely articulate a highly complex reality'.[11] Was this activity of reading the city by drawing in any way helpful to grasp the complexity of urban form?

Of all the contributions to the 1977 ILAUD course, two elaborate student proposals are highly illustrative of the varying and even contradictory implementations of De Carlo's method of reading the city. A student group from the Oslo School of Architecture proposed a typo-morphological approach, whereas a second group from the KU Leuven explored the theme of participation in a more structural way. Both groups focused on the revitalisation of the historical Via Saffi housing district, located within the medieval and renaissance walls on a steep hill south of the city.[12] As this predominantly residential zone was disconnected from the town centre and the surrounding rural areas and was compromised by an uncontrolled mix of developer-, state- and university-sponsored buildings, it offered a rather typical Italian urban context to consider ways to counteract what Norberg-Schulz had called the 'loss of place'.[13]

At the end of the eight-week summer residency, the Oslo group presented a detailed visual analysis of the different topographical and physical conditions of the town and the Via Saffi district. Through a series of empirical drawings and drawn in confident, clear lines, they analysed the interconnections between different elements in the built environment such as existing sightlines, street patterns, silhouettes and street outlines – a typo-morphological approach reminiscent to that of Kevin Lynch in his landmark study *The Image of the City* (1960). Rather than a categorisation of visual elements, the Oslo group aimed to transform existing urban arrangements through drawing. All visual elements were isolated from their urban context on a white picture plane, to redefine the in-between spaces in the city and to explore alternative pedestrian connections. The drawings hypothetically suggested movements from the remote Via Saffi area to the city centre that corresponded to the city's topographical features – up down, along, around – and that cropped up by opening up solid mass and providing access to places that had been inaccessible before. The Oslo proposal was very speculative and could not stand the test of implantation in the real urban fabric. Moreover, its overemphasis on the visual and material structure of the city stood in the way of a thorough engagement with the issue of participation. Nonetheless, it was through visual linking that the group showed a deep commitment to Christian Norberg-Schulz's call to 'make place': drawing enabled them to move from a city of parts to a city of connections and possible relations.

Though the idea of making a connector between the town centre and the residential area was also central to the KU Leuven project, the means to achieve

7
Zucchi and De Carlo, *Giancarlo De Carlo*, op. cit. (note 4), 28; De Carlo, 'Introduction', op. cit. (note 1), 5.

8
Emma Dexter, 'Introduction: To Draw Is to Be Human', in: Jordan Kantor and Igor Zabel (eds.), *Vitamin D: New Perspectives on Drawing* (London: Phaidon Press, 2016), 6.

9
De Carlo's idea of open form, as discussed by: Lobsinger, 'The New Urban Scale in Italy', op. cit. (note 6), 32.

10
Aureli, 'The Difficult Whole', op. cit. (note 6), 54.

11
Claudio Baracca, Massimo Giuliani and Len Rodrigues, 'La Fornace/Via Saffi, Re-Use of the brick mill Study of Its Connection with the Area of via Saffi', in: *International Laboratory of Architecture and Design*, op. cit. (note 1), 84.

12
Participants of the KU Leuven group were: Luc De Leye, Marc Robben and Jan Schreurs. The Oslo group consisted of Jan Digerud, Jan Arne Frydenlund, Odd Erik Helasen, Einar Hermanrud, Jon Aage Johansen, Wolfram Leschke, Jon Strohaug and Hazel Wong.

13
Lobsinger, 'The New Urban Scale in Italy', op. cit. (note 6), 30.

werden opengebroken en plaatsen die voorheen ontoegankelijk waren, openbaar gemaakt. Het voorstel van de Oslo-groep was speculatief en zou een praktijktest in het bestaande stedelijk weefsel niet kunnen doorstaan. Bovendien stond de te grote nadruk op de visuele en materiële structuur van de stad een diepgaande betrokkenheid bij het vraagstuk van de participatie in de weg. Toch toonde de Oslo-groep zich zeer begaan met de oproep van Christian Norberg-Schulz om 'plaats te maken': in plaats van genoegen te nemen met een stad van onderdelen, stelde tekenen hen in staat om een stad van verbindingen, mogelijke relaties en visuele koppelingen te bedenken.

De ambitie om een verbinding te maken tussen het stadscentrum en de woonwijk stond ook centraal in het project van de KU Leuven-groep, al wendde deze groep andere middelen aan dan de Oslo-groep.[14] De groep van drie begon met een studie naar de bestaande gebouwen in Via Saffi door die ter plaatse uit de vrije hand te schetsen. In de tweede fase van hun project heroverwogen ze de bestaande verkaveling. In plaats van te bepalen hoe het gebied eruit moest zien op basis van bestaande historische en topografische kenmerken, tekende de groep alleen de contouren en de basisstructuur van het gebied. Het voorstel van de KU Leuven-groep bestond uit een matrix of grid dat de bewoners een 'bemiddelende ruimtelijke structuur' bood die ze naar eigen behoeften en 'collectieve verbeelding' konden invullen.[15] Door de tekeningen of rasters zo veel mogelijk leeg te houden, hoopten de studenten zich te ontdoen van het dwingend opgelegde straatbeeld dat zo kenmerkend was voor de contemporaine planning. Ook aan dit project lag het idee van plaatsmaken ten grondslag. Maar in dit planningsproces draaide het om de gebruiker, niet om de ontwerper. In het voorstel van de KU Leuven-groep fungeerde de schematische tekening als bemiddelaar om gebruikers de verschillende mogelijkheden te laten zien, zonder hen te beperken tot één enkele keuze; de tekening wilde bewoners de kans geven zich 'te profileren' binnen een 'nieuw sociaal-cultureel waardenpatroon'.[16] De tekeningen bepaalden zo de contouren waarbinnen de wooncultuur werd hervormd, zij het uitsluitend op conceptueel niveau.

Zowel de Oslo-groep als de KU Leuven-groep worstelde met de uitdagingen van een stedelijke discipline die nog in de kinderschoenen stond; hun tekeningen visualiseerden stedelijke vormen waarin het stadscentrum in een dynamische uitwisseling met de periferie en de regio was verbonden.[17] Hoewel hun lezingen van Urbino resulteerden in tegenstrijdige voorstellen die vaak onvolledig, tastend en incidenteel waren, werden ze onderbouwd met impliciete theorieën over stadsvernieuwing waarbij het hergebruik van de gebouwde omgeving centraal stond. De Oslo-groep herontwikkelde de stedelijke vorm met bestaande topografische kenmerken op basis van de ervaring van de ontwerper; de KU Leuven-groep trok de sociale kaart door een open diagram over een stedelijke leegte te schikken, dat de bewoners – idealiter – in staat zou stellen het stedelijk landschap te transformeren.

Conclusie

Het is productiever om het lezen door het tekenen op te vatten als een educatief instrument om impliciete kennis te genereren van de verschillende krachten die inwerken op stedelijke condities, dan om de studentenvoorstellen te evalueren op basis van hun directe toepasbaarheid in het stedelijk weefsel. In de jaren 1970 slaagde het ILAUD erin een onderwijsplatform te creëren dat de totalitaire modernistische verhalen die de architectuur- en planningsdiscipline zo lang hadden gedomineerd, kon herzien.[18] Het laboratorium wist zo niet alleen bepaalde theorieën over stedelijke vorm – met de nadruk op zowel de gelaagdheid als open eigenschappen van die vorm – maar ook de grafische instrumenten van de discipline te bevragen.

14
Het project is eerder beschreven in: Annette Kuhk, Jan Schreurs en Seppe De Blust, 'Geschiedenis en Concepten van Participatie bij Ruimtelijke Vraagstukken', in: Annette Kuhk et al. (red.), *Participatiegolven* (Leuven: Leuven University Press, 2019), 29-56.

15
Luc De Leye, Marc Robben en Jan Schreurs, 'Via Saffi: The Extention of the Residential Zone in the via Saffi Area', in: *International Laboratory of Architecture and Design*, op. cit. (noot 1), 113.

16
Ibid.

17
Tijdens een stedenbouwcongres in 1959 bedacht Giuseppe Samonà de term *la nuova dimensione* (de nieuwe dimensie) om de interacties tussen stad, sociaal-economische vorming en platteland te beschrijven. Zie voor een diepgravende reflectie op dit begrip: Lobsinger, 'The New Urban Scale in Italy', op. cit. (noot 6), 31.

18
Zie voor een analyse van andere onderwijsexperimenten uit die tijd de speciale uitgave: *Casabella Continuità: Rivista Internazionale di Architettura e Urbanistica* 287 (Milaan: Editoriale Domus, 1964); Kenta Matsui, 'Monument in Revolution: 1968, Tendenza and Education in Aldo Rossi', *Histories of Postwar Architecture* 1/2 (2018), 1-24; Martino Tattara, 'Drawing Lessons from Aldo Rossi's Pedagogical Project', Christophe Van Gerrewey, David Peleman en Bart Decroos (red.), *OASE* 102 / *Scholen & Docenten: De opleiding tot architect in Europe* (2019), 62-70.

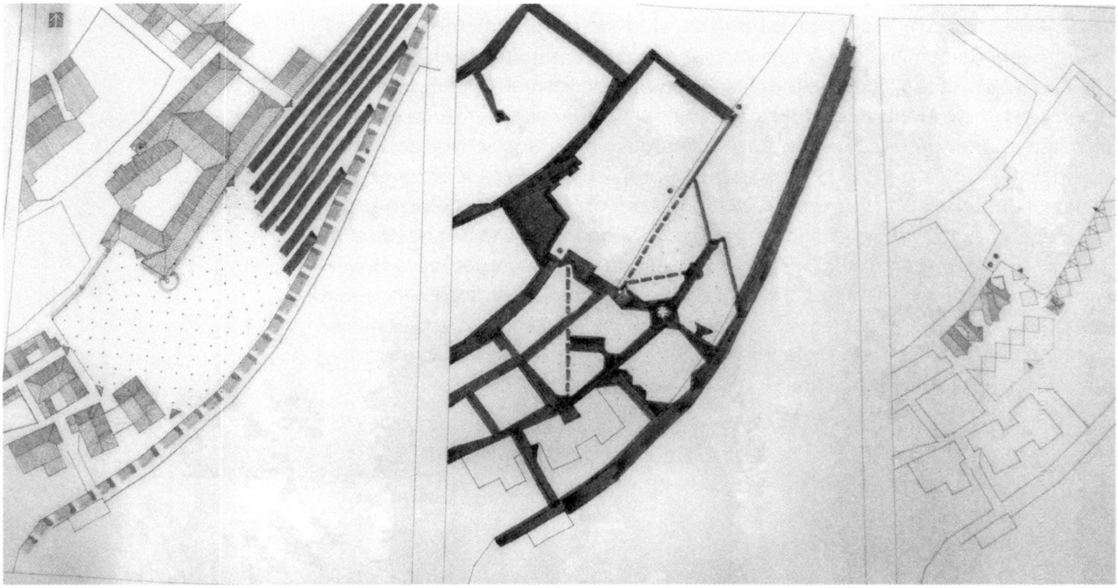

KU Leuven group ILAUD, study of the Via Saffi area, drawing by Luc De Leye/ studie van de Via Saffi-buurt, tekening door Luc Deleye, **1977**

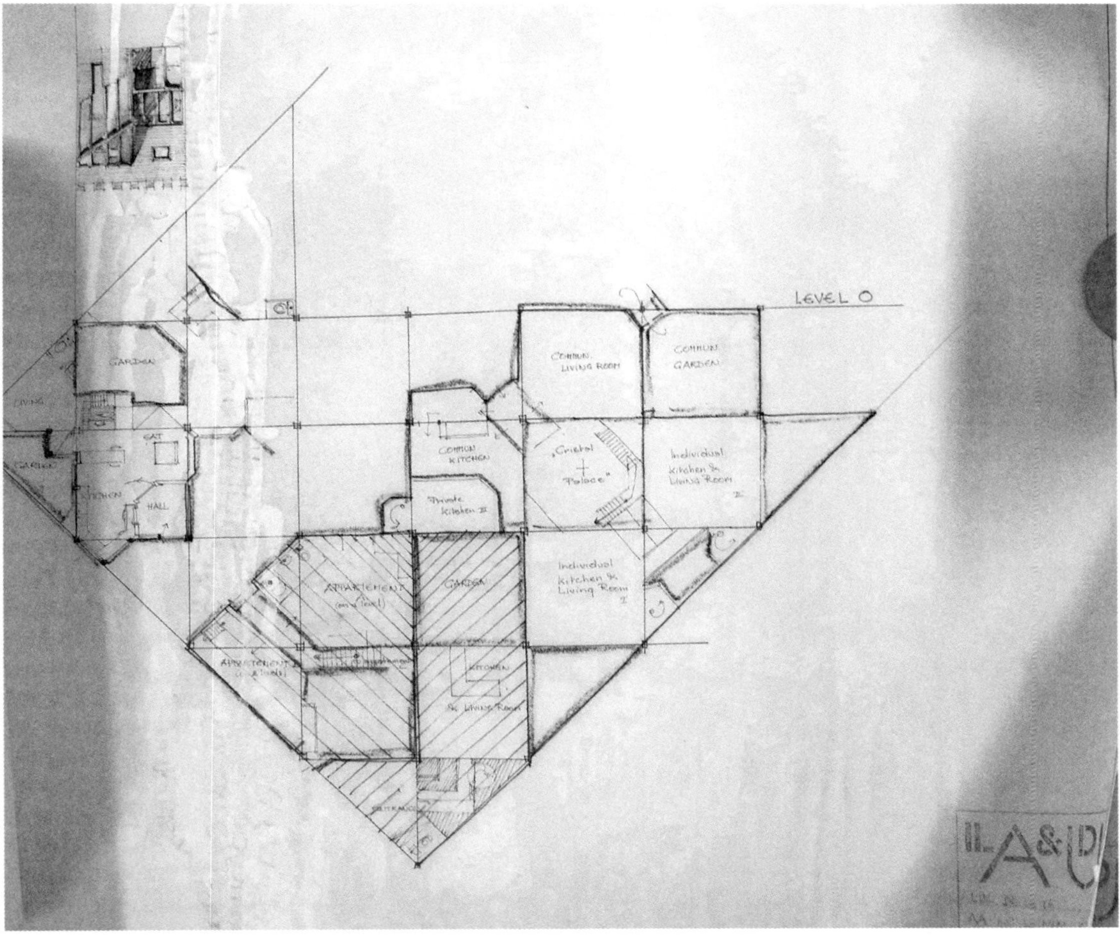

KU Leuven group ILAUD, mediating spatial structure/ bemiddelende ruimtelijke structuur, **1977**

Hoewel dit essay historisch is opgevat, vindt de besproken methode nog steeds weerklank in het onderwijs van vandaag. Het principe van het analyseren van de stedelijke realiteit door het lezen van de vele formele en informele lagen of sporen – zowel historische als maatschappelijke en economische – wordt bijvoorbeeld toegepast in eigentijdse educatieve programma's, gericht op de regeneratie van de gebouwde omgeving door middel van adaptief hergebruik.[19] In deze educatieve programma's wordt het lezen op verschillende manieren gecultiveerd; dit stimuleert een empathische benadering van het bestaande gebouwde weefsel en draagt bij aan een meer duurzame omgeving in zowel ecologische als sociaal-culturele zin.[20] Lezen door het tekenen is echter geenszins een op zichzelf staand analytisch instrument dat alle lagen van de complexe werkelijkheid kan omvatten, maar een bewust tentatieve ontwerpbenadering die zich op het raakvlak tussen interpretatie en projectie bevindt.

Vertaling: InOtherWords, Maria van Tol

19
Zie bijvoorbeeld: Koenraad Van Cleempoel, 'A Short Note on Traces and Memory', *Trace: Notes on Adaptive Reuse 1/ On Tradition* (2018).

20
Zie voor een meer gedetailleerde uiteenzetting over de opkomende discipline van het adaptief hergebruik: Bie Plevoets en Koenraad Van Cleempoel, *Adaptive Reuse of the Built Heritage: Concepts and Cases of an Emerging Discipline* (Londen: Routledge, 2019).

this new movement were quite different from that of the Oslo group.[14] The group of three started with the study of existing buildings in the Via Saffi area by freehand on-site sketching. In the second phase of their project, they reconsidered the idea of parcelling. Rather than defining what the area should look like on the basis of existing historical and topographical features, the group members only drew the outer contours and the basic structure of an area. The KU Leuven proposal consisted of a matrix or a grid, offering the inhabitants a 'mediating spatial structure' that they could fill in according to their own needs and their own 'collective imagination'.[15] By proposing voided drawings or grids, the students hoped to get rid of the too repressive street model in contemporaneous planning models. Underlying this project was again the idea of making place, but it was the user, rather than the designer who was core to the planning process. In the KU Leuven proposal, the diagrammatic drawing was a mediating system, which could show the users different possibilities without confining them to single options and would arguably 'educate' them into a 'new sociocultural pattern of values'.[16] The drawings thus set the contours in which living could be reshaped, be it only on a conceptual level.

Both the Oslo and the KU Leuven group grappled with the challenges of an urban discipline in its infancy; their drawings aimed at outlining the urban forms that connected the city centre to the periphery and the region in a dynamic exchange.[17] Though these urban readings resulted in contradictory propositions that were often incomplete, probing and contingent in nature, they were underpinned by implicit theories of urban regeneration through the reuse of the built environment. The Oslo group redeveloped urban form through the designer's experience of existing topographic features, the KU Leuven group employed a social perspective by imposing an open diagram on an urban void that would – ideally – allow inhabitants to transform the urban landscape.

Conclusion

More productive than measuring these student proposals on the basis of their direct applicability in the urban fabric, is to approach reading by drawing as a predominant educational tool to generate tacit knowledge of the different forces that influence urban conditions. In the 1970s, the ILAUD succeeded in creating an educational platform to revise the totalising modernist narratives that had long dominated the architecture and planning discipline.[18] The laboratory thus not only revised the theories of urban form – stressing both its multilayered and open characteristics – but also reconsidered the discipline's graphical instruments.

Although this essay took a historical approach, resonances of this method can still be discerned in today's education. The principle of analysing the urban reality by reading its multiple formal and informal layers or traces – historical as well as social and economic – is, for instance, common practice in emerging education programmes focused on the regeneration of the built environment through its adaptive reuse.[19] Reading, as it is cultivated in various ways in these education programmes, stimulates an emphatic approach to the existing built fabric and contributes to a more sustainable environment, both in ecological and sociocultural terms.[20] Reading by drawing, however, is by no means a self-contained analytical tool that covers all layers of complexity, but is a deliberately tentative design approach that feeds from the hinge between interpretation and projection.

14
The project was also described in: Annette Kuhk, Jan Schreurs and Seppe De Blust, 'Geschiedenis en Concepten van Participatie Bij Ruimtelijke Vraagstukken', in: Annette Kuhk et al. (eds.), *Participatiegolven* (Leuven: Leuven University Press, 2019), 29-56.

15
Luc De Leye, Marc Robben and Jan Schreurs, 'Via Saffi: The Extention of the Residential Zone in the via Saffi Area', in: *International Laboratory of Architecture and Design*, op. cit. (note 1), 113.

16
Ibid.

17
In a seminar on urbanism in 1959, Giuseppe Samonà coined the term *la nuova dimensione* (the new dimension) to describe the interactions between city, socioeconomic formation and countryside. For a deeper reflection on this notion see: Lobsinger, 'The New Urban Scale in Italy', op. cit. (note 6), 31.

18
For an analysis of other educational experiments at that time, see the special issue: *Casabella Continuità: Rivista Internazionale Di Architettura E Urbanistica* 287 (Milan: Editoriale Domus, 1964); Kenta Matsui, 'Monument in Revolution: 1968, Tendenza and Education in Aldo Rossi', *Histories of Postwar Architecture* 1/2 (2018), 1-24; Martino Tattara, 'Drawing Lessons from Aldo Rossi's Pedagogical Project', Christophe Van Gerrewey, David Peleman and Bart Decroos (eds.), *OASE* 102 / *Schools & Teachers: The Education of an Architect in Europe* (2019), 62-70.

19
See, for instance: Koenraad Van Cleempoel, 'A Short Note on Traces and Memory', *Trace: Notes on Adaptive Reuse* 1 / *On Tradition* (2018).

20
For a more detailed account on the emerging discipline of adaptive reuse, see: Bie Plevoets and Koenraad Van Cleempoel, *Adaptive Reuse of the Built Heritage: Concepts and Cases of an Emerging Discipline* (London: Routledge, 2019).

Nitin Bathla en Sumedha Garg

Tekenen als contra-cartografie

Reflecties op een sociaal-geëngageerd kunstproject

Onze bijdrage in dit nummer stelt relevante vragen over het kritische doel, de schaal en het handelingsperspectief in de tekenpraktijk. We presenteren hiervoor een langlopend sociaal-geëngageerd kunstproject dat gebruik maakt van ambachtelijk handwerk om collectief en kritisch te onderzoeken welke verbanden er zijn tussen stedelijke transformatie, migratie en het metabolisme van de planeet. Tekeningen, die afkomstig zijn uit de gemeenschap zelf en een bottom-up stedenbouw vertegenwoordigen, willen we in de discussie betrekken; in de canonieke tekenpraktijken van de landschapsarchitectuur en de stedenbouw schitteren deze vaak door afwezigheid.

We doen dit aan de hand van een specifieke tekening, getiteld *A Planetary Map of Fast Fashion*. Deze is gemaakt door de auteurs van dit artikel, samen met vrouwelijke arbeidsmigranten die actief zijn in een kunstproject, *Studio Otherworlds,* dat zich afspeelt in de metropoolregio Delhi, India. Het project is een langlopend, kunstzinnig onderzoek naar kwesties als arbeidsmigratie, gender en stedelijke transformatie dat via een kunstbeurs wordt ondersteund door de KHOJ, International Artists' Association. Het is gevestigd in Kapashera, een voormalige agrarische nederzetting die veranderde in een wijk van huurkazernes om arbeidsmigranten te huisvesten.[1]

Maatschappelijk-geëngageerde kunst ontpopte zich, na wat Claire Bishop 'de maatschappelijke wending' in de kunst noemde, vanaf de jaren 1990 tot een prominente vorm van collectieve kritische praktijk.[2] Overal ter wereld hebben kunstenaars, architecten en stedenbouwkundigen deze vorm van kunst geïntroduceerd als methode om ruimtelijke en sociale praktijken te verenigen. Voorbeelden zijn *Refugee Heritage* van de Decolonizing Architecture Art Residency, *The Room Project* (*oda projesi*) van een collectief van vrouwelijke kunstenaars uit Istanbul en het Turner-prijswinnende *Granby Four Streets*-project van het Liverpoolse kunstenaarscollectief Assemble.

Studio Otherworlds heeft geleerd van de methodologische flexibiliteit van die eerder genoemde kunstprojecten en maakt gebruik van vergelijkbare participatieve manieren om samen met de gemeenschap kennis te produceren. Het project *A Planetary Map of Fast Fashion* is niet alleen bedoeld om via artistieke productie de grenzen tussen kunstenaars en gemeenschap te doen vervagen, maar wil de kunst ook gebruiken om klassenverschillen en het soort genderhiërarchie die inherent zijn aan de stadscultuur van Kapashera en soortgelijke steden met veel huurkazernes, te ondermijnen. Voor dat onderzoek wordt tekenen en vooral het traditionele stikwerk [een oude handwerktechniek] dat wijd verspreid is onder de vrouwen van deze gemeenschap, ingezet.

Huurkazernes zoals Kapashera lijken marginaal, maar er zijn er heel veel van. Ze ontstaan via de kadastrale transformatie van landbouwdorpen om er arbeidsmigranten te huisvesten. Hoewel ze het gevolg zijn van lokale betrokkenheid bij de wereldwijde goederenproductie, in Kapashera vooral bij de snelle mode, hebben ze niet alleen de kadastrale lijnen van hun agrarische verleden geërfd, maar ook een klassenstructuur die gebaseerd is op een onderscheid tussen 'lokale bewoners' en 'permanent tijdelijke' arbeidsmigranten.[3,4] De kadastrale

1
Nitin Bathla, 'The Metabolism of Tenement Towns on a Planet of Fast Fashion', *OASE* 104/*The Urban Household of Metabolism* (2019), 50-55.

2
C. Bishop, 'The Social Turn: Collaboration and Its Discontents', *Artforum* 44 (2005), 178.

3
A. Petti en S. Hilal, *Permanent Temporariness* (Stockholm: Art And Theory Publishing, 2019).

4
N. Bathla, 'Decentring the Open City: Examining Openness at the Agrarian-Urban Frontiers in India/Dezentralisierung der Offenen Stadt: Untersuchung von Offenheit an den Landwirtschaftlichen-Urbanen Grenzen Indien', *Trialog Journal* 135 (2020), 15-19.

Nitin Bathla and Sumedha Garg

Drawing as Counter-Cartography

Reflections on a Socially-Engaged Art Project

Our contribution to this issue poses pertinent questions about the critical purpose, scale and agency in the practice of drawing. To explore these questions, we present reflections from a long-term socially engaged art project that utilises a traditional handicraft as a form of collective critical inquiry to draw connections between urban transformation, migration and planetary metabolism. In doing so, we hope to bring into the discussion community-authored drawings that represent a bottom-up urbanism, something often left out in canonising drawing practices in landscape architecture and urbanism.

We present a specific drawing here, entitled *A Planetary Map of Fast Fashion,* produced by the authors in collaboration and co-authorship with female labour migrants in a socially engaged art project, *Studio Otherworlds,* based in the metropolitan region of Delhi, India. The project is a long-term art-based inquiry into the questions of labour migration, gender and urban change, supported by a KHOJ International Artists Association art grant. It is located in Kapashera, a former agrarian settlement that transformed into a tenement town because of the externalisation of labour housing in urban development.[1]

Socially engaged art has emerged as a prominent form of collective critical practice through what Claire Bishop calls the 'social turn' in art that began in the 1990s.[2] Artists, architects and urban practitioners around the world have employed socially engaged art methodology to seamlessly combine spatial and social practice into community-based projects. Projects such as *Refugee Heritage* by Decolonizing Architecture Art Residency, *The Room Project (oda projesi),* by a women's artist collective in Istanbul, and the Turner Prize-winning *Granby Four Streets* project by the artists collective Assemble in Liverpool exemplify this methodology.

Learning from the methodological fluidity employed by some of the aforementioned socially engaged art projects, Studio Otherworlds utilises similar participatory methods to co-produce knowledge with the community. The project aims to not only blur the lines between the artists and the community in artistic production, but also utilises art for the subversion of class- and gender-based hierarchies that are inherent to the urbanism of Kapashera and tenement towns similar to it. The project uses drawing, specifically traditional craft-based forms of stitching prevalent among the women in the community.

The 'off the map' but highly prevalent tenement towns like Kapashera have emerged through the cadastral transformations of agricultural villages to house migrant workers. Although they are a consequence of local entanglement in global commodity production, specifically fast fashion in Kapashera, they inherit not only the cadastral lines from their agrarian past but also a class structure premised on a differentiation between the 'local' and the 'permanently temporary' migrant worker.[3, 4] The cadastral map of these settlements is utilised by the predominantly male agriculture landowners to exert an overarching influence over the production of space and its governmentality in the tenement towns. Consequently, the migrants, especially the women, have little chance to lay claims to space.

1
Nitin Bathla, 'The Metabolism of Tenement Towns on a Planet of Fast Fashion', *OASE* 104 / *The Urban Household of Metabolism* (2019), 50-55.

2
C. Bishop, 'The Social Turn: Collaboration and Its Discontents', *Artforum* 44 (2005), 178.

3
A. Petti and S. Hilal, *Permanent Temporariness* (Stockholm: Art And Theory Publishing, 2019).

4
N. Bathla, 'Decentring the Open City: Examining Openness at the Agrarian-Urban Frontiers in India / Dezentralisierung der Offenen Stadt: Untersuchung von Offenheit an den Landwirtschaftlichen-Urbanen Grenzen Indien', *Trialog Journal* 135 (2020), 15-19.

kaart van zulke nederzettingen wordt door een klasse van dominante mannelijke grootgrondbezitters gemanipuleerd, zodat zij een totale invloed kan uitoefenen op de inrichting en het beheer van deze uit huurkazernes bestaande steden. Gezien de machtsstructuur van het huidige regime, waaraan het beheer van de ruimte is onderworpen, kunnen migranten, vooral voor vrouwen, nauwelijks aanspraak maken op die ruimte.

Met de kunstzinnige interventie die wij in Kapashera zijn gestart, zijn we van plan om deze op klasse gebaseerde machtsstructuur te provoceren en te ontregelen. Dit doen we door het kadastrale plan van Kapashera te annexeren voor de artistieke productie en het over te dragen aan de arbeidsmigranten. Om te beginnen hebben we een leegstaande industriële loft in Kapashera beschikbaar gemaakt als een gemeenschappelijke veilige plek die toegankelijk is voor iedereen, ongeacht klasse, geslacht en kaste. Daarnaast kregen we de kans om tijdens het project samen te werken met een lokale vrouwenvakbond, genaamd Sakhi Kala Manch. Omdat de meeste vrouwen die in de kledingindustrie werken, afhankelijk zijn van de toewijzing van losse arbeid en zich dagelijks genoodzaakt zien op zoek te gaan naar betaald werk, probeert Sakhi Kala Manch de artistieke zelfredzaamheid van de vrouwelijke arbeidsmigranten in de gemeenschap te bevorderen.

Er begonnen al snel grote aantallen migrantenvrouwen die lid waren van Sakhi Kala Manch, naar de veilige ruimte te komen en dat was het begin van een naaikring. In veel culturen komen vrouwen van oudsher samen in kringen om zich verbonden te voelen, te delen en te creëren. Door samen te praten, te zingen en te tekenen gingen de vrouwen langzaam hun persoonlijke verhalen delen. De kring ontwikkelde zich tot een gemeenschappelijke symbolische ruimte voor collectieve kunst en voor gesprekken over sekse-gerelateerd geweld. De kring veranderde al snel in een vrouwencollectief, bestaande uit vrouwelijke arbeidsmigranten en de kunstenaars van Saat Saheliyan (Zeven zusters). De kledingproductie in de omgeving van Kapashera genereert dagelijks veel textielafval. Dit afval, dat in de volksmond bekend staat als *katran*, wordt door de vrouwen gewoonlijk verzameld en gebruikt als grondstof voor de ambachtelijke thuisproductie van bijvoorbeeld vloermatten en poppen. Omdat het goedkoop en direct beschikbaar was, begon dit afvalmateriaal als een belangrijke, duurzame grondstof voor de kunstproductie van het project te fungeren.

Tijdens onze gesprekken met de gemeenschap (vooral vrouwen en kinderen) over de kadastrale stadscultuur van Kapashera, kwam het mozaïekkarakter ervan steeds vaker aan de orde. De veranderingen die de patriarchale landeigenaren de gemeenschap sluipenderwijs oplegden – bedoeld om ze zo onopvallend mogelijk te laten verlopen – leidden tot een versnippering van het alledaagse leven binnen de gemeenschap. Op basis hiervan kon de gemeenschap betekenissen, herinneringen en geschillen relateren aan de gridvormige opzet van de huurkazernes van Kapashera. De kans een positieve draai te geven aan de fragmentatie, bracht binnen het vrouwencollectief het gesprek op gang en zo ontstond het idee om de kadastrale kaart van Kapashera in een wandkleed te vertalen.

Het is op dit subversieve moment dat het wandkleed *A Planetary Map of Fast Fashion* het licht zag, een collectief onderzoek op basis van niet alleen lokale ervaringen, maar ook met betrekking tot globalisering. Samen met Saat Saheliyan hebben we de schaal van de kadastrale kaart vergroot en deze opgedeeld in secties waarbij de velden – in plaats van als locaties voor huurkazernes – als contra-cartografieën konden fungeren. Vervolgens hebben de vrouwen elk zo'n contra-cartografisch onderdeel, op basis van hun versnipperde waarnemingen, bewerkt tot associatieve en met elkaar verbonden ruimten,

Migrant women from Kapashera, holding the tapestry they worked on together/ Migrantenvrouwen uit Kapashera houden het wandkleed vast, dat zij met elkaar borduurden, **2019**

The self-portraits of the women stitched on the tapestry with counter cartographies/ De zelfportretten van de vrouwen zijn op het wandkleed geborduurd als contra-cartografieën, **2019**

Manju's representation of the Kapashera tenement block that she lives in/ Manju's weergave van de huurkazerne waar ze woont, **2019**

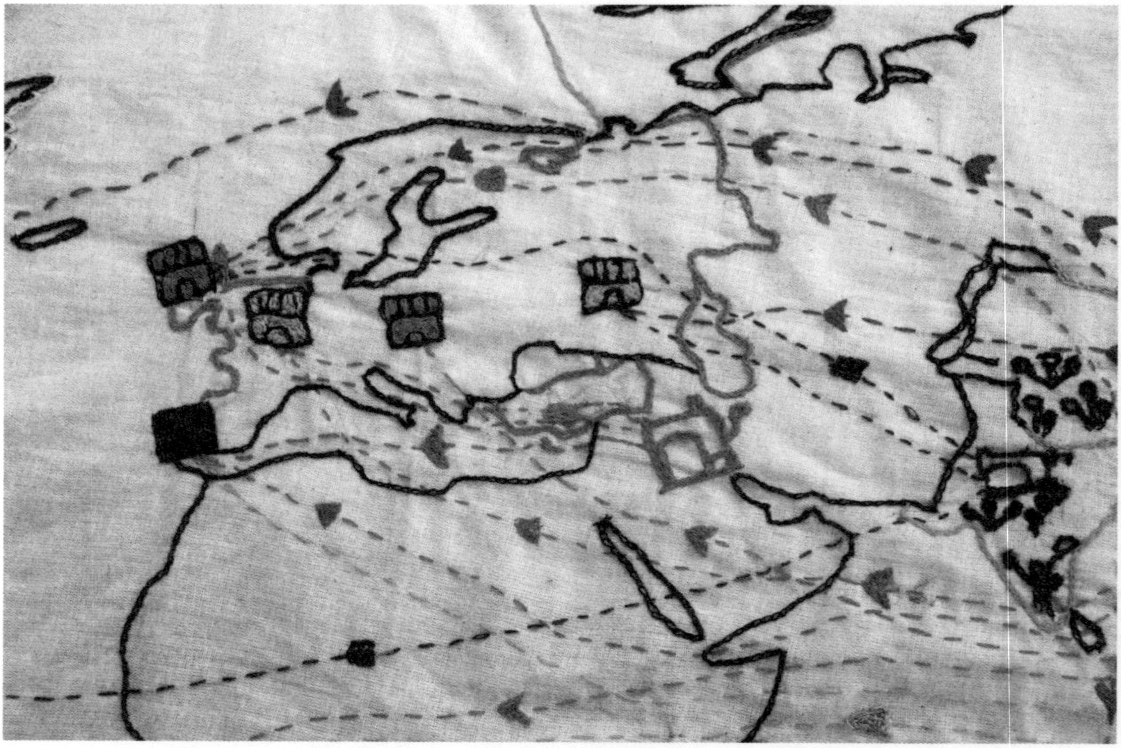

The women's collective representation of the planetary entanglement of Kapashera through fast fashion/ De gemeenschappelijke representatie door de vrouwen van de wereldwijde verstrengeling van Kapashera met snelle mode, **2019**

The art-based intervention initiated by us in Kapashera aims to challenge and upset these class-based power hierarchies through co-opting the cadastral plan of Kapashera for artistic production and handing it over to the migrants. To initiate the intervention, we facilitated the transformation of a vacant industrial loft in Kapashera into a community safe space, which anyone from the community, regardless of class, gender or caste, has access to. Further, we had the chance to collaborate with Sakhi Kala Manch, a local women workers union, on the project. As most of the women employed in garment manufacturing face work force casualisation and are forced to look for work on a daily basis, Sakhi Kala Manch attempts to promote art-based self-reliance among the migrant women workers in the community.

Many women migrants from Sakhi Kala Manch soon started to access the safe space and consequently a stitching circle was born. Traditionally, in many cultures women come together in circles to connect, share and create. Through conversations, singing and drawing together the women slowly started sharing their personal stories. This circle started to emerge both as a shared symbolic space for collective art and for conversations on gender-based violence. The circle soon metamorphosised into a women's collective, co-owned and co-created by the women and the artists of Saat Saheliyan (Seven Sisters). The garment manufacturing industry in the areas around Kapashera generate a lot of textile waste every day. This waste, colloquially known as *katran*, is something that the women usually collect and use as a resource for producing home-based crafts such as floor mats and dolls. Being free and readily available, the waste material started to serve as an important sustainable resource in the art production for the project.

Our conversations with the community (in particular with the women and children) on the cadastral urban culture of Kapashera started to reveal the mosaic nature of its urbanism. The incremental nature of transformations that the land-owning patriarchs in the community followed – to slip them in under the radar – gave rise to a fragmentary nature of everyday life in the community. This experience allowed the community to assign meaning, memory and contention to the grid-shaped layout of the tenements in Kapashera. This experience of amelioration in fragmentation triggered a conversation within the women's collective, and thus the idea arose to translate the cadastral map of Kapashera into a tapestry.

The tapestry *A Planetary Map of Fast Fashion* was born in this moment of subversion as a collective inquiry to draw not only from local experiences, but also from planetary relations. Together with Saat Saheliyan we enlarged the scale of the cadastral map and divided it into sections in which – instead of becoming tenements – the fields could serve as counter cartographies. These counter cartographies were then created by the women as spaces of association and relation based on their fragmentary perceptions, and then joined to form a collective tapestry. While the immediate local associations and the places of migration were important to the collective, so too were the perceptions of the global relations through the production and consumption of fast fashion. The community is aware of the companies it works for and the places that the finished products travel to: such as the arrival of spindles from China and the knitwear that travels across the seas to Europe and North America.

The tapestry thus projects a complex web of local and global entanglements onto an urbanism that is a palimpsest of a past agricultural cadastral and a tenementised present. The 100 pieces that make up the tapestry offer portals into the inner worlds of the women who made them. The pieces depict their everyday lives, stories of migration, their dreams, the systems of control and kinship in the tenements, the factories and nature of work, gendered violence

die met elkaar één wandkleed vormen. Niet alleen directe lokale associaties en migratielocaties waren belangrijk voor het collectief, maar ook een gewaarwording van de invloed op de planeet van de productie en consumptie van snelle mode. De gemeenschap kent de bedrijven waarvoor ze werkt en weet waar de eindproducten naartoe gaan; ze wordt hier op geattendeerd door bijvoorbeeld de aankomst van spindels uit China of de verzending van gebreide kledingstukken over zee naar Europa en Noord-Amerika.

Het wandkleed projecteert dus een complex web van lokale en wereldwijde verwikkelingen op een vorm van stedenbouw, als een palimpsest van een verleden van agrarische nederzettingen en een heden van huurkazernes. Het wandkleed bestaat uit 100 stukken die iets meedelen over het innerlijke leven van de vrouwen die ze borduurden. Ze verbeelden hun dagelijkse omgeving, migratieverhalen en dromen; de systemen van gezag en verwantschap in de huurkazernes, de fabrieken en de aard van het werk, sekse-gerelateerd geweld en de ecologie van hun dorpen op het platteland. In gesprekken binnen het collectief Saat Saheliyan kwamen van tijd tot tijd ook onderwerpen als huiselijk geweld aan de orde, waarop de vrouwen reageerden door te putten uit hun ervaringen binnen de gemeenschap. Gezamenlijk brachten de vrouwen op het wandkleed onder meer onderwerpen als de reikwijdte van alcoholisme en de aanwezigheid van geweld in beeld.

In termen van perspectief en representatie draaien hun tekeningen niet om de toeschouwer of specialist, maar beelden ze ervaringen van de gemeenschap uit. Zo verbeeldt Manju de huurkazerne waarin zij woont als een zeer besloten ruimte, waar de muren hoger zijn dan in werkelijkheid. Hoewel deze voorstelling een sterk gevoel van afzondering en opsluiting oproept, vertegenwoordigt ze ook een interne oase waar kinderen op hun gemak kunnen spelen. De meeste voorstellingen in het wandkleed verbeelden zowel de uitdagingen als de mogelijkheden van het dagelijkse gefragmenteerde bestaan in Kapashera. Het wandkleed fungeert als een fysiek archief van levensverhalen, alledaagse problemen en manieren om de 'marginale' stedelijke cultuur van Kapashera op te vatten. Het opzetten van een wandkleed als psycho-geografie werkt ook als een symbolische ruimte voor gemeenschappelijke discussie; het tekenen helpt bij het herbeleven, delen en overwinnen van sommige trauma's.

Het maken van wandkleden wordt geïntroduceerd om wederzijdse solidariteit te bewerkstelligen, door het gemeenschappelijk tekenen van visioenen voor 'een stad verder weg' waar vrouwen niet beperkt worden. Het is een methode die in lijn is met andere latente acties voor de stad en die mogelijk soortgelijke projecten kan inspireren. Via samenwerking van het Saat Saheliyan-collectief met maatschappelijke groeperingen in Delhi zijn nog andere wandkleden gemaakt, die via het gezamenlijk tekenen de gefragmenteerde visies op de stad op verschillende niveaus kritisch becommentariëren.

Slotwoord

Het geval van het hierboven besproken wandkleed, dat tot stand kwam dankzij de maatschappelijke betrokkenheid van de makers, laat een traject zien dat kan leiden tot een manier van kritisch tekenen dat bijdraagt aan de versterking van latente kansen. Het wandkleed verbeeldt niet alleen kritiek op lokale klassen- en genderverhoudingen, maar werpt ook een collectieve blik op het mondiale productiecomplex, dat overal ter wereld onteigeningen op het platteland veroorzaakt door de relatie territorium/arbeid/markt.[5] Bovendien blijkt uit deze ervaring dat het mogelijk is het accent op de specialist (de architect, stedenbouwkundige of landschapsarchitect) als maker van tekeningen te vermijden, door te focussen op gemeenschappen.

Vertaling: InOtherWords, Maria van Tol

5
S. Beckert, *Empire of Cotton: A Global History* (New York: Alfred A. Knopf, 2014).

and the ecology of their villages in the countryside. In conversations within the Saat Saheliyan collective, topics such as domestic violence emerged periodically, to which the women reacted by drawing upon their experiences from within the community. Topics related to the spatiality of alcoholism and geography of violence were some of the things that the women mapped collectively on the tapestry.

In terms of both perspective and representation, the drawings decentre the observer or the specialist through depicting an experience from within the community. For example, Manju represents the tenement that she lives in as a highly confined area with walls higher than they actually are. While this representation depicts a strong sense of enclosure and confinement, it also represents an internal oasis where the children can play without much fear. Similarly, most of the representations in the tapestry depict both the challenges and possibilities contained within the everyday fragmentation of Kapashera. The tapestry thus serves as a material archive of the life stories, everyday struggles and ways of seeing the 'off the map' urbanism of Kapashera. The process of stitching the tapestry as a psycho geography also doubles as a space of communal discussion; the act of drawing helps the women to relive, reveal and overcome some of their traumas.

The exercise of tapestry making thus becomes a tool with which to create mutual solidarity, through the drawing of communal visions of 'a city further away' where women are not restricted. It is a method that is in line with other latent actions for the city and may inspire similar projects. A number of successive tapestries have emerged in collaboration between the Saat Saheliyan collective and civil society groups across Delhi. Through the act of collective drawing they critically comment on the fragmented visions of the city on various scales.

Closing Words

The case of the tapestry discussed above, which came about thanks to the social engagement of the makers, shows a trajectory that can lead to a way of drawing critically that contributes to the strengthening of latent opportunities. The tapestry not only represents a critique of local class and gender relations, but also casts a collective gaze at the global production complex, which expropriates rural areas all over the world because of the relationship between territory/labour/market.[5] Moreover, this experience shows that it is possible to avoid focusing on the specialist (the architect, urban planner or landscape architect) as the creator of drawings, by focusing on communities.

5
S. Beckert, *Empire of Cotton: A Global History* (New York: Alfred A. Knopf, 2014).

Holger Schurk

Het potentieel van abstractie

Waar niets is, is alles mogelijk.
Waar architectuur is, is niets (anders) mogelijk.[1]

Al voordat het Office for Metropolitan Architecture (OMA) ophef veroorzaakte met architectonische concepten als de Très Grande Bibliothèque (1989) en de Deux Bibliothèques Jussieu (1992) had het bureau een aantal voortreffelijke stedenbouwkundige projecten op zijn naam staan, bijvoorbeeld Parc de la Villette (1982) en Ville Nouvelle Melun-Sénart (1987). Een nieuwe blik op deze projecten en dan vooral op de doelen die OMA nastreefde, de gehanteerde werkprocessen en de toegepaste representatiemiddelen, kan het potentieel van abstractie in het stedenbouwkundig ontwerp verhelderen.

Koolhaas' twijfel aan vorm

De manier waarop OMA omgaat met het begrip abstractie is nauw verbonden met de biografie van Rem Koolhaas. Koolhaas, die in zijn vroege jeugd veel belangstelling had voor abstracte kunst, was in de eerste fase van zijn professionele loopbaan als filmmaker geïnteresseerd in het Russische constructivisme. Dit droeg bij aan zijn diepgewortelde scepsis ten aanzien van architectonische vormen, die naar voren kwam tijdens zijn studie aan de Architectural Association in Londen.[2,3] 'Ik zou daarna nooit meer geloven in vorm als de primaire drager van betekenis,' schreef hij in een terugblik op het moment dat hij in 1971 oog in oog stond met de Berlijnse Muur.[4] Vanaf dat ogenblik neemt zijn preoccupatie met architectuur de vorm aan van een soort onderzoek naar haar grondslagen. Zijn zoektocht voert hem, van zijn eerste utopische projecten zoals Exodus, of The Voluntary Prisoners of Architecture (1972) en een theoretische analyse van de metropool voor het boek *Delirious New York* (1978), uiteindelijk naar de oprichting van OMA in Rotterdam rond 1981.

Ondanks zijn opmerkelijke mediasucces, dat hem onder meer in 1986 de Rotterdam-Maaskantprijs opleverde, had Koolhaas de radicaal nieuwe stedelijke kwaliteiten van de geproclameerde *metropolitan architecture* in zijn eigen projecten nog niet volledig onderkend. Zelfs een architectuur die helemaal uit abstracte volumes bestaat, gaf hij toe, wordt door het postmoderne publiek bijna volledig als beeld waargenomen en beoordeeld. In een poging aan deze 'Potemkin-wereld' te ontsnappen, introduceert OMA steeds abstractere ontwerpmethoden en organisatiemodellen. Hierdoor dreigen de projecten op te lossen in vormeloosheid, maar ontstaat er ook ruimte voor nieuwe ruimtelijke constellaties.[5] Het project Ville Nouvelle Melun-Sénart uit 1987 is hiervan een uitstekend voorbeeld. Het kan worden opgevat als een voorafschaduwing van de in 1995 door Koolhaas geformuleerde *Strategy of the Void*.[6]

'(...) een zorgvuldige inventarisatie van de situatie'[7]

Volgens deze strategie begint de architect niet aan het project door een idee te formuleren, maar door een onbevooroordeelde analyse van de plaatselijke condities en kwaliteiten. In een reeks schematische tekeningen wordt ruimtelijke, structurele en programmatische informatie bijeengebracht, benadrukt en geïnterpreteerd. Door de tekeningen over elkaar heen te leggen, wordt een aantal thematische verbindingszones zichtbaar en ontstaat een samenhangend systeem van strips. Ruimte die al in gebruik is, zoals bestaande bossen en dorpen, wordt uitgespaard, evenals alle toekomstige stedelijke en suburbane

1
Rem Koolhaas in gesprek met Nikolaus Kuhnert en Philipp Oswalt, 'Die Inszenierung der Ungewissheit', *Archplus* 105-106 (1990), 68.

2
Rem Koolhaas in gesprek met Florian Hertweck en Sébastien Marot over zijn belangstelling voor abstracte kunst, 'Ghostwriting', in: Florian Hertweck en Sébastien Marot (red.), *Die Stadt in der Stadt: Berlin: Ein grünes Archipel* (Zürich: Lars Müller Publishers, 2013), 131.

3
Rem Koolhaas in gesprek met Nikolaus Kuhnert en Anh-Linh Ngo over zijn interesse in het Russische constructivisme, 'Durch London lernte ich Lagos verstehen', *Archplus* 209 (2012), 11.

4
Rem Koolhaas, 'Field Trip', in: Rem Koolhaas en Bruce Mau, *S, M, L, XL* (New York: Monacelli Press, 1995), 227.

5
Rem Koolhaas, 'Ende des Jahrhunderts in Unschuld?', in: Jacques Lucan, *OMA: Rem Koolhaas* (Zürich/München: Artemis & Winkler, 1991), 164.

6
Rem Koolhaas, 'Strategy of the Void', in: Koolhaas en Mau, *S, M, L, XL*, op. cit. (noot 4), 603.

7
Rem Koolhaas, 'Surrender', in: ibid., 977.

Holger Schurk

The Potential of Abstraction

Where nothing exists, everything is possible.
Where architecture exists, nothing (else) is possible.[1]

Even before the Office for Metropolitan Architecture (OMA) caused a stir with architectural concepts such as the Très Grande Bibliothèque (1989) or the Deux Bibliotèques Jussieu (1992), it had developed a series of excellent urban development projects such as Parc de la Villette (1982) and Ville Nouvelle Melun-Sénart (1987). A reassessment of these projects with a focus on the aims pursued by OMA, the work processes employed and the representation media applied could fundamentally elucidate the potential of abstraction in urban design processes.

Koolhaas's Scepticism Towards Form

OMA's way of dealing with the subject of abstraction is closely connected to the biography of Rem Koolhaas. In addition to his interest in abstract art in his early youth, his interest in the Russian constructivists in his first professional stage as a film maker contributed to his deep scepticism towards architectural forms during his studies at the Architectural Association (AA) in London.[2,3] 'I would never again believe in form as the primary vessel of meaning' he wrote in reminiscence of his encounter with the Berlin Wall in 1971.[4] From this moment onward, his preoccupation with architecture becomes a sort of basic research. His quest leads him from his first utopian projects such as Exodus, or the

1
Rem Koolhaas in conversation with Nikolaus Kuhnert and Philipp Oswalt, 'Die Inszenierung der Ungewissheit', *Archplus* 105-106 (1990), 68.

2
Rem Koolhaas in conversation with Florian Hertweck and Sébastien Marot on his interest in abstract art, 'Ghostwriting', in: Florian Hertweck and Sébastien Marot (eds.), *Die Stadt in der Stadt: Berlin: Ein grünes Archipel* (Zurich: Lars Müller Publishers, 2013), 131.

3
Rem Koolhaas in conversation with Nikolaus Kuhnert and Anh-Linh Ngo on his interest in Russian constructivism, 'Durch London lernte ich Lagos verstehen', *Archplus* 209 (2012), 11.

4
Rem Koolhaas, 'Field Trip', in: Rem Koolhaas and Bruce Mau, *S, M, L, XL* (New York: Monacelli Press, 1995), 227.

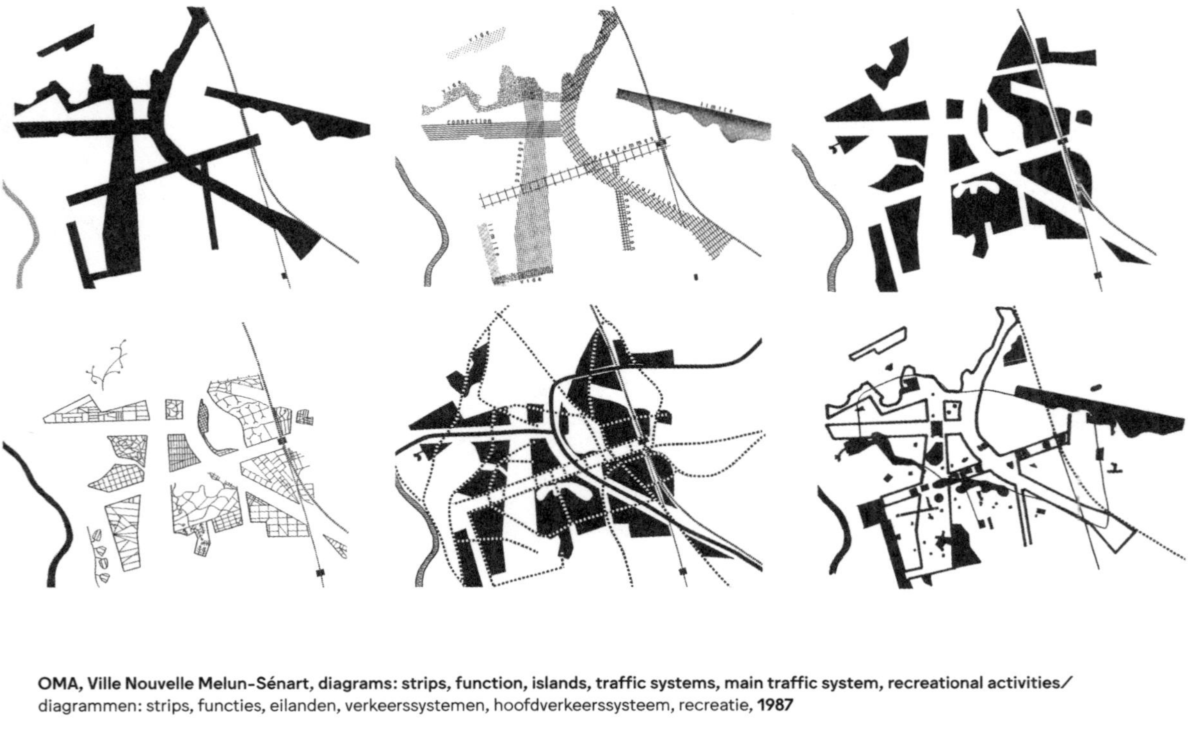

OMA, Ville Nouvelle Melun-Sénart, diagrams: strips, function, islands, traffic systems, main traffic system, recreational activities/ diagrammen: strips, functies, eilanden, verkeerssystemen, hoofdverkeerssysteem, recreatie, 1987

OMA, Ville Nouvelle Melun-Sénart, coloured plan/ ingekleurd plan, **1987**

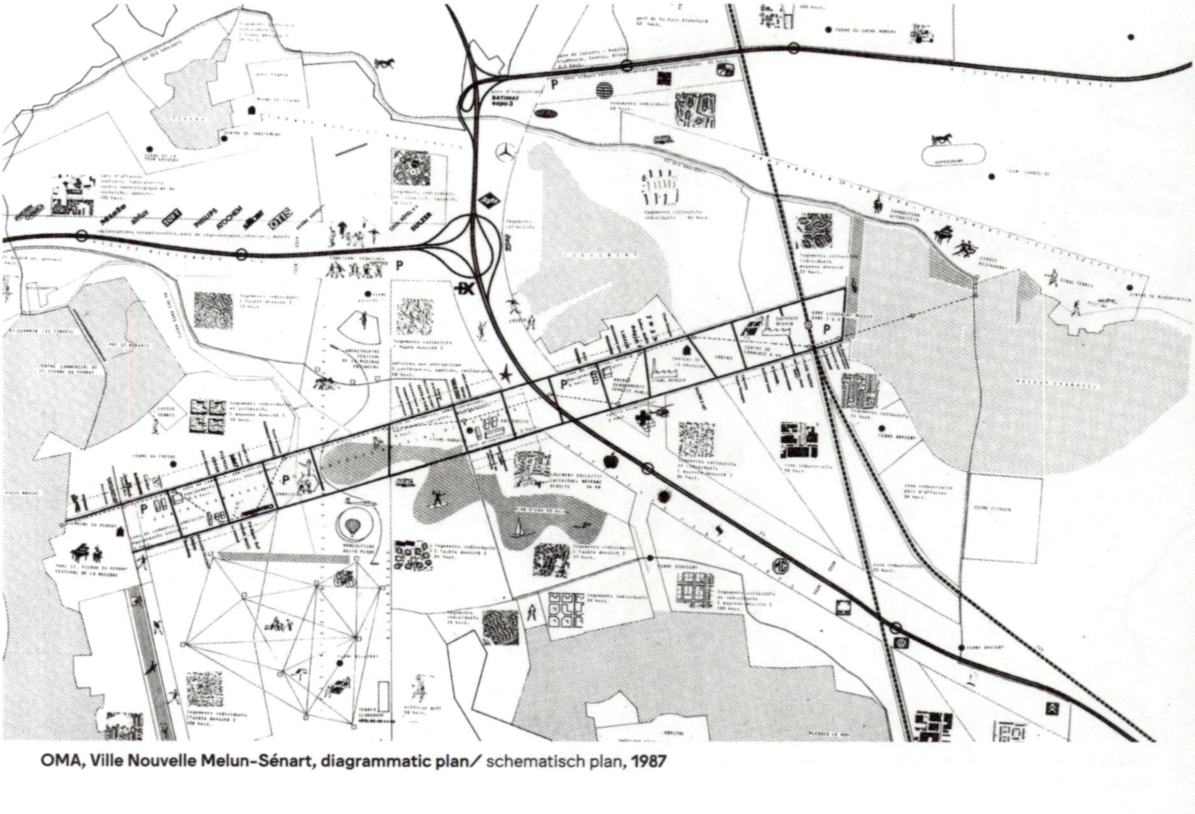

OMA, Ville Nouvelle Melun-Sénart, diagrammatic plan/ schematisch plan, **1987**

Voluntary Prisoners of Architecture (1972) and a theoretical analysis of the metropolis for the book *Delirious New York* (1978), all the way to the concrete establishment of OMA in Rotterdam in 1981.

In spite of remarkable media success, which among other things led to him winning the Rotterdam Maaskant Award in 1986, Koolhaas had not yet recognised the radically new urban quality of the proclaimed 'metropolitan architecture' in his own projects. Even an architecture composed entirely of abstract volumes, as he conceded, is nearly entirely perceived and assessed as an image by the postmodernist audience. In an attempt to escape this 'Potemkin World', OMA established increasingly abstract design mechanisms and organisation models, running the risk of dissolving the projects in formlessness, but at the same time creating ample scope for new spatial arrangements.[5] The project Ville Nouvelle Melun-Sénart of 1987 is a prominent example of this. It can easily be recognised as a foreshadowing of the 'Strategy of the Void' formulated by Koolhaas in 1995.[6]

'. . . a careful inventory of the situation'[7]

According to this strategy the architects do not start the project by formulating the idea, but with an unprejudiced analysis of the local conditions and qualities. Spatial, structural and programmatic information is collected, marked and interpreted in a series of diagrammatic drawings. This method yields a number of topical connection zones that generate an interconnected system of strips when superimposed. Spaces that are already occupied are exempted, mostly existing woods and villages. Also exempted are all future urban and suburban areas that are to be erected. They form islands, and as such they form the counterpart to the system of strips described above.

Now the central focus of OMA's project is the conceptual dedication of these strips as spatial 'voids'. Besides landscapes these may also encompass existing traffic infrastructure or historical buildings, and additionally assimilate new public or private usages. The strips are therefore not dedicated to separating the urban programmes, but to provoke confrontation and generate interaction processes at the seams.

Abstract Drawings

OMA's strategy is realised by employing abstract renderings in different formats. With regard to content the focus is always accompanied by a reduction, or, as Edmund Husserl formulates: 'Im Sondererfassen liegt ein Nicht-Sondererfassen der andern impliziten Momente, gleichsam ein Davon-Absehen' (A specific observation always includes a non-specific observation of other implicit aspects, thus a form of 'renunciation').[8] It appears quite directly in the series of diagrammatic representations that, besides the individual elements of the concept, also produce the spatial orientation within the project. They are isolated spatial notes that are clear and readable without ambiguity, and, combined, generate a catalogue of all of the components that a project consists of.

In contrast, the two large synthesis drawings yield detailed insights into particular geographical areas. The first drawing for instance, consisting of coloured spaces, depicts the exact positioning of larger individual structures, and provides information about where and to which extent buildings are to be added to the conceptual 'voids'. Beside programmatic information, the colours applied render a descriptive picture of particular situations. Here the abstraction of the image is the result (in analogy to cubist paintings) of the refusal to produce a concrete mimetic presentation of the overall situation. Instead, the many overlaps and the partially contaminated marginal areas enable entirely differing spatial-programmatic readings, which is why the planning area permanently

5
Rem Koolhaas, 'Ende des Jahrhunderts in Unschuld?', in: Jacques Lucan, *OMA: Rem Koolhaas* (Zurich/Munich: Artemis & Winkler, 1991), 164.

6
Rem Koolhaas: 'Strategy of the Void', in: Koolhaas and Mau, *S, M, L, XL*, op. cit. (note 4), 603.

7
Rem Koolhaas: 'Surrender', in: ibid., 977.

8
Edmund Husserl, 'Die Paradoxie der psychologischen Reduktion', in: Sebastian Luft, *Edmund Husserl: Zur phänomenologischen Reduktion: Texte aus dem Nachlass 1926-1935* (Dordrecht: Kluwer Academic Publishers, 2002), 126.

gebieden die al op stapel staan. Deze eilanden vormen als zodanig de contramal van het hierboven beschreven strokenstelsel.

In het project van OMA staat de conceptuele bestemming van deze strips als ruimtelijke 'leegten' centraal. Het kan hierbij gaan om landschappen, bestaande verkeersinfrastructuur of historische gebouwen, maar daarnaast kunnen er ook nieuwe publieke of private functies in opgenomen worden. De strips zijn dus niet bedoeld om stedelijke programma's te scheiden, maar om op hun raakvlakken confrontatie en interactieve processen uit te lokken.

Abstracte tekeningen

OMA presenteert deze strategie door middel van abstracte tekeningen van verschillende soort. De inhoudelijke focus gaat altijd gepaard met reductie, of zoals Edmund Husserl het formuleert: 'Im Sondererfassen liegt ein Nicht-Sondererfassen der andern impliziten Momente, gleichsam ein Davon-Absehen' ('Een specifieke waarneming omvat altijd een niet-specifieke waarneming van andere impliciete aspecten, dus een vorm van "afzien van".')[8] Dit blijkt overduidelijk uit de reeks diagrammen die naast de afzonderlijke elementen van het concept ook de ruimtelijke oriëntatie binnen het project laat zien. Het zijn duidelijke en ondubbelzinnig leesbare ruimtelijke notities die samen een catalogus vormen van alle onderdelen van het project.

De twee grote overzichtstekeningen geven daarentegen gedetailleerd inzicht in bepaalde geografische gebieden. De eerste, ingekleurde tekening toont bijvoorbeeld de exacte plaats van grotere vrijstaande gebouwen, en geeft informatie over waar en in welke mate gebouwen in de conceptuele 'leegten' moeten worden opgenomen. Het kleurgebruik brengt niet alleen programmatische informatie over, maar roept ook een aanschouwelijk beeld op van specifieke situaties. De abstractie van het beeld is (net als in de kubistische schilderkunst) het resultaat van de weigering om de situatie als geheel concreet weer te geven en na te bootsen. In plaats daarvan maken de vele overlappingen en de gedeeltelijk aangetaste randzones totaal verschillende ruimtelijk-programmatische lezingen mogelijk, zodat het plangebied voortdurend tussen verschillende mogelijke toestanden heen en weer lijkt te bewegen. In plaats van ruimtelijke eenduidigheid binnen het plangebied, wordt hier het idee van formele onbepaaldheid en flexibiliteit binnen de planningsstrategie tot uitdrukking gebracht.

De tweede, volledig in zwart-wit uitgevoerde tekening, maakt het gebied ten slotte volledig inzichtelijk. Er zijn allerlei tekentechnieken gebruikt, zoals lijnen, pictogrammen, stukken tekst en afbeeldingen, om de verschillende invloeden op het project, zoals ruimte, programma, type en techniek, direct met elkaar te confronteren. Anthony Vidler heeft dit soort abstracte tekeningen als een nieuw type diagram omschreven, dat zich vooral onderscheidt van het modernistische functionele diagram doordat het in staat is om complexe inhoudelijke constellaties in zich op te nemen. De 'formele eigenschappen' van een project kunnen volgens Vidler via dergelijke diagrammen worden kortgesloten met de 'politieke en psychologische programma's van de samenleving'.[9, 10] In die zin lost in deze tweede tekening de concrete vormgeving bijna helemaal op. In plaats daarvan wordt het plangebied een soort speelveld waar over de verschillende thematische invloeden van het toekomstige ontwikkelingsproces kan worden onderhandeld.

Het diagram tussen abstractie en herkenbaarheid

Alle tekeningen van Ville Nouvelle Melun-Sénart worden in overeenstemming met Vidler's definitie van het diagram gekenmerkt door een evenwicht tussen abstractie en herkenbaarheid. Zo is een aantal lokale condities herkenbaar.

8
Edmund Husserl, 'Die Paradoxie der psychologischen Reduktion', in: Sebastian Luft, *Edmund Husserl: Zur phänomenologischen Reduktion: Texte aus dem Nachlass 1926-1935* (Dordrecht: Kluwer Academic Publishers, 2002), 126.

9
Anthony Vidler, 'Diagramme der Utopie', *Daidalos* 74 (2000), 6.

10
Ibid., 12.

appears to oscillate between different possible conditions. Instead of spatial unambiguity within the planning area, the idea of formal non-determination and flexibility of the planning strategy is conveyed.

In the second drawing, consistently represented in black-and-white, the area eventually becomes completely transparent. Employing different drawing formats such as lines, pictograms, text modules and pictures, different influences on the project such as space, programme, type and technique are directly confronted with each other. For abstract drawings with these qualities Anthony Vidler describes a newer type of diagram, which differs from modernism's functional diagram most of all by its capacity to integrate complex substantive constellations. According to Vidler the 'formal properties' of the project can be short circuited with the 'political and psychological programs of society' by means of such diagrams.[9, 10] In this sense the concrete formal orders practically dissolve completely in this second drawing. Instead the planning area becomes a playing field of sorts, on which the different topical influences of the future development process can be negotiated.

Diagram between Abstraction and Recognisability

In accordance with Vidler's definition of a diagram, all of the drawings of the project Ville Nouvelle Melun-Sénart are characterised by a balance of abstraction and recognisability. For instance, a number of local properties can be identified. By marking them, the project drawings are connected with the concrete locations of the design task and differ from more general urban planning models such as Ebenezer Howard's Garden City, for instance.

At the same time, some of the newly added project components that due to their reduced formal appearance provoke associations with existing urban development projects are also recognisable. The diagrammatic drawing of the circulation in the islands is thus reminiscent of Ungers's Green City Archipelago for Berlin; the elongated pool in the southwestern part of the planning area is similar to OMA's early project The Story of the Pool, and the distinctive Campus Strip in east-western direction seems to refer to Leonidov's Plan for Magnitogorsk. Through such connecting lines entire constructs of ideas are fed into the project. This results in an interfacing of abstract mental realms, where the recognisable forms are only applied as variables that can be adjusted at any time in later phases.

Also clearly recognisable is of course the diagram that represents the strip system as a black figure on a white background, reminiscent of a Chinese character. Here the project acquires a symbolic appearance, comparable to a brand logo, and this allows it to be categorised within the image-dominated postmodernist culture.

Finally, though, it is not the formal but the abstract content of the representations that guarantees the specific status of the project Ville Nouvelle Melun-Sénart as an urban design strategy. Only as a programmatic 'constellation' – as opposed to a formal composition – does the project remain open to future formal interventions.[11] It is exclusively the aspect of formlessness that, in balance with figurative references, guarantees that the project develops an impact extending beyond the concrete project in the south of Paris. In principle the 'Strategy of the Void' can unfold its effect everywhere concepts need to be stabilised before structural forms can be determined.

9
Anthony Vidler, 'Diagramme der Utopie', *Daidalos* 74 (2000), 6.

10
Ibid., 12.

11
Rem Koolhaas, '*Très Grande Bibliothèque at Montreal's CCA*', www.oma.eu, accessed 25 March 2020.

Door deze te benadrukken, worden de projecttekeningen gekoppeld aan de concrete locaties van de ontwerpopgave en onderscheiden ze zich van meer algemene stedenbouwkundige modellen als bijvoorbeeld het tuinstadmodel van Ebenezer Howard.

Maar ook sommige van de nieuw toegevoegde projectonderdelen zijn herkenbaar, die door ze in gereduceerde vorm weer te geven, associaties oproepen met bestaande stedenbouwkundige projecten. Zo doet de schematische tekening van de verkeerssysteem binnen de eilanden denken aan Ungers' Green City Archipelago voor Berlijn; de langwerpige waterplas in het zuidwestelijke deel van het plangebied aan de tekeningen voor OMA's vroege project The Story of the Pool en lijkt de opvallende Campus Strip in oost-westelijke richting te verwijzen naar Leonidov's plan voor Magnitogorsk. Via dergelijke associaties worden volledige gedachtenconstructies in het project geïnjecteerd. Het resultaat is een koppeling van abstracte gedachtewerelden, waarbij de herkenbare vormen functioneren als variabelen die in latere fasen op elk moment kunnen worden vervangen.

Ook duidelijk herkenbaar is natuurlijk het diagram dat het strokensysteem weergeeft als een zwarte figuur op een witte achtergrond, wat doet denken aan een Chinees letterteken. Hier wordt het project voorzien van een symbolische vorm die vergelijkbaar is met een merklogo, en dus kan worden opgenomen in de door beelden gedomineerde postmoderne cultuur.

Wat echter uiteindelijk de unieke status van Ville Nouvelle Melun-Sénart als stedenbouwkundige strategie bepaalt, is niet haar formele maar haar abstracte inhoud. Alleen als programmatische 'constellatie' – in tegenstelling tot formele compositie – staat het project open voor toekomstige formele interventies.[11] Uitsluitend het aspect van vormeloosheid, in evenwicht gehouden door de figuratieve verwijzingen, maakt dat de invloed van het project verder reikt dan dit specifieke ontwerpproject ten zuiden van Parijs. De 'Strategie van de Leegte' kan in principe altijd worden toegepast, wanneer concepten moeten worden gestabiliseerd, vóórdat vormen kunnen worden gefixeerd.

Vertaling: InOtherWords, Maria van Tol

11
Rem Koolhaas, '*Très Grande Bibliothèque at Montreal's CCA*', www.oma.eu, bezocht 25 maart 2020.

Roberto Damiani

The Figure-Ground Plan and Its (Dis)contents

With the increasing formal fragmentation of the modern city and the professional division of labour among planners, urban designers and architects, the representation of the urban environment has become highly specialised and less holistic. Only a few kinds of drawing have shown a certain ability to keep together the analytical, conceptual and polemical levels. The figure-ground plan is one of them. The technique is well known for its black-and-white graphic code representing built and unbuilt urban patterns, also called solids and voids. Other information, such as building heights, infrastructure, property lines and topography, is deliberately left out so as to draw the viewer's attention to the shape of the city and to speculate on its social and political implications. Thanks to the urban theories of Austrian architect Camillo Sitte (1843-1903) and British educator Colin Rowe (1920-1999), this type of drawing reached a wide intellectual consensus in academia and practice; however, its involvement with postmodernism in the late twentieth century also brought about its quick dismissal by the younger generations of architects and urban designers. This brief overview of some of the key polemics that evolved around it aims to provoke a critical revaluation of the figure-ground plan's potential.

Polemic I: Figures

Before the late 1800s, the black-and-white technique had already appeared in Christopher Wren's plan for the centre of London (1666) and Giambattista Nolli's 'Nuova Tipografia di Roma' (1748) and had been employed to represent plans of colonial settlements in the Americas. The planimetric view displaced the bird's-eye view as the modern organisation and subdivision of urban land called for more precise forms of urban representation. The history of the polemics carried on through the drawing began with the publication of Camillo Sitte's book *City Planning According to Artistic Principles* (1889), which played a key role in the urban reform movement across Europe and North America.[1] Its most famous feature is the set of figure-ground plans of exemplary medieval European squares. The black-and-white drawings of monumental sites suggested that the city embodies a hierarchical structure manifested through the interplay of solids and voids, defined by Sitte as 'urban space' – *stadtraum*. The concepts of 'hierachy' and 'space' supported the Austrian architect's intellectual battle for more architectural resolution against coeval urban planning theories that prioritised organisational and economic factors. The standardised block pattern of Otto Wagner's expansion plan for Vienna as well as the separation between town planning and architecture as proposed by German planner James Hobrecht, deliberately left the urban block just outlined, leaving the infilling – the architecture – to market forces. Sitte's theoretical framework boosted the status of the technique already known in the Beaux-Arts circle as *poché* – the shading technique of filling in the built-up areas.

Under the new circumstances, the French version of the figure-ground plan travelled across the Atlantic through the City Beautiful Movement, emerging as the preferred mode of visualisation of ambitious public-realm plans like the 1909 Chicago Plan. The drawing helped Daniel Burnham to envision the plan's core elements, such as the long boulevards, and show how their character was built upon the mutual relationship between buildings and open space. After

1 Camillo Sitte, *City Planning According to Artistic Principles*, translation by George R. Collins and Christiane Crasemann Collins (New York: Random House, 1965).

Roberto Damiani

De *figure-ground* tekening en haar (on)volkomenheden

Door het steeds meer uiteenvallen van de vorm van de moderne stad en door de toenemende arbeidsdeling tussen planners, stedenbouwkundigen en architecten, is de representatie van de stedelijke omgeving zeer gespecialiseerd geraakt en minder holistisch geworden. Slechts enkele manieren van tekenen hebben een zeker vermogen getoond om tegelijkertijd op analytisch, conceptueel en polemisch niveau te opereren. De *figure-ground* tekening – in het Nederlands ook wel aangeduid als massa-ruimte tekening – is er één van. De techniek staat bekend om de grafische zwart-wit code waarin de gebouwde en onbebouwde stedelijke patronen, ook wel *solids* en *voids* genoemd, op het platte vlak worden weergegeven. De massa's (*solids*) en open ruimten (*voids*) kunnen ten opzichte van elkaar afwisselend als voorgrond (*figure*) of achtergrond (*ground*) worden gelezen. Andere informatie, zoals bouwhoogte, infrastructuur, eigendomsgrenzen en topografie, wordt bewust weggelaten om de aandacht van de beschouwer te vestigen op de vorm van de stad en te speculeren over haar sociale en politieke implicaties. Dankzij de stedelijke theorieën van de Oostenrijkse architect Camillo Sitte (1843-1903) en de Britse pedagoog Colin Rowe (1920-1999) ontstond over dit type tekening in de academische wereld en in de praktijk een brede intellectuele consensus. De wijze waarop het postmodernisme er in de late twintigste eeuw gebruik van maakte, zorgde er echter ook voor dat het al snel door jongere generaties architecten en stedenbouwkundigen werd afgekeurd. Dit korte overzicht van enkele van de belangrijkste polemieken die er omheen zijn ontstaan, wil aanknopingspunten bieden voor een kritische herwaardering van het potentieel van de *figure-ground* tekening.

Polemiek I: *Figures*

Al voor het einde van de negentiende eeuw was de zwart-wit techniek opgedoken in Christopher Wren's plan voor het centrum van Londen (1666) en in de Nuova Tipografia di Roma (1748) van Giambattista Nolli, en was zij gebruikt om de plattegronden van koloniale nederzettingen in Amerika weer te geven. De planimetrische weergave nam de plaats in van het vogelvluchtperspectief, omdat de moderne organisatie en onderverdeling van het stedelijk grondgebied om preciezere vormen van representatie vroegen. De geschiedenis van de polemieken die door deze manier van tekenen werden opgeroepen, begon met de publicatie van Camillo Sitte's boek *Der Städtebau nach seinen künstlerischen Grundsätzen* (1889), dat een sleutelrol speelde in de stedelijke hervormingsbeweging in Europa en Noord-Amerika.[1] Het boek is beroemd om zijn *figure-ground* tekeningen van exemplarische middeleeuwse Europese pleinen. De zwart-wit plattegronden van monumentale plekken suggereerden dat de stad een hiërarchische structuur kent, die zich manifesteert in het samenspel van volumes en leegten, door Sitte gedefinieerd als 'stedelijke ruimte' – *Stadtraum*. De concepten 'hiërarchie' en 'ruimte' ondersteunden de intellectuele strijd van de Oostenrijkse architect voor meer architectonische oplossingen, tegenover de toenmalige stedenbouwkundige theorieën die de voorrang gaven aan organisatorische en economische overwegingen. Zo bepleitte de Duitse stedenbouwkundige James Hobrecht de scheiding tussen stedenbouw en architectuur en beperkte Otto Wagner zich er in zijn uitbreidingsplan voor Wenen opzettelijk toe om van het standaard blokkenpatroon

1 Camillo Sitte, *City Planning According to Artistic Principles*, vertaling George R. Collins en Christiane Crasemann Collins (New York: Random House, 1965).

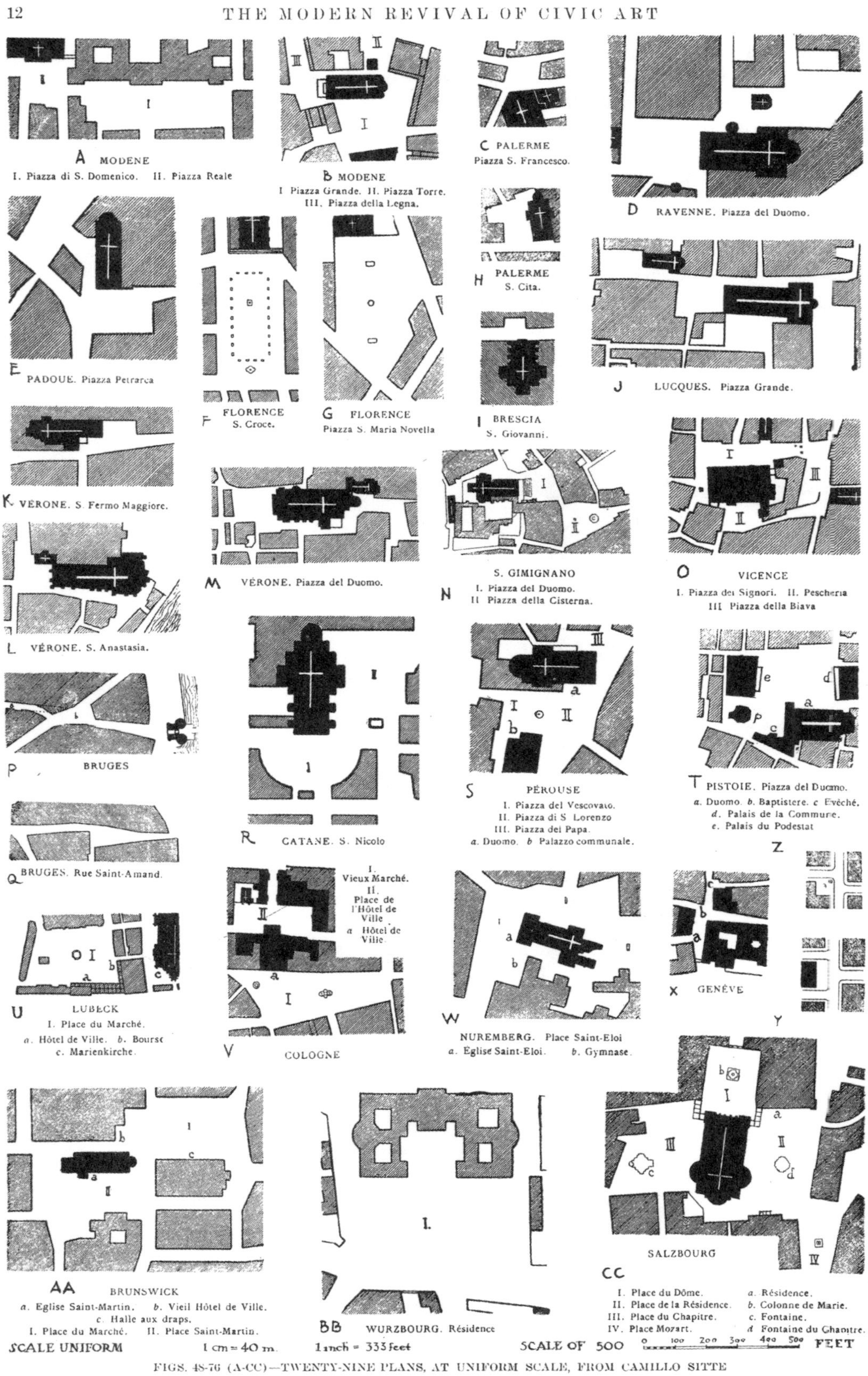

Werner Hegemann and/ en Elbert Peets, figure-ground drawings by Camillo Sitte rearranged in one plate/ *figure-ground* tekeningen van Camillo Sitte, gecombineerd in één afbeelding, 1922

alleen de contour van de blokken aan te geven; de invulling – de vormgeving – werd overgelaten aan het krachtenspel van de markt. Daarentegen bouwde het theoretische kader van Sitte voort op de faam van de ontwerptechniek die in de kringen van de Beaux-Arts al bekend stond als *poché*, het arceren van de bouwmassa om de vorm van de 'uitgespaarde' ruimte te accentueren.

Onder deze nieuwe omstandigheden reisde de Franse versie van de *figure-ground* tekening over de Atlantische Oceaan. Onder het vaandel van de City Beautiful Movement ontpopte zij zich als de favoriete manier om ambitieuze plannen voor de openbare ruimte te visualiseren, zoals het plan voor Chicago (1909). De tekening hielp Daniel Burnham om de kernelementen van het plan, zoals de lange boulevards, in beeld te brengen en te laten zien hoe de relatie tussen gebouwen en open ruimte hun karakter bepaalde. Na de Eerste Wereld-oorlog trok het vermogen van de *figure-ground* tekening om een grafische

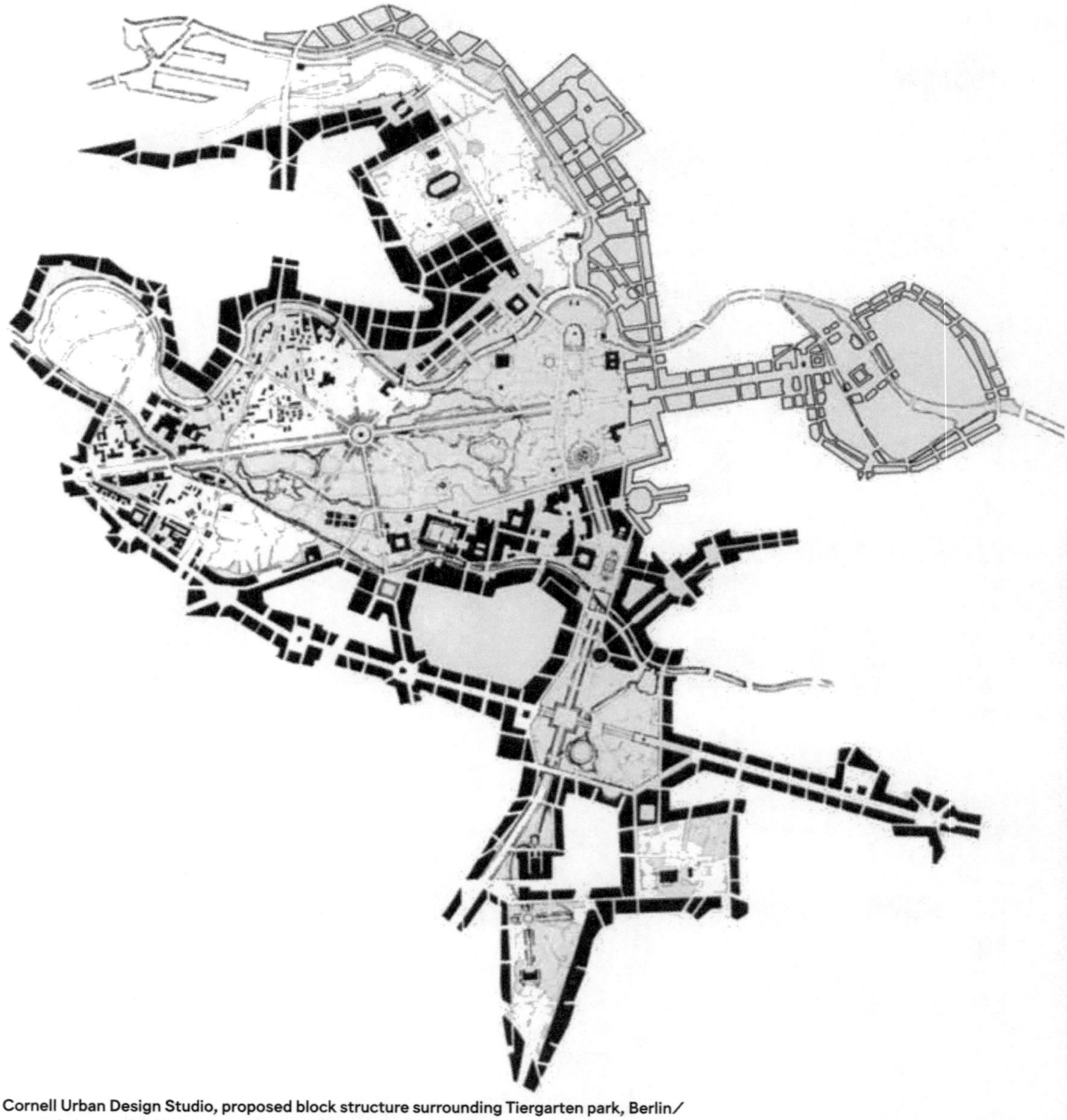

Cornell Urban Design Studio, proposed block structure surrounding Tiergarten park, Berlin/ voorstel voor een blokkenstructuur rondom Tiergarten, Berlijn, **1981**

the First World War, the figure-ground plan's graphic reductivism caught the eye of Le Corbusier, who used it to visualise his towers-in-the-park model and to attack Beaux-Arts boulevards as being guilty of neglecting the need for more open urban configurations. In the same years, just to keep the polemic alive, the book *The American Vitruvius* by Werner Hegemann and Elbert Peets (1922) revised Sitte's analytical method and historical sensibility by expanding the catalogue of pre-industrial urban precedents with modern American civic centres.[2] For the first time, the work of Hegemann and Peets constructed an intellectual lineage of the figure-ground plan's bond to specific urban theories. In the legible solid-void reciprocity of streets and squares, they saw the seeds of the civic realm rising from the visual chaos of the metropolis. By shading Wren's plan for London as a modern figure-ground plan and by organising all of Sitte's plans into one plate, they upgraded the drawing from a neutral technique to a representation method that facilitated the process of de-historicising complex artifacts in order to turn them into formal strategies by analogy.

Polemic II: Grounds

After the 1920s, when the CIAM's theories on the Functional City had overshadowed Beaux-Arts urbanism, the figure-ground plan lost its appeal. It took 30 years for it to resurface through the emerging disciplines of urban design and townscape. In the early 1960s, the encounter with post-war theories of visual perception helped to retool the Beaux-Arts *poché*. Compared with the previous polemics, implementing the 'urban figures' within the city seen as a 'psychocultural field' emerged as an intellectual preoccupation. Gordon Cullen's vignettes represented the more phenomenological use of the drawing type, employed to identify the visual references for a new system of orientation through the city.[3] In the Cornell Urban Design Studio in Ithaca, led by Colin Rowe, methods to read form borrowed from Heinrich Wölfflin's visual analysis and Rudolf Arnheim's perceptual psychology met the structuralist approach to the study of cultural forms. The different intellectual influences came together in Cornell student Wayne W. Copper's master's thesis *The Figure/Grounds*. The work expanded on Sitte's format of the catalogue to present the first attempt to build an urban theory upon the drawing type.[4] 'Hierarchy', 'field/zone' and 'urban morphology' were some of the key concepts of a new method of urban analysis whose goal was to show the reality of cities as articulated grounds and give prominence to those 'figural' urban parts that are worth nurturing. By observing the solid-void configuration of 48 cities and sites in comparison with the Nolli map, Copper argued that the dense textural quality of the historical centres of cities such as Parma in Italy provides a more legible spatial condition than the open field of Le Corbusier's urban schemes. Contextualism was the name given to the new attitude towards the existent, reflected by the design priority given to the spatial matrix over the individual building. In light of the 1970s political landscape, Rowe and his students saw in the coexistence of different urban patterns the conflicting nature of the production of urban space. Figure-ground studies of North American urban grids supported the studio's ongoing political discussion on the way the public realm is shaped by the process of formal negotiation between public and private constituencies. Dissatisfied with the graphic and ideological abstractions of fictional collages, land-use maps and early diagrams applied to urbanism, architects gravitating towards the Cornell circle – including James Stirling and Oswald Mathias Ungers – and public agencies like the New York-based Urban Design Group brought the figure-ground plan's theories to the professional realm and public city planning.

2
Werner Hegemann and Elbert Peets, *The American Vitruvius* (New York: Architectural Book Publishing Company, 1922).

3
Gordon Cullen, *The Concise Townscape* (London: Elsevier Science & Technology Books, 1961).

4
Wayne William Copper, *The Figure/Grounds* (master's thesis, Cornell University, 1967). Revised and published as 'The Figure/Grounds', *The Cornell Journal of Architecture* 2 (1982), 42-43.

reductie te realiseren, de aandacht van Le Corbusier. Hij gebruikte haar om zijn torens-in-het-park model te contrasteren met de boulevards van de Beaux-Arts, die hij ervan beschuldigde de behoefte aan meer open stedelijke configuraties te verwaarlozen. Om de polemiek verder te verlevendigen, bekeken in diezelfde jaren Werner Hegemann en Elbert Peets Sitte's analytische methode en gevoeligheid voor geschiedenis met een frisse blik. In hun boek *The American Vitruvius* (1922) breidden zij Sitte's catalogus van pre-industriële stedelijke voorbeelden uit met moderne Amerikaanse Civic Centres.[2] Het werk van Hegemann en Peets construeerde voor het eerst een intellectuele geschiedenis van de *figure-ground* tekening in relatie tot verschillende stedelijke theorieën. In de wederkerigheid tussen massa en ruimte, leesbaar in het stelsel van straten en pleinen, zagen ze de kiem voor een publiek domein, dat aan de visuele chaos van de metropool ontsnapt. Door Wren's ontwerp voor Londen als een moderne *figure-ground* tekening te arceren en door alle plattegronden van Sitte in één afbeelding te combineren, hebben ze de tekenwijze opgewaardeerd van een neutrale techniek tot een representatiemethode die het mogelijk maakte om complexe artefacten te ont-historiseren en ze op basis van analogie om te zetten in strategieën voor vormgeving.

Polemiek II: *Grounds*

Na de jaren 1920, toen de theorieën van de CIAM over de functionele stad de stedenbouw van de Beaux-Arts in de schaduw hadden gesteld, verloor de *figure-ground* tekening haar aantrekkingskracht. Het duurde 30 jaar voordat zij op de vleugels van nieuwe benaderingen van het stedelijk ontwerp en het stadsbeeld weer aan de oppervlakte kwam. De kennisname van naoorlogse theorieën over visuele waarneming in het begin van de jaren 1960 hielp om de poché van de Beaux Arts te herontdekken. In vergelijking met de voorgaande polemieken verschoof de intellectuele aandacht naar de invoeging en realisatie van 'stadsfiguren' binnen de stad, die werd gezien als een 'psycho-cultureel veld'. De evocatieve schetsen van Gordon Cullen vertegenwoordigden een meer fenomenologische manier van tekenen, die hij gebruikt om visuele oriëntatiepunten voor het bewegen door de stad te identificeren.[3] In de Cornell Urban Design Studio in Ithaca, onder leiding van Colin Rowe, kwamen methoden om vormen te 'lezen', ontleend aan de visuele analyse van Heinrich Wölfflin en de waarnemingspsychologie van Rudolf Arnheim, samen met de structuralistische wijze om culturele vormen te bestuderen. Cornell-student Wayne W. Copper combineerde de verschillende intellectuele invloeden in zijn master's scriptie *The Figure/Grounds*, waarin hij dieper ingaat op de opzet van Sitte's catalogus, in een eerste poging om een stedelijke theorie te bouwen op het type tekening.[4] 'Hiërarchie', 'veld/zone' en 'stedelijke morfologie' waren enkele sleutelbegrippen in deze nieuwe methode tot een stedelijke analyse. Deze had tot doel om de stedelijke realiteit te laten zien als een 'gearticuleerde context'; als een achtergrond waartegen plaatselijke stedelijke 'figuren' die het waard zijn om gekoesterd te worden, op de voorgrond kunnen treden. Door de massa-ruimte verhouding van 48 steden en locaties te observeren in vergelijking met de Nolli-kaart, betoogde Copper dat de dichtheid van het stadsweefsel in de historische centra van steden als Parma in Italië een betere voorwaarde biedt voor ruimtelijke leesbaarheid dan het open veld van Le Corbusier's stedenbouwkundige plannen. Deze nieuwe houding tegenover het bestaande, waarbij in het ontwerp het belang van de ruimtelijke samenhang boven dat van het individuele gebouw werd gesteld, werd contextualisme genoemd. In het licht van het politieke landschap van de jaren 1970 zagen Rowe en zijn studenten het naast elkaar bestaan van verschillende stedelijke patronen als een uiting van de conflictueuze wijze waarop de stedelijke ruimte tot stand komt. *Figure-*

2
Werner Hegemann en Elbert Peets, *The American Vitruvius* (New York: Architectural Book Publishing Company, 1922).

3
Gordon Cullen, *The Concise Townscape* (Londen: Elsevier Science & Technology Books, 1961).

4
Wayne William Copper, *The Figure/Grounds* (master's scriptie, Cornell University, 1967). Herzien en gepubliceerd als 'The Figure/Grounds', *The Cornell Journal of Architecture* 2 (1982), 42-43.

Polemic III: The Discontent

The figure-ground plan's contextualism, rooted in post-war theories of visual perception and humanist space, did not arouse the intellectual curiosity of architects influenced by semiotics and later by poststructuralism. In a prescient polemical account, Denise Scott Brown and Robert Venturi used the positive and reverse figure-ground of the Las Vegas Strip to claim that the street is not an urban space anymore – instead, it is a 'landscape'.[5] The sign of the casino collaged on top of the Nolli plan was just the graphic hint of the growing intellectual antagonism towards the urban ideology embedded in the black-and-white drawing. The absence of information on other ground conditions, such as the pattern of ownership, prevented the figure-ground plan from reaching a broader consensus outside of the United States. For example, the Italian group of architects gathered around Carlo Aymonino and Aldo Rossi found it insufficient for analysing the relationship between urban morphology and architectural typology in the capitalist city. In 1975, Rossi's *The Analogous City* anticipated a shift towards composite drawings more open to representing subjective space-time narratives echoed a few years later by the event of *Roma Interrotta* (1978). Held in Rome to celebrate the anniversary of the Nolli plan, the exhibition reinforced the mixed feelings around the figure-ground plan's graphic and ideological flatness.[6] The collages and composite drawings by Rossi himself, Michael Graves and Robert Venturi, among others, overpowered Rowe's block patterning. In the same year, the publication of Rowe and Fred Koetter's *Collage City* made visible the figure-ground plan's political struggle to reconcile the fascination for a more formalised public realm with the fragmentation of the city as privatised grounds.[7] The risk of reducing urban design to a solid-void game with architecture treated as 'stabilising façade' pushed away younger architects who had shown interest in the arguments behind the drawing, like Peter Eisenman

5
Robert Venturi, Denise Scott Brown and Steve Izenour, *Learning from Las Vegas* (Cambridge, MA/London: MIT Press, 1977), 21.

6
Jennifer Franchina (ed.), *Roma Interrotta* (Rome: Incontri Internazionali d'Arte/Officina edizioni, 1979).

7
Colin Rowe and Fred Koetter, *Collage City* (Cambridge, MA: MIT Press, 1978).

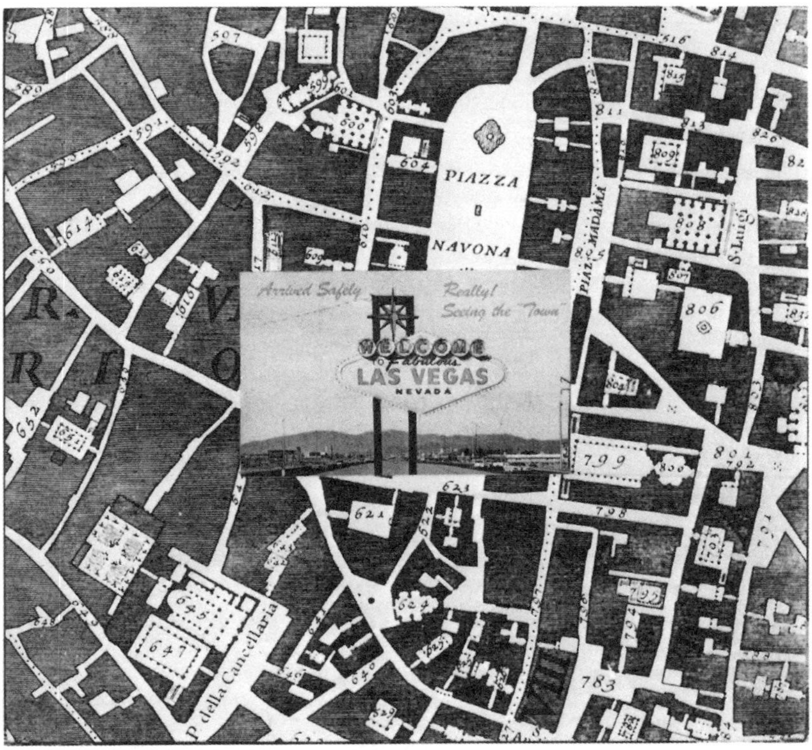

Robert Venturi, Denise Scott Brown and/en Steve Izenour, Las Vegas's welcome sign collaged on the Nolli map/ montage van welkomstbillboard van Las Vegas op de Nolli-kaart, **1972**

ground studies van stedelijke grids in Noord-Amerika voedden de oplopende politieke discussies in de studio over hoe het publieke domein in een proces van formele onderhandelingen tussen publieke en private entiteiten zijn vorm krijgt. Een aantal architecten, cirkelend rond de Cornell-groep, zoals James Stirling en Oswald Mathias Ungers, en openbare instanties zoals de New Yorkse Urban Design Group, die ontevreden waren over de grafische en ideologische abstracties van de fictieve collages, landgebruikskaarten en vroege diagrammen zoals die in de stedenbouw werden toegepast, introduceerden de theorieën omtrent de *figure-ground* tekening in het domein van de praktijk en openbare stadsplanning.

Polemiek III: De onvrede

Het contextualisme van de *figure-ground* tekening, geworteld in de naoorlogse theorieën over visuele waarneming en humanistische ruimte, kwam onvoldoende tegemoet aan de intellectuele nieuwsgierigheid van architecten die beïnvloed werden door de semiotiek en later door het post-structuralisme. In een vooruitziend polemisch essay gebruikten Denise Scott Brown en Robert Venturi de massa-ruimte kaart – in positief en diapositief – van de Las Vegas Strip om aan te tonen dat de straat niet meer een stedelijke ruimte is, maar een 'landschap'.[5] Het op de Nolli-kaart gemonteerde casino-billboard was een trefzekere grafische toespeling op de groeiende intellectuele weerstand tegenover de stedelijke ideologie die door de zwart-wit tekening wordt belichaamd. Het ontbreken van informatie over andere grondvoorwaarden, zoals het patroon van eigendom, stond een bredere consensus over de *figure-ground* tekening buiten de Verenigde Staten in de weg. Zo vond de Italiaanse groep architecten rond Carlo Aymonino en Aldo Rossi haar ontoereikend om de relatie tussen stedelijke morfologie en architectuurtypologie in de kapitalistische stad te analyseren. In 1975 liep Rossi's 'analoge stad' vooruit op een verschuiving naar samengestelde tekeningen die het mogelijk maakten om meer subjectieve narratieven in ruimte en tijd weer te geven. Enkele jaren later vond dit zijn weerklank in het evenement 'Roma Interrotta' (1978). Deze tentoonstelling, die in Rome werd gehouden om het 330-jarig bestaan van de Nolli-kaart te vieren, versterkte de gemengde gevoelens omtrent de grafische en ideologische oppervlakkigheid van de *figure-ground* tekening.[6] De collages en samengestelde tekeningen van onder andere Rossi zelf, Michael Graves en Robert Venturi stelden de blokkenpatronen van Rowe in de schaduw. In hetzelfde jaar maakte de publicatie van Colin Rowe en Fred Koetter's *Collage City* de politieke worsteling zichtbaar hoe de fascinatie voor een beter vormgegeven publieke ruimte te verenigen met de fragmentatie van de stad als gevolg van het private bezit van de grond.[7] Het risico om het stedenbouwkundig ontwerp te reduceren tot een spel van massa en leegte met de architectuur als 'stabiliserende gevel', deed jongere architecten zoals Peter Eisenman en Rem Koolhaas, die geïnteresseerd waren in het betoog achter de manier van tekenen, naar andere wegen zoeken.[8] In de periode na de publicatie van *Collage City* ontstonden twee richtingen in het trans-Atlantisch gebruik van de *figure-ground* tekening, goed vertegenwoordigd door Mario Gandelsonas' studies over Chicago en Joseph P. Kleihues' kritische reconstructie van Berlijn.[9] Aan de ene kant verkenden architecten en stedenbouwkundigen de tekening als een krachtig analyse-instrument om unieke en onopgemerkte stedelijke momenten te vertalen in een soort partituur, die op den duur het stedenbouwkundig ontwerp zou kunnen verrijken; aan de andere kant werd de *figure-ground* tekening het favoriete grafische instrument om op basis van analogieën reparaties van het stadsweefsel voor te stellen, maar tegelijkertijd de oneffenheden glad te strijken die elk stedelijk weefsel uniek maken.

5
Robert Venturi, Denise Scott Brown en Steve Izenour, *Learning from Las Vegas* (Cambridge, MA/Londen: MIT Press, 1977), 21.

6
Jennifer Franchina (red.), *Roma Interrotta* (Rome: Incontri Internazionali d'Arte/Officina edizioni, 1979).

7
Colin Rowe en Fred Koetter, *Collage City* (Cambridge, MA: MIT Press, 1978).

8
Peter Eisenman, 'Bifurcating Rowe', in: Emanuel Petit (red.), *Reckoning with Colin Rowe* (Londen: Routledge, 2015), 59; Rem Koolhaas, 'Contextualism', in: Koolhaas en Bruce Mau, *S, M, L, XL* (New York: Monacelli Press, 1995), 283.

9
Mario Gandelsonas, *The Urban Text* (Cambridge, MA/Londen: MIT Press, 1991); Marco de Michelis (red.), *La ricostruzione della città: Berlino-IBA 1987* (Milaan: Electa, 1985).

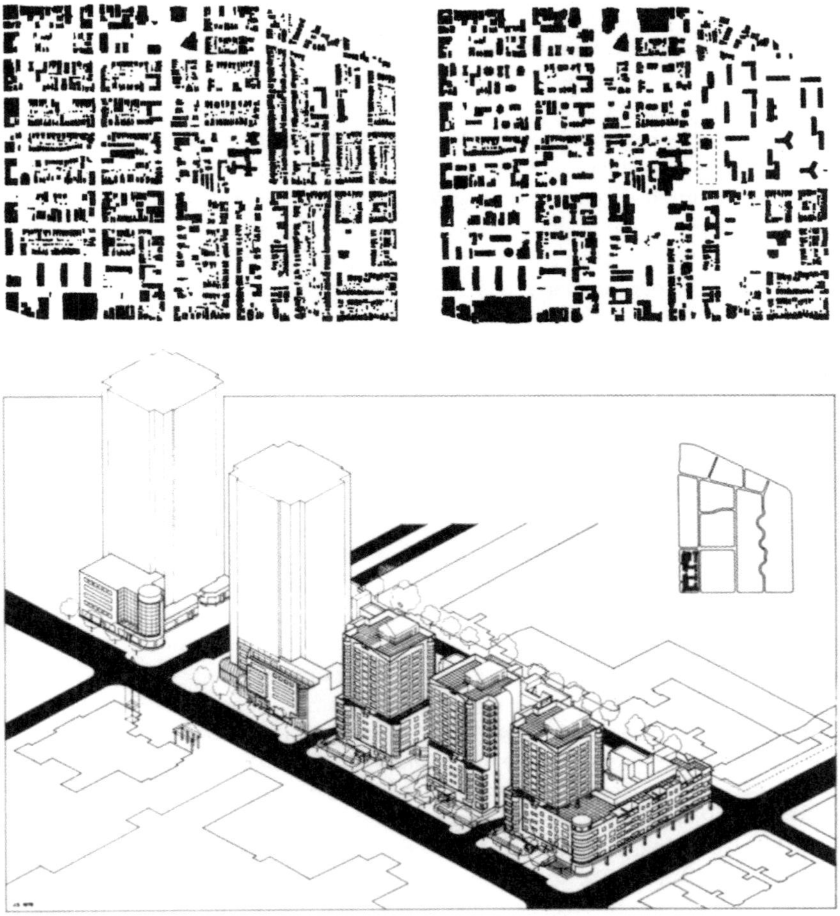

Student studio under George Baird, North Jarvis neighbourhood, Toronto, figure-ground plan before and after 1970; proposal for mixed-use blocks/ Studentenwerkgroep onder leiding van George Baird, North Jarvis buurt, Toronto, *figure-ground* tekening voor en na 1970, voorstel voor multifunctionele blokken, **1978**

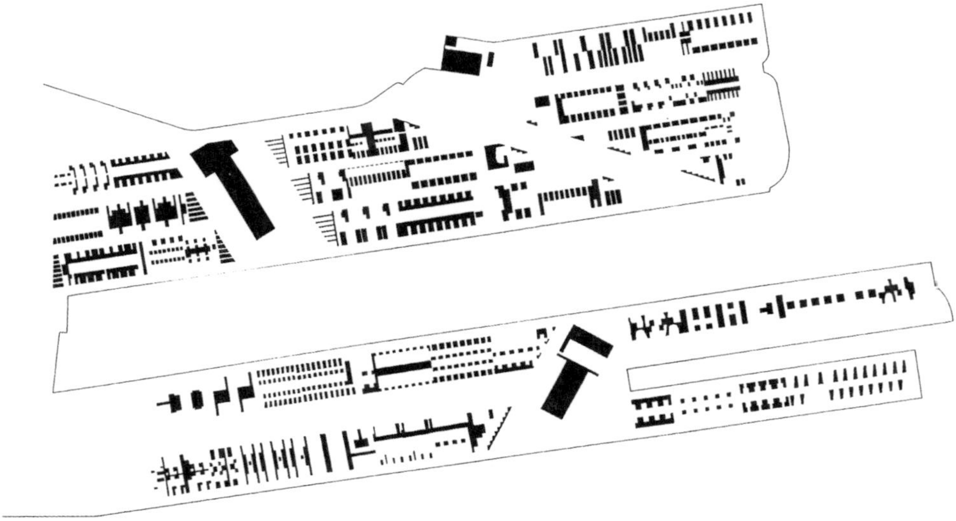

West 8, a pattern of terraced houses as figural voids/ een patroon van rijtjeshuizen als figuratieve leegten, **Borneo-Sporenburg, Amsterdam, 1993**

Leren van de polemiek

De erfenis van de twee richtingen is vandaag de dag nog steeds zichtbaar in de proliferatie van massa-ruimte kaarten zonder een duidelijke ontwerpagenda, en in de formalistische ontwerpen van de New Urbanism stroming, gemodelleerd naar de stad Seaside. In dergelijke gevallen biedt het gebrek aan constructieve zelfkritiek voorstanders van inventariserende data-, milieu- en proceskaarten overtuigende argumenten om de *figure-ground* tekening aan de kant te schuiven. In recente essays hebben zowel Pier Vittorio Aureli en Gabriele Mastrigli als George Baird echter betoogd dat noch 'het diagram' noch de Landscape Urbanism kaarten een succesvol alternatief bieden.[10] Terwijl de voorstanders van het diagram de realiteit van de stad als materieel artefact over het hoofd hebben gezien, slagen degenen die de uitgebreide landschapstedenbouw kaarten omarmen, er niet in om richting te geven aan het ontwerp van stedelijke patronen. Voortbouwend op deze opmerkingen wil ik tot slot twee werken noemen die kunnen helpen om het postmodernistische misbruik en de verguizing van deze tekenwijze te pareren. In de jaren 1980, toen Noord-Amerikaanse stadsontwerpers de *figure-ground* tekening gebruikten om het publieke domein naar Europees model vorm te geven, zag Baird daarin een methode om het *vernacular* van de straten van Toronto te doorgronden en te behouden. Door patronen van gebouwvormen en historische kadastrale kaarten met elkaar in verband te brengen, ontdekte hij dat de verscheidenheid aan setbacks de belangrijkste voorwaarde was voor de publieke waardering van bepaalde straatbeelden – wat uiteindelijk leidde tot een reeks doordachte ontwerpen voor stedelijke invullingen.[11] En te midden van de euforie rond het diagram in de jaren 1990 heeft West 8 met het masterplan voor Borneo-Sporenburg de *figure-ground* tekening nieuw leven ingeblazen om een succesvol weefsel van *solids* en *voids* te creëren met een breed scala aan typologieën. Terwijl de polemieken inzicht boden in het tekortschieten van de *figure-ground* tekening vanwege haar mogelijke ruimtelijk-temporele vervlakking, bieden Baird's politieke bewustzijn van 'toevallige omstandigheden' als een manifestatie van stedelijkheid en West 8's meesterlijke compositie van patronen, sterke argumenten voor het unieke vermogen van de *figure-ground* tekening om de beschrijvende, ontwerpende en conceptuele dimensies van het stedenbouwkundig ontwerp bij elkaar te brengen.

Vertaling: Frits Palmboom

Ik wil George Baird bedanken voor zijn commentaar op de eerste versie van dit essay.

10
Pier Vittorio Aureli en Gabriele Mastrigli, 'Architecture after the Diagram', *Lotus International* 127 (2006), 101-105; George Baird, 'Ideology Wars Redux: A Commentary on Landscape Urbanism and the New Urbanism', *Log* 32 (najaar 2014), 117-125.

11
George Baird, 'Vacant Lottery' (1978) en 'Urban Morphology' (1988), in: George Baird, *Writings on Architecture and the City* (Londen: Artifice, 2015), 106-123, 124-131.

and Rem Koolhaas.[8] The post–*Collage City* period saw the emergence of two directions in the transatlantic use of the figure-ground plan, well-represented by Mario Gandelsonas's studies on Chicago and Joseph P. Kleihues's critical reconstruction of Berlin.[9] On the one hand, architects and urban designers explored the drawing as a powerful analytical tool to turn singular and overlooked urban moments into a parti drawing that would eventually inform the final urban design scheme; on the other, inspired by the analogical method, the figure-ground plan became the preferred graphic means for proposing normative strategies of urban tissue reparation that could not wait to erase those urban nuances that make each urban fabric unique.

Learning from the Polemics

The legacy of the two directions is still visible today in the proliferation of figure-ground maps without a clear design agenda and in New Urbanism's formulaic schemes shaped after the town of Seaside. In both cases, the lack of some constructive self-criticism is offering supporters of data-based, environmental and notational maps compelling arguments for dismissing the figure-ground plan. However, recent essays by Pier Vittorio Aureli and Gabriele Mastrigli and by George Baird have argued that both 'the diagram' and landscape urbanism's maps are far from representing a successful alternative.[10] While advocates of the diagram have overlooked the reality of the city as a material artifact, those who endorse the inclusive landscape urbanism maps are failing to address the design of urban patterns. Building on these comments, I would like to close by mentioning two works that might help us to move beyond the postmodernist abuse and misuse of the drawing. In the 1980s, when North American urban designers pursued the figure-ground plan to shape the public realm according to European models, Baird saw in it a method for studying and preserving the vernacular forms of Toronto's streets. The cross-referencing of built-form patterns and historical survey maps allowed him to discover in the variety of setbacks the key condition behind the public appreciation of certain streetscapes – which eventually led to a series of thoughtful urban infill schemes.[11] In the midst of the diagram euphoria of the 1990s, West 8's master plan for Borneo-Sporenburg retooled the figure-ground plan to produce a successful texture of 'solids' and 'voids' with a wide typological range. Whereas the discontents of the figure-ground plan had offered insights into the shortcomings of its spatial-temporal flattening, Baird's political awareness of the 'circumstantial' as a manifestation of urban agency and West 8's masterful patterning presented strong arguments in favour of the figure-ground plan's unique ability to bring the descriptive, projective and discursive levels together.

I want to thank George Baird for his comments on the first draft of the essay.

8
Peter Eisenman, 'Bifurcating Rowe', in: Emanuel Petit (ed.), *Reckoning with Colin Rowe* (London: Routledge, 2015), 59; Rem Koolhaas, 'Contextualism', in: Rem Koolhaas and Bruce Mau, *S, M, L, XL* (New York: Monacelli Press, 1995), 283.

9
Mario Gandelsonas, *The Urban Text* (Cambridge, MA/London: MIT Press, 1991); Marco de Michelis (ed.), *La ricostruzione della città: Berlino-IBA 1987* (Milan: Electa, 1985).

10
Pier Vittorio Aureli and Gabriele Mastrigli, 'Architecture after the Diagram', *Lotus International* 127 (2006), 101-105; George Baird, 'Ideology Wars Redux: A Commentary on Landscape Urbanism and the New Urbanism', *Log* 32 (fall 2014), 117-125.

11
George Baird, 'Vacant Lottery' (1978) and 'Urban Morphology' (1988), in: George Baird, *Writings on Architecture and the City* (London: Artifice, 2015), 106-123, 124-131.

Marialessandra Secchi en Marco Voltini

They Do It with Layers[1]

Hoe een lagenbenadering de stedelijke complexiteit doodt

Mapping, ofwel ontwerp op basis van lagen, is niet langer verrassend. De ontleding van het territorium in lagen is een specifieke werkwijze in de tekenpraktijk en een conceptueel instrument met een grote interpretatieve lading. We zijn dan ook geïnteresseerd, hoe de interpretatie van het territorium in lagen zich ontwikkelt tot een middel om grootschalige transformaties te verbeelden.

In de laatste decennia van de twintigste eeuw zorgde de sterke verbinding tussen de lagenbenadering en het stadsproject voor een nieuw lexicon voor architecten en planners. Ons argument is echter dat het momenteel een quasi-automatische benadering van stedelijke vraagstukken lijkt te stimuleren, een manier om de heropleving van een expliciet reductionisme te steunen, gekoppeld aan een verwatering van het figuratieve discours van de stedenbouw. Terwijl de totale vorm van het territorium uit elkaar valt door de in lagen opgesplitste beelden van afzonderlijke stadsdelen, krijgen burgers geen kans meer om openlijk te discussiëren over welk idee van de stad ook, bijvoorbeeld haar sociale productie, innerlijke logica – en uiteindelijk rechtmatigheid.

Gelaagdheid als heuristische praktijk

De anatomische dissectie van een stad in verschillende onderdelen is een praktijk die geworteld is in de moderniteit. Zoals Antoine Picon eerder aantoonde, gaat de weergave van de verschillende kenmerken van stedelijke gebieden aan het einde van de negentiende eeuw samen met de ontwikkeling van atlassen, die in staat zijn de complexiteit ervan te omvatten.[2] Aanvankelijk had dit te maken met een grotere belangstelling voor alles wat verborgen was in de ondergrond, van de geologie van de bodem tot de hoeveelheid buizen, leidingen en netwerken onder de grond. Al snel bood de verspreiding van zo'n lagenbenadering de kans ook sociale fenomenen die anders niet zichtbaar zouden zijn, in kaart te brengen.[3]

Lagen zijn getekende representaties van geselecteerde fenomenen. Ze proberen de stad en haar samenleving te begrijpen door bepaalde kenmerken te isoleren. Zo kan elke thematische kaart uiteindelijk als een aparte laag worden beschouwd. Wat hier echter relevant is, is het onderliggende verband tussen de lagenbenadering en de stedelijke complexiteit. Lagen kunnen nuttige hulpmiddelen zijn om een ingewikkeld territorium te versimpelen en dus te begrijpen. Maar een hernieuwde formulering van stedelijke complexiteit door het op elkaar stapelen van projectlagen, kan problematisch zijn en dit is het onderwerp van ons onderzoek.

Vanaf de jaren 1990 is de representatie door middel van lagen een groot succes geworden. Dit succes is beter te begrijpen, als we het zien in het licht van nieuwe vormen van beschrijving. Die waren een gevolg van de langlopende kritiek op het overdreven reductionisme van de op zonering gebaseerde stedenbouw, zoals die in de loop van de twintigste eeuw werd ontwikkeld – een kritiek waaraan in Italië intellectuelen als Aldo Rossi, Franco Mancuso, Giancarlo De Carlo en Bernardo Secchi bijdroegen.[4] De jaren 1990 markeerden de

1
De titel van dit artikel verwijst naar het boek *They Do It with Mirrors* van Agatha Christie (1952). Het basisidee van de plot is dat moord uiteindelijk 'verdwijnt' door een zorgvuldig gebruik van spiegels. In dit artikel verwijzen we naar het vermoorden van de vorm van de stad, en daarmee naar de vorm van de samenleving, volgens ons de feitelijke inhoud van stedenbouw. De ondertitel benoemt het idee dat dit proces kan worden beschouwd als een opzettelijke doodslag.

2
Antoine Picon, 'Nineteenth-Century Urban Cartography and the Scientific Ideal: The Case of Paris', *Osiris* 2/18 (2003), 135-149.

3
Ibid., 146-147.

4
Vanaf de jaren 1960 werd de functionalistische stedenbouw het doelwit van een strenge herziening, omdat ze werd beschouwd als een praktijk die berustte op schematische interpretatieve categorieën. In Italië, bijvoorbeeld, richtte de opduikende kritiek zich op het overdreven reductionisme van de stadsplanning (Aldo Rossi); de ideologie die diep verankerd is in zowel een sociale als functionele segregatie (Franco Mancuso); het onvermogen om de complexiteit en de uitbreiding van de stedelijke structuur als geheel over te brengen (Giancarlo De Carlo) en om de processen van voortdurende territoriale transformaties te interpreteren (Bernardo Secchi). Zie: Aldo Rossi, *L'Architettura della città* (Padua: Marsilio, 1966 [Milaan: CittàStudiEdizioni, 1995]), 35-39; Franco Mancuso, *Le vicende dello zoning* (Milaan: Il saggiatore, 1978); Giancarlo De Carlo, *Relazioni del seminario 'La Nuova Dimensione della Città-la Città Regione'*, Stresa, 19-21 januari 1962 (Milaan: ILSES, 1962); Bernardo Secchi, 'Le condizione sono cambiate', *Casabella* 498-499 (1984), 8-13.

Marialessandra Secchi and Marco Voltini

They Do It with Layers[1]

How Design by Layers Is Killing Urban Complexity

Mapping, or design by layers, is no longer surprising. Dissecting the territory into layers is a specific instrument of the activity of drawing and a conceptual tool full of narrative consequences. As such, we are interested in how interpreting the territory by layers evolves into a means to conceptualise large-scale transformations.

In the last decades of the twentieth century, a deep connection between a narrative by layers and the project of the city inspired the reinvention of a lexicon for architects and planners. We will argue, however, that today it seems to promote a semi-automatic approach to urban questions, a way to support the resurfacing of an outspoken reductionism, coupled with the dilution of the figurative discourse of urbanism. As layered sectoral images dismember the form of the territory, making it disappear, citizens lose the possibility to overtly discuss any idea of the city, its social production, its inner logic and, ultimately, its justice.

1
The title of this article refers to the Agatha Christie novel *They Do It with Mirrors* (1952). The basic idea of the plot is that murder eventually 'disappears' through a careful use of mirrors. In this article we refer to the killing of the form of the city, and doing so, the form of society, which is, in our opinion, the actual content of urbanism. The subtitle points out that this process can be considered an intentional killing.

Layering as a Heuristic Practice

The anatomic dissection of a city into parts is a practice rooted in modernity. As demonstrated by Antoine Picon, in the late 1800s the representation of the

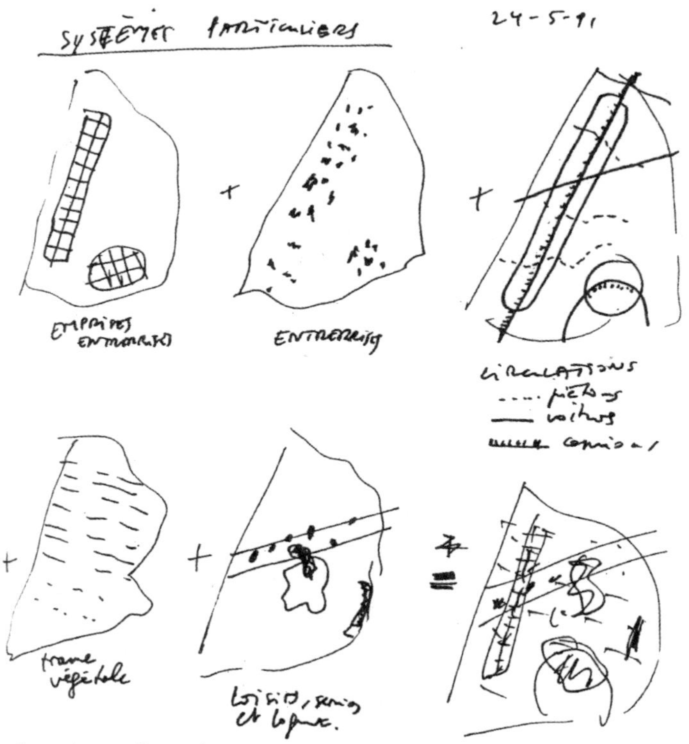

Bernard Tschumi, sketches of superimposed layers/
schets van over elkaar heen gelegde lagen, **Edge City, Chartres Business Park, 1991**

Bernardo Secchi and/en Vittorio Gandolfi, system of green spaces/ systeem van groene ruimten, **Bergamo Preliminary Project, 1993**

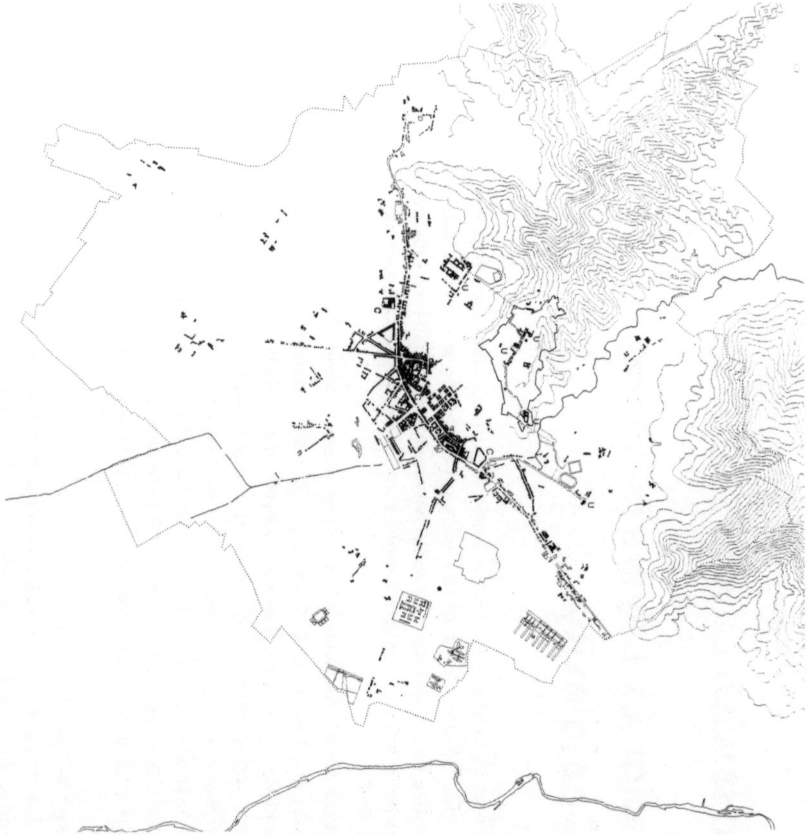

Bernardo Secchi and/en Vittorio Gandolfi, system of central places/ systeem van centrale plekken, **Bergamo Preliminary Project, 1993**

multiple dimensions of urban territories required the development of atlases that are capable of encompassing its complexity.[2] Initially, this reflected a greater interest for all that was hidden in the subsurface, ranging from the geology of territory to the abundance of pipes, conduits and networks that lie beneath the ground. Soon the proliferation of layers also enabled maps to display social phenomena that would not be visible otherwise.[3]

Layers are drawn representations of selected phenomena. They understand the city and its society by isolating certain features. As such, any kind of thematic map could eventually be considered as a layer. What is relevant here, however, is the underlying relationship between the layer approach and urban complexity. Layers can be useful tools to reduce and therefore to understand the complexity of the territory. The re-composition of urban complexity through the superimposition of project layers can be problematic, however, and this is the object of our investigation.

As of the 1990s, the representation by means of layers acquired a great success. But this fortune can be better understood if it is considered in the light of those new descriptive efforts entrenched in the long-lasting criticism towards the excessive reductionism of zoning-based urban planning as it had been adopted throughout the twentieth century – a criticism that in Italy involved scholars such as Aldo Rossi, Franco Mancuso, Giancarlo De Carlo and Bernardo Secchi.[4] The 1990s marked the emergence of a general interest in new ways to describe, interpret and design contemporary territories. New descriptions were needed in order to recover the historical and cultural stratification of territories and to better understand the social dynamics through time and space.[5] The interpretation of contemporary urbanisation processes extended the urban project to a larger scale.

In this theoretical context, the notion of producing the complexity of urban space through the interaction of a series of independent images stacked one over the other, is but one of the methods developed in the collective effort to contrast zoning.[6] Apart from the work of OMA, examples include Colin Rowe's 'collage city' or the 'patchwork metropolis' by WJ Neutelings.[7] All these diverse interpretations focus on complex urban forms, trying to grasp the logic of contemporary urbanisation patterns and to provide tools for the territorial project. But whereas the collage or the patchwork still retain a somewhat imaginative quality by being vague metaphors, the notion of stratification progressively became concrete as a drafting technique, thereby turning the stacking of images into a practical and almost neutral process.[8]

The idea of superimposition is, in many cases, a tool to conceptualise as well as practically organise a project's internal complexity. It takes this role, for instance, in Bernard Tschumi's 'Edge City' project for the city of Chartres. Here, layers are figurative classes rather than merely functional; their stacking conveys the logic behind the project while also acting as a narrative. Layers give form to the distinct architectural programmes, and the casual play of superimposition is rhetorically exhibited mainly as an argument against functional subdivision.[9]

Bernardo Secchi, by contrast, while drafting a preliminary project for the city of Bergamo in 1993, gives design by layers a primarily descriptive function. The urban space is subdivided into extremely fine layers that act as 'a CAT scan of the city' that compiles the majority of the information currently available. Nevertheless, he clarifies that 'the order according to which we shall observe these layers will lead to different images and interpretations, thus prompting different cause-effect relations'.[10] Hence, this procedure is not neutral and does

2
Antoine Picon, 'Nineteenth-Century Urban Cartography and the Scientific Ideal: The Case of Paris', *Osiris* 2/18 (2003), 135-149.

3
Ibid.,146-147.

4
Starting from the 1960s, functional urbanism was the target of a severe review, as it was considered to be a practice resting on very schematic interpretative categories. In Italy, for instance, this ever more insistent critique commented on the excessive reductionism of urban planning (Aldo Rossi), its ideology, deeply entrenched in both social and functional segregation (Franco Mancuso), its inability to convey the complexity and the extension of the urban structure as a whole (Giancarlo De Carlo) as well as to interpret the processes of ongoing territorial transformations (Bernardo Secchi). See: Aldo Rossi, *L'Architettura della città* (Padova: Marsilio, 1966 [Milan: CittàStudiEdizioni, 1995]), 35-39; Franco Mancuso, *Le vicende dello zoning* (Milan: Il saggiatore, 1978); Giancarlo De Carlo, *Relazioni del seminario 'La Nuova Dimensione della Città-la Città Regione'*, Stresa, 19-21 January 1962 (Milan: ILSES, 1962); Bernardo Secchi, 'Le condizione sono cambiate', *Casabella* 498-499 (1984), 8-13.

5
See: André Corboz, 'The Land as Palimpsest', *Diogenes* 31/121 (1983), 12-34. The text is dedicated to Alain Leveille, who, at that time, was completing an extensive work of mapping of the transformation of the Geneva territory.

6
OMA's project for the New Seoul International Airport of 1995 can be considered as a good example of the use of superimposition in engineering complexity. Rem Koolhaas, 'The New Seoul International Airport', *El Croquis* 79 (1996), 230-237

7
See: Carlo Pisano, *Patchwork Metropolis* (Syracuse: Letteraventidue, 2018).

8
Patchwork and layers recently intersected in the concept of 'multi-layered patchwork urbanisation'. See: Christian Schmid et al., 'Towards a New Vocabulary of Urbanisation Processes: A Comparative Approach', *Urban Studies* 55/1 (2018), 19-52.

9
Bernard Tschumi, *Event-Cities: (Praxis)* (Cambridge, MA: MIT Press, 1994), 39-83.

10
Bernardo Secchi, *Tre Piani: La Spezia, Ascoli, Bergamo* (Milan: FrancoAngeli,1994), 136-137 and 178-179.

opkomst van een brede interesse in nieuwe manieren om hedendaagse territoria te beschrijven, te interpreteren en te ontwerpen. Nieuwe beschrijvingen waren nodig om de historische en culturele gelaagdheid van het grondgebied in de vingers te krijgen en de sociale dynamiek in tijd en ruimte beter te snappen.[5] De interpretatie van de hedendaagse verstedelijkingsprocessen breidde het stadsproject uit naar een grotere schaal.

Dat de complexiteit van een stedelijke ruimte weergegeven zou kunnen worden via de interactie tussen onafhankelijke beelden, die als een reeks over elkaar heen zijn gelegd, is slechts één van de collectief bedachte modellen om zonering tegen te gaan.[6] Naast het werk van OMA is er bijvoorbeeld Colin Rowe's 'collage city' of de 'tapijtmetropool' van WJ Neutelings.[7] Al die interpretaties zijn gericht op complexe stedelijke vormen, in een poging de logica van de hedendaagse verstedelijkingspatronen te doorgronden en instrumenten aan te reiken voor het territoriale project. Maar terwijl de collage of het tapijt nog iets fantasierijks heeft als vage metafoor, werd de notie van gelaagdheid geleidelijk gefixeerd tot ontwerpmethodiek en maakte zo van het stapelen van beelden een pragmatisch, bijna neutraal proces.[8]

Superpositie is vaak een hulpmiddel om de complexiteit van een project zowel te conceptualiseren als praktisch te organiseren. Een dergelijke rol vervult de lagenbenadering bijvoorbeeld in het project 'Edge City' van Bernard Tschumi voor de stad Chartres (1991). De lagen zijn hier eerder een figuratieve dan een functionele categorie; hun stapeling verheldert de logica van het project en fungeert tegelijkertijd als narratief. Lagen geven vorm aan de verschillende architectuurprogramma's, en het toevallige spel van superpositie wordt vooral retorisch tentoongesteld, voornamelijk als argument om geen functionele onderverdeling te hoeven maken.[9]

Bij het opstellen van een voorontwerp voor de stad Bergamo (1993), kende Bernardo Secchi de lagenbenadering een voornamelijk beschrijvende functie toe. De stedelijke ruimte werd onderverdeeld in uiterst fijne lagen die werken als 'een CAT-scan van de stad' die het grootste deel van de op dat moment beschikbare informatie samenvoegt. Maar hij verduidelijkte dat 'de volgorde waarin we deze lagen zullen bekijken, tot verschillende beelden en interpretaties zal voeren, waardoor er verschillende oorzaak-gevolgrelaties ontstaan'.[10] Deze procedure is dus niet neutraal en is in het project niet richtinggevend. Integendeel, de lagenbenadering van Secchi stuurt aan op het creëren van relevante verbanden tussen verschijnselen die in werkelijkheid verschillend zijn. Aan de hand hiervan wordt er geïnterpreteerd en een projectvoorstel mogelijk gemaakt, dat de stad opnieuw tekent volgens 'systemen'; bijvoorbeeld het systeem van centrale plekken, waardoor centrale activiteiten en programma's in een veel bredere richting van het grondgebied worden uitgelegd, voorbij het traditionele stadscentrum van Bergamo.[11]

In de tekeningen van Bernardo Secchi leggen systemen dus de nadruk op integratie in plaats van scheiding, waardoor men zich sites, ruimten en gebouwen kan voorstellen die sterk met elkaar verbonden zijn.[12] Systemen geven vorm aan het territorium en gaan vooraf aan de stedelijke ruimte. Deze tekeningen bieden de samenleving een manier van representeren die afwijkt van de conventionele blauwdruk. De in de tekeningen voorziene toekomst biedt alle maatschappelijke groeperingen de kans via allerlei discussievormen en individuele uitvoeringsprocessen input te geven, op basis van een duidelijk beeld van de stedelijke ruimte, dat geen activiteiten en architectuurprogramma's vastlegt, maar juist de verenigbaarheid én onverenigbaarheid tussen deze activiteiten en programma's weergeeft.

5
Zie: André Corboz, 'The Land as Palimpsest', *Diogenes* 31/121 (1983), 12-34. Deze tekst is opgedragen aan Alain Leveille, die op dat moment bezig was het enorme werk om de transformatie van het grondgebied van Genève in kaart te brengen af te ronden.

6
Het project van OMA voor de nieuwe internationale luchthaven van Seoel (1995) kan worden beschouwd als een goed voorbeeld van het gebruik van superpositie in de complexiteit van de techniek. Rem Koolhaas, 'The new Seoul International Airport', *El Croquis* 79 (1996), 230-237.

7
Zie: Carlo Pisano, *Patchwork Metropolis* (Syracuse: Letteraventidue, 2018).

8
Het 'tapijt' en de lagenbenadering werden recentelijk gecombineerd in het concept van een 'meerlagige tapijtverstedelijking'. Zie: Christian Schmid et al., 'Towards a New Vocabulary of Urbanisation Processes: A Comparative Approach', *Urban Studies* 55/1 (2018), 19-52.

9
Bernard Tschumi, *Event-Cities: (Praxis)* (Cambridge, MA: MIT Press, 1994), 39-83.

10
Bernardo Secchi, *Tre Piani: La Spezia, Ascoli, Bergamo* (Milaan: FrancoAngeli,1994), 136-137 en 178-179.

11
In de volgende plannen worden de systemen vervangen door een complexere reeks van conceptuele en operationele categorieën die zich op het snijpunt tussen onderzoek en ontwerpvoorstel bevinden. Zie: Bernardo Secchi en Paola Viganò, *Antwerp Territory of a New Modernity* (Amsterdam: Sun, 2009), 9-10.

12
Secchi, op. cit. (noot 10), 156.

not structure the project directly. On the contrary, the perusal in layers favours the creation of relevant links between phenomena that are in reality distinct, allowing an interpretation and a proposal for a project that redesigns the city in 'systems', for example the system of central places that extend the idea of the centrality of activities and programmes to a larger territory, beyond the traditional Bergamo city centre.[11]

In the drawings of Bernardo Secchi, systems thus emphasise integration, not separation, enabling one to imagine sites, spaces and buildings strongly interconnected.[12] Systems give form to the territory and prefigure urban space. In the meantime, these drawings offer society a representation that does not necessarily act as a conventional blueprint. The prefigured future grants all social groups the opportunity to give input, through iterative discussions and individual implementation processes, on the basis of a clear image of urban space that does not fix activities and architectural programmes, but rather states the compatibility and incompatibility of these activities and programmes.

Coding and Normalising

At the end of the twentieth century, much research was still being carried out on design by layers as a means to understand the complexity of the urban structure, and a means to organise the project's discursive form. As a result, this method was increasingly employed in the design praxis by architects, urban designers and politicians. However, developing into praxis, design by layers runs the risk of losing the ability to produce significant new knowledge of the inhabited environment. The repetition of the very same categories, families and names reveals that in most cases, layers can be interpreted as a symptom of a deterministic way in which architecture and urbanism are conceived. For example, in the Laagland in De Hoog plan, designed by Sijmons and Verschuuren, the parting of the conurbation Leiden-Haarlem-Amsterdam into three layers of 'substratum', 'network' and 'occupation pattern' was an innovative tool to work in different time frames. But in the following Dutch *Fifth Memorandum on Spatial Planning*, the very same partition had already evolved into a fundamentally 'neutral' planning technique, recommending a coded use of layers.[13]

Similarly, the recent Swiss experience of intermunicipal planning has tended to subdivide the regional project into sectorial layers: urbanisation, infrastructure, landscape and more recently energy. We can use the Agglomeration project of Lausanne (PALM) as an example of a broader set of plans structured in a similar manner.[14] The major themes divide the project into strata, each dealing with distinct regulatory frameworks and items of expenditure. The usefulness of mapping by layers consists here of the reduction of the complexity of the urban realm through an analytical subdivision into categories that can be manipulated separately. This ability appears to empower the use of layer representation in proposing large-scale projects dealing with complex territories and assessing general strategic aims, about mobility, urbanisation and landscape. At the same time, any concern for space production is shifted to the local scale.[15] A disclaimer in the PALM strategic maps assesses the need to 'balance specific interests' through subsequent and usual procedures of local planning.

This perspective, however, also triggers the resurfacing of a strong reductionist and functionalist approach supported by the overwhelming presence of organisational and procedural concern. As a consequence, in this layer subdivision, the infrastructural project dominates the other dimensions, with five maps out of nine concerned with the structure of mobility. On the other hand, the undefined nature of the urbanisation maps that never propose a clear image of urban space

11
In the following plans, systems are replaced by a more complex set of conceptual and operational categories working at the intersection between investigation and proposal. See Bernardo Secchi and Paola Viganò, *Antwerp Territory of a New Modernity* (Amsterdam: Sun, 2009), 9-10.

12
Secchi, op. cit. (note 10), 156.

13
Jeroen van Schaick and Ina Klaasen, 'The Dutch Layers Approach to Spatial Planning and Design: A Fruitful Planning Tool or a Temporary Phenomenon?', *European Planning Studies* 19/10 (2011), 1775-1796.

14
Cellule opérationnelle du PALM (ed.), *PALM 2016: Projet d'agglomeration de Lausanne-Morges* (Lausanne: PALM, 2016).

15
Henri Lefebvre, *La production de l'espace* (Paris: Anthropos, 1974).

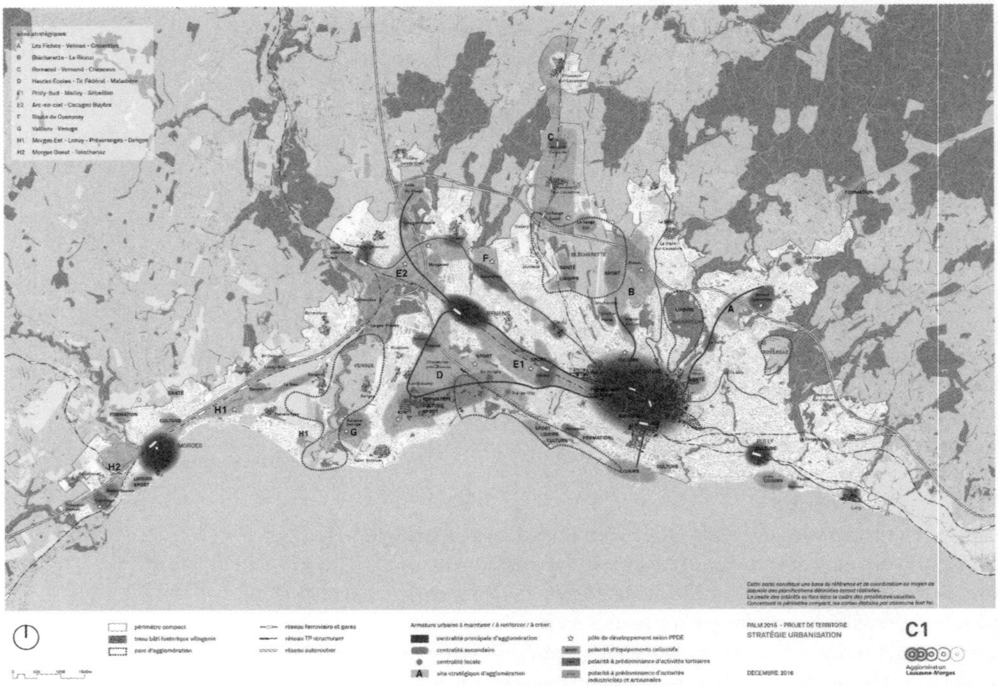

Projet d'agglomeration de Lausanne-Morges PALM, urbanisation strategy: densification of urban cores. A generic idea of densification of the urban cores is vaguely represented as 'blotches' on the map/ verstedelijkingsstrategie: verdichting van de stedelijke kernen. Een generieke opvatting van verdichting van stedelijke kernen is vaag weergegeven als vlekken op de kaart, **2016**

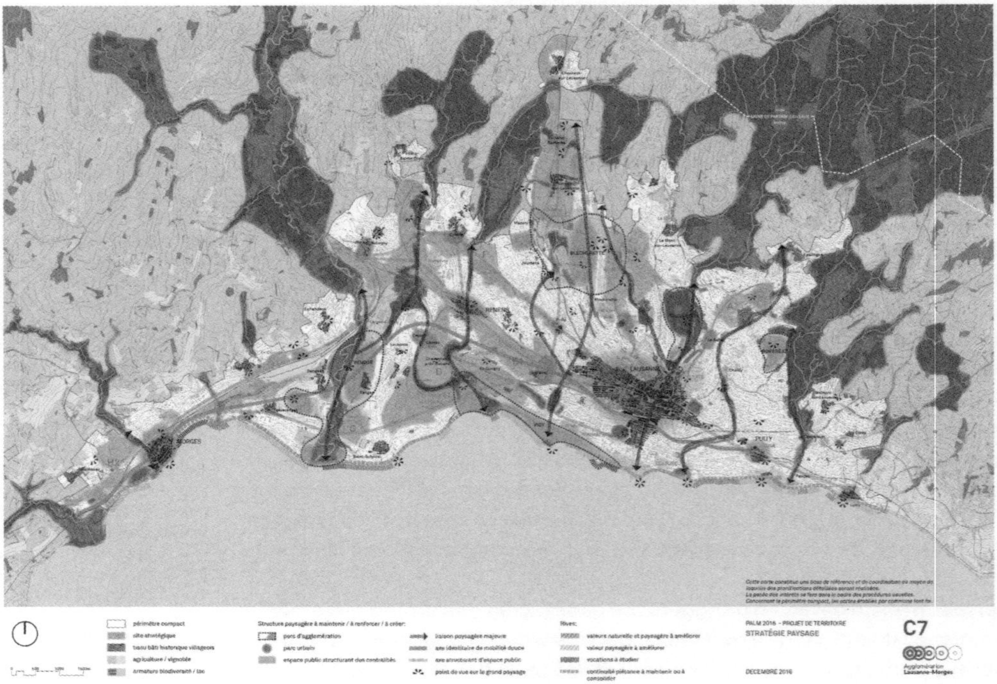

Projet d'agglomeration de Lausanne-Morges PALM, landscape strategy: scheme of green connections. In spite of the intentions, the scheme of green connections is detached from the urbanisation shown in the map above/ landschapsstrategie: groene verbindingen. Ondanks de intenties staat het schema van groene verbindingen los van de verstedelijking getoond op bovenstaande kaart, **2016**

marginalise the figurative content of urbanism, while reinforcing a highly ideological notion of a polycentric compact city.[16] A generic idea of densification of the urban cores is vaguely presented and visualised in 'blotches' on the map, while the strategy is not really subjected to any possible discussion based on a comprehensive spatial and locally embedded prefiguration of its outcome.

The form of the territory is eventually addressed in the landscape maps, which are mainly concerned with the renaturation of existing rivers and with regaining the efficiency of the water system and do not interact with the urbanisation strategy.

Finally, the sectorial subdivision in fields of interest is not only standard for large-scale regional projects in the agglomeration, but is also becoming visible in local planning studies. The increasing subdivision of labour among the diverse forms of expertise involved in the urban project results in a reduction of understanding and design, even on the lowest scale.

Layers and the Organic Metaphor

Mapping by layers is a relevant instrument in the recent emergence of the 'metabolist' approach. The research, design and exhibition project 'Urban Metabolism for Rotterdam' by the IABR-2014 Project Atelier Rotterdam provided an interesting example of the issues that are at stake when analysing the connection between mapping categories and the territorial project.[17] At the heart of the project lies the concept of urban metabolism. The organic metaphor ('the city as an organism') serves to make the dynamics of a contemporary city evident, displaying the role that material fluxes have in the shaping of a city. Water, transport systems, energy, people movements and other phenomena: mapping layers would help us address the large-scale dimension of regional urbanisation and disclose the intricacy of these flows. To a certain extent, the comprehension of material flows through the organic metaphor brings us back to the very first experiences of layer mapping at the beginning of the twentieth century, for instance Eugène Hénard's studies for the traffic system of Paris.[18]

The project proposal for the city of Rotterdam can be interpreted as the design of the reciprocal connections between productive processes that are inherent to the inhabited space. According to the project atelier, urban landscapes possess spatial orders that are dependent on infrastructure, from services to heating networks. However, although many of the infrastructures concerned are currently managed directly by the public sector, this does not guarantee that their distributive logic is neutral nor that their greater efficiency is capable of constructing the spatial quality of a city. In this context, mapping and designing with layers becomes problematic in two ways: first, optimisation of flows does not guarantee access and involvement of all urban actors, and second, the stacking of sectorial layers gives predominance to the infrastructure project over the design of the urban fabric.

Space and Society

In the examples of Lausanne and Rotterdam, layers play a crucial role in the attempt to unravel urban complexity. But where is a clear prefiguration of the city as a social or cultural product? What transformation of the relational space is proposed?[19] In both projects, the different layers form vast sectoral frames, while the prefiguration of urban space is addressed through single design actions. In Lausanne, more than 400 single 'measures', or distinct local projects, distributed over the main layered chapters, take up the challenge of giving form to urban space. In Rotterdam space prefiguration is represented by axonometric projections, which, in most cases, are not site-specific, performing as schedules

16
Cellule opérationnelle du PALM, op. cit. (note 14), Volume A_Cartes.

17
Nico Tilly et al. (eds.), *Urban Metabolism: Sustainable Development of Rotterdam* (Rotterdam: IABR, 2014).

18
See: Eugene Henard's studies on traffic in Paris. Eugene Henard, *Alle origini dell'urbanistica: La costruzione della metropoli* (Venice: Marsilio, 1972).

19
For an understanding of the relevance of relational space in urban theory at the end of the twentieth century, see: Richard Sennet, *The Fall of Public Man* (Cambridge: Cambridge University Press, 1977). Contributions towards the reconsideration of space as the product of social interaction, from a very distant perspective, can be found in: André Corboz, 'Avete detto spazio?', *Casabella* 597/98 (1993), 22-27.

Codering en normalisering

Aan het einde van de twintigste eeuw werd nog steeds veel onderzoek gedaan via de lagenbenadering om de complexiteit van de stedelijke structuur te begrijpen en het project als beschrijving te organiseren. Als gevolg daarvan werd deze methode in de ontwerppraktijk steeds vaker toegepast door architecten, stedenbouwkundigen en politici. Door deze ontwikkeling in de richting van een praxis, loopt de lagenbenadering echter het risico dat het vermogen om cruciale nieuwe kennis van de gebouwde omgeving te produceren, verloren gaat. De herhaling van steeds dezelfde categorieën, families en namen laat zien dat lagen in de meeste gevallen kunnen worden geïnterpreteerd als een symptoom van een deterministische manier om aan architectuur en stedenbouw te doen. Zo was in het plan 'Laagland in De Hoog' (1998), ontworpen door D. Sijmons en S. Verschuuren, de opdeling van de agglomeratie Leiden-Haarlem-Amsterdam in de drie lagen 'ondergrond', 'netwerk' en 'bezettingspatroon' een innovatief instrument om in verschillende tijdsbestekken te werken. Maar in de volgende *Vijfde Nota over de Ruimtelijke Ordening* was diezelfde opdeling al geëvolueerd naar een 'neutrale' planningstechniek, waarbij een gecodeerd gebruik van lagen werd aanbevolen.[13]

Ook recente Zwitserse ontwikkelingen binnen intergemeentelijke planning hebben ertoe geleid dat het regionale project werd onderverdeeld in sectorale lagen: verstedelijking, infrastructuur, landschap en, onlangs, energie. Het Agglomeratieproject van Lausanne (PALM) kunnen we als voorbeeld nemen voor een serie plannen die op een vergelijkbare manier zijn ingedeeld.[14] De hoofdthema's hakken het project in stukken, die ieder te maken hebben met een andere regelgeving en budgettering. Het nut van het opdelen in lagen bestaat hier uit de reductie van de complexiteit van het stedelijk gebied, door middel van een analytische onderverdeling in categorieën, die afzonderlijk kunnen worden behandeld. De lagenbenadering wordt hier voornamelijk benut om grootschalige projecten voor complexe gebieden te ontwikkelen en om algemene strategische doeleinden voor mobiliteit, verstedelijking en landschap te kunnen beoordelen. Tegelijkertijd wordt elke mogelijke bezorgdheid over de productie van ruimte zelf doorgeschoven naar het lokale niveau.[15] In een toelichting bij de strategische kaarten voor PALM wordt de noodzaak vastgesteld om 'specifieke belangen met elkaar in evenwicht te brengen' door middel van de gebruikelijke procedures van de lokale planning.

Het gevolg van zo'n perspectief is echter de heropleving van een reductionistische en functionalistische aanpak, die wordt versterkt door de dominantie van organisatorische en procedurele belangen. Dus overheerst in deze lagenbenadering het infrastructuurproject vergeleken met de andere categorieën, waardoor vijf van de negen kaarten over mobiliteit gaan. De onbepaaldheid van de plankaarten, die nooit een duidelijk beeld van de stedelijke ruimte geven, marginaliseren de figuratieve inhoud van de stedenbouw, terwijl ze intussen een zeer ideologische opvatting over een polycentrische, compacte stad verkondigen.[16] Een generiek idee van verdichting van stedelijke kernen wordt omfloerst gepresenteerd en gevisualiseerd in 'vlekken' op de kaart, terwijl de strategie niet echt wordt onderworpen aan een discussie op basis van een algemeen ruimtelijke en lokaal ingebedde voorafbepaling van haar uitkomst.

De vorm van het grondgebied komt uiteindelijk aan de orde in landschapskaarten, die vooral gaan over het ecologisch herstel van bestaande rivieren en een efficiënter watersysteem, maar die dus niets te maken hebben met de verstedelijkingsstrategie.

13
Jeroen van Schaick en Ina Klaasen, 'The Dutch Layers Approach to Spatial Planning and Design: A Fruitful Planning Tool or a Temporary Phenomenon?', *European Planning Studies*, 19/10 (2011), 1775-1796.

14
Cellule opérationnelle du PALM (red.), *PALM 2016: Projet d'agglomeration de Lausanne-Morges* (Lausanne: PALM, 2016).

15
Henri Lefebvre, *La production de l'espace* (Parijs: Anthropos, 1974).

16
Cellule opérationnelle du PALM, op. cit. (noot 14), volume A_Cartes.

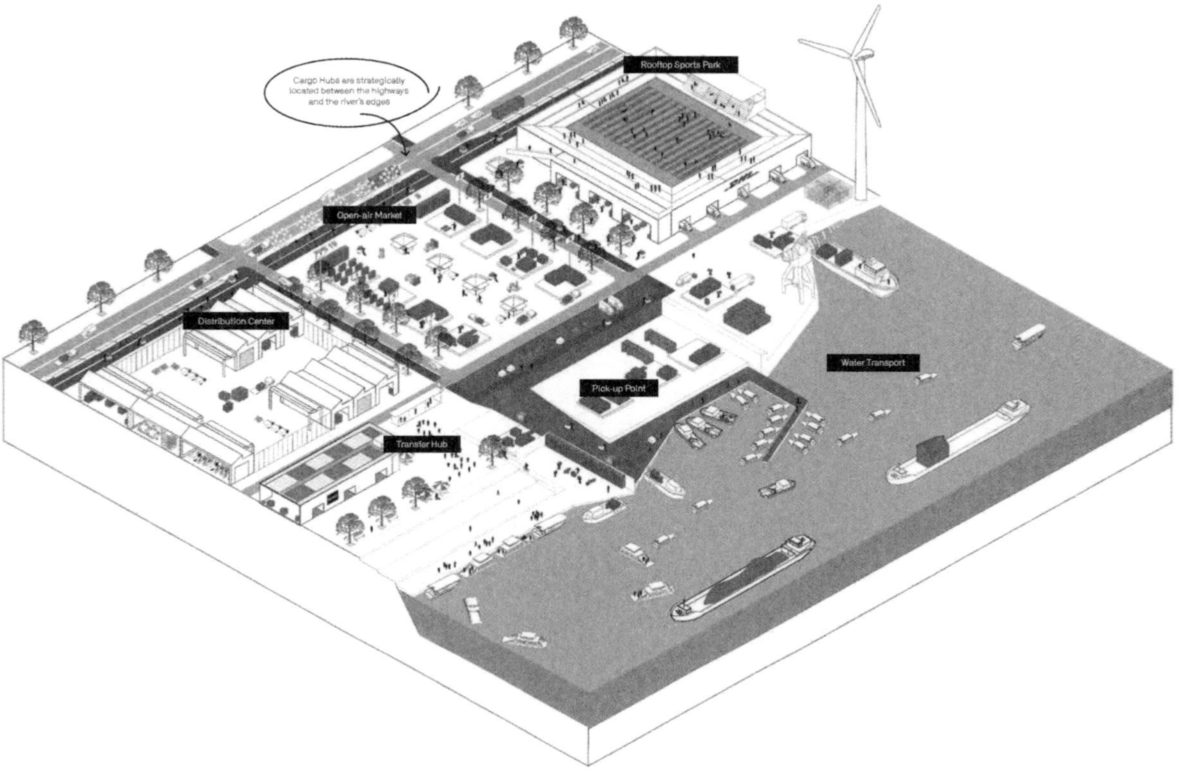

FABRIC., Urban Metabolism: Sustainable Development of Rotterdam, goods-city/ goederenstad, **2014**

FABRIC., Urban Metabolism: Sustainable Development of Rotterdam, Catalyzing Re-Industrialization, E-loop for people and cargo/
E-loop voor mensen en vrachtvervoer, **2014**

Ten slotte is de onderverdeling in sectoren niet alleen een standaardprocedure voor grootschalige en regionale projecten in de agglomeratie geworden, maar ze sijpelt ook door in lokale planningsprojecten. De toenemende arbeidsdeling tussen de verschillende vormen van expertise die bij het stadsproject betrokken zijn, resulteert in een vermindering van begrip en ontwerp, zelfs op de laagste schaal.

Lagen en de organische metafoor

Mapping door middel van lagen is een relevant instrument gebleken in de recente opkomst van de 'metabole' benadering. Het onderzoeks-, ontwerp- en tentoonstellingsproject 'Het Stedelijk Metabolisme' van het IABR-2014 Project Atelier Rotterdam biedt een interessant voorbeeld van de kwesties die spelen bij de analyse van het verband tussen *mapping* en het territorium.[17] Centraal in het project staat het concept van het stedelijk metabolisme. De organische metafoor ('de stad als organisme') dient om de dynamiek van een hedendaagse stad zichtbaar te maken en laat de rol zien die materiaalstromen hebben in de vormgeving van een stad. Water, transportsystemen, energie, menselijke verplaatsingen en andere fenomenen: het in kaart brengen van deze lagen zou ons helpen de grootschalige kenmerken van de regionale verstedelijking te vatten en de complexiteit van deze stromen bloot te leggen. Tot op zekere hoogte brengt het begrip van materiële stromen via de organische metafoor ons terug naar de allereerste ervaringen met het in kaart brengen van lagen aan het begin van de twintigste eeuw, bijvoorbeeld Eugène Hénard's studies voor het verkeerssysteem van Parijs.[18]

Het projectvoorstel voor de stad Rotterdam kunnen we interpreteren als het ontwerp van de verbindingen tussen productieprocessen die inherent zijn aan de gebouwde ruimte. Volgens het projectatelier bezit een stadslandschap een ruimtelijke orde die afhankelijk is van infrastructuur, diensten tot en met warmtenetwerken. Hoewel de meeste infrastructuur momenteel rechtstreeks door de overheid wordt beheerd, garandeert dit niet dat haar distributielogica neutraal is, of dat meer efficiëntie in staat zou zijn de ruimtelijke kwaliteit van een stad op te krikken. *Mapping* en ontwerpen via lagen wordt dan op twee manieren problematisch: ten eerste garandeert de optimalisering van de stromen niet de toegang en de betrokkenheid van alle stedelijke actoren, en ten tweede geeft het stapelen van de sectorale lagen voorrang aan het infrastructuurproject boven het ontwerp van het stedelijke weefsel.

Ruimte en samenleving

In de voorbeelden van Lausanne en Rotterdam spelen lagen een cruciale rol in de poging de stedelijke complexiteit te ontrafelen. Maar waar is de voorafgaande, heldere opvatting van de stad als sociaal of cultureel product? Welke transformatie van de verbindende ruimte wordt voorgesteld?[19] In beide projecten vormen de verschillende lagen grote sectorale kaders, terwijl een daaraan voorafgaande visie op de stedelijke ruimte wordt opgelost door middel van individuele ontwerpingrepen. In Lausanne zijn het de meer dan 400 afzonderlijke 'maatregelen', oftewel individuele lokale projecten die, verdeeld over de belangrijkste lagen, de uitdaging moeten oppakken om de stedelijke ruimte vorm te geven. In Rotterdam bestaat de visie op de ruimte uit axonometrieën, die dikwijls niet locatiespecifiek zijn en als schema's voor mogelijk ontwerp fungeren. Bekneld tussen grote strategische kaders en afzonderlijke lokale projecten, verdwijnen de sociaal-culturele omstandigheden van de ruimte en is de fysieke aanpassing van de omgeving niet langer een doel van het project. Door het vermijden van een debat over de vorm van grootschalige

17
Nico Tilly et al. (red.), *Urban Metabolism: Sustainable Development of Rotterdam* (Rotterdam: IABR, 2014).

18
Zie Eugène Hénard's studies voor het verkeer in Parijs. Eugène Hénard, *Alle origini dell'urbanistica: La costruzione della metropoli* (Venetië: Marsilio, 1972).

19
Voor een begrip van de relevantie van relationele ruimte in stedenbouwkundige theorie and het einde van de twintigste eeuw, zie: Richard Sennett, *The Fall of Public Man* (Cambridge: Cambridge University Press, 1977). Bijdragen aan de heroverweging van de ruimte als het product van sociale interactie vanuit een wijder perspectief zijn te vinden in: André Corboz, 'Avete detto spazio?', *Casabella* 597/98 (1993), 22-27.

of possible design actions. In between large strategic frames and distinct local projects, the sociocultural dimensions of the space disappear, and the physical modification of the context is no longer an aim of the project. By not discussing and designing the shape of the large-scale urbanisation, the concrete physicality of the regional planning eventually becomes just a neutral background to human activities.

For decades, urban planning has considered the city as a sociocultural product and spatial inequality as a prominent problem. But this is at risk of disappearing due to the lack of images able to foretell integrated transformations of space at different scales. The layer approach is probably not directly responsible for the progressive disappearance of synthetic representations of the urban project, but it is a tool that functions perfectly in this ongoing process.

The proposals for the reconfiguration of the territory, dismembered into sectoral representations, preclude an open discussion. The different technical rationalities of engineering dominate the production of urban space, affecting relationships in society that rely on that space, such as relations of proximity or coexistence, inclusion/exclusion and finally social segregation.[20] But, while the distinct technological choices are linked to their specific rationality, they are difficult to negotiate or challenge by citizens. The dilution of the figurative qualities of the project no longer seems to offer a place for discussion on the future of cities and territories. At the same time, the figurative void is now filled by the emergence of the landscape project as a dominant narrative. However, as it has already been argued, the landscape project abstains from a public discussion about the form of the contemporary city, avoiding, therefore, any reference to societal conflicts and articulations of differences.[21]

Over the decades, design by layers has produced a greater awareness of the multitude of knowledge and specific themes that rightfully become part of the argumentative structure of the urban project. At the same time this supposedly elementary drawing tool has supported the need to discuss partial problems with an array of interlocutors. Nonetheless, we believe its effect has also been that of accelerating the disintegration of the idea of the urban plan as a unitary moment of reflection on societies, spaces, cities, territories and, ultimately, on their future.

20
Fran Tonkiss, *City by Design: The Social Life of Urban Form* (Cambridge: Polity, 2013).

21
See, for example: Angelo Sampieri, *Nel paesaggio: Il progetto per la città negli ultimi venti anni* (Rome: Donzelli, 2008); Greet De Block et al., 'Metropolitan Landscapes? Grappling with the Urban in Landscape Design', *Spool* 5/1 (2018), 81–94.

verstedelijking en hoe die te ontwerpen, wordt het concrete fysieke aspect van de regionale planning uiteindelijk niet meer dan een neutrale achtergrond voor menselijke activiteiten.

Al decennia lang ziet stedenbouw de stad als een sociaal-cultureel product en ruimtelijke ongelijkheid als een groot probleem. Maar dit dreigt te verdwijnen door het gebrek aan beelden die geïntegreerde transformaties van de ruimte op verschillende schaalniveaus kunnen voorspellen. De lagenbenadering is waarschijnlijk niet rechtstreeks verantwoordelijk voor het geleidelijk verdwijnen van synthetische representaties van het stadsproject, maar het is wel een instrument dat perfect functioneert binnen dit voortschrijdende proces.

Voorstellen voor de reorganisatie van het territorium, die in sectorale voorstellen uiteenvallen, belemmeren een open discussie. De rationele logica's van de technologie domineren de vormgeving van stedelijke ruimte en hebben een negatieve invloed op de relaties, die leven in de maatschappij en van die ruimte afhankelijk zijn, zoals nabijheid/co-existentie, inclusie/uitsluiting, en ten slotte sociale segregatie.[20] Maar hoewel de verschillende technologische keuzes rationeel bepaald worden, is het voor burgers moeilijk er hoogte van te krijgen of ze in twijfel te trekken. De verwatering van de figuratieve eigenschappen van het project lijkt geen plaats meer te bieden aan discussies over de toekomst van steden en territoria. De figuratieve leegte wordt tegenwoordig opgevuld door de opkomst van het landschapsproject als het overheersende discours. Het landschappelijk project onthoudt zich echter, zoals elders betoogd, van enige publieke discussie over de vorm van de hedendaagse stad en vermijdt dus elke verwijzing naar maatschappelijke conflicten en de manier waarop je verschillen moet articuleren.[21]

In de loop van decennia leidde de lagenbenadering in het ontwerp tot een groter bewustzijn van de veelheid aan kennis en specifieke thema's die terecht deel uitmaken van de discussie over het stadsproject. En dit zogenaamde elementaire tekeninstrument zorgde er ook voor dat deelproblemen besproken konden worden met een scala aan gesprekspartners. Desalniettemin vinden wij dat het effect van de lagenbenadering ook is geweest, dat het idee van het stadsplan als een gedeeld moment van reflectie over de samenleving met haar ruimte, steden, territoria en uiteindelijk haar toekomst, sneller uiteen is gevallen.

Vertaling: Bart Decroos

20
Fran Tonkiss, *City by Design: The Social Life of Urban Form* (Cambridge, MA: Polity, 2013).

21
Zie, bijvoorbeeld: Angelo Sampieri, *Nel paesaggio: Il progetto per la città negli ultimi venti anni* (Rome: Donzelli, 2008); Greet De Block et al., 'Metropolitan Landscapes? Grappling with the Urban in Landscape Design', *Spool* 5/1 (2018), 81-94.

Paul Broekhuisen

The Map Is Not the Territory[1]

The drawings urban designers make are not aims in themselves. Drawings are design tools that are used to both generate ideas and share these with others. But how does this actually work? And what has changed in the way the city is read, in the role of the urban designer and the workings of the drawing, in the decades since I was a student, around 1990?

Designing is about inventing new realities. Innovation, however, harbours a paradox: it is difficult to imagine something new without first referting to something that already exists. The first T-Ford did not look like a streamlined racing car, but rather like a carriage without a horse. The archetypical carriage and the contemporary car are connected by an evolution of incremental adjustments, each step building on the previous one on the basis of new insights, possibilities and desires. Sometimes new typologies do emerge, but it is much more common for existing typologies to be adapted.

The workings of the city as an artefact differ from those of a car; people simultaneously cherish and demolish, adapt and replace elements of the city. To stick with the car metaphor and introduce Bernardo Secchi: urbanism is 'repairing an engine while it's running'.[2]

Designing as an activity faces the same paradox: to explore a possible future, the designer has to constantly shuttle back and forth between the past and the future. Maps, sketches and drawings form the designer's laboratory as they enable him to travel through time, adapting known references to a specific challenge.

1
The title is taken from A. Korzybski's 1933 publication *Science and Sanity*. The entire sentence reads: 'A map is not the territory it represents, but, if correct, it has a similar structure to the territory, which accounts for its usefulness.'

2
Ed Taverne, 'Sleutelen aan een draaiende motor, Bernardo Secchi's plan voor Siena', *Archis* 12 (1989), 15-27.

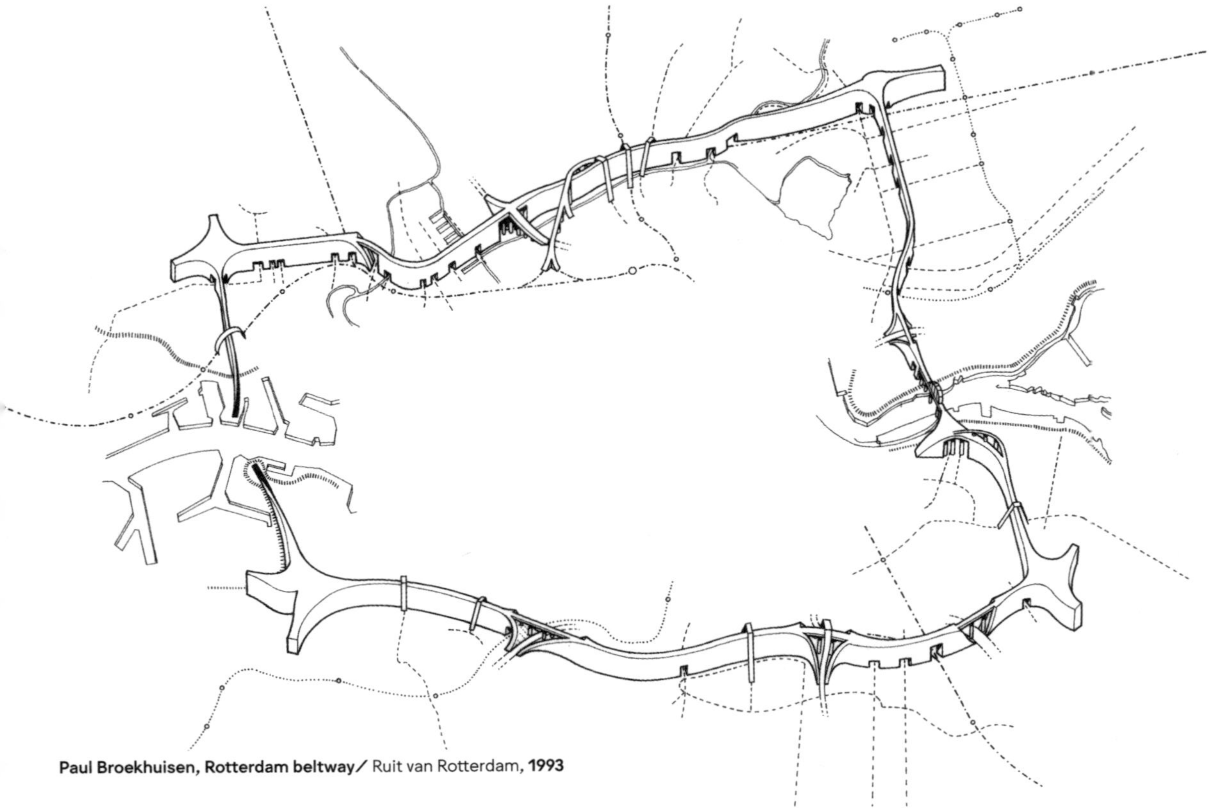

Paul Broekhuisen, Rotterdam beltway/ Ruit van Rotterdam, 1993

Paul Broekhuisen

De kaart is niet het gebied[1]

Stedenbouwkundigen maken tekeningen, zonder dat de tekening zelf het doel is. Tekeningen vormen het gereedschap voor de ontwerper, zowel voor het genereren van ideeën als het delen met anderen. Maar hoe werkt dat eigenlijk? En welke verschuivingen zijn er in de decennia sinds mijn studietijd, omstreeks 1990, opgetreden in de wijze waarop de stad gelezen wordt, in de rol van de stedenbouwkundige en de werking van de tekening?

Ontwerpen draait om het uitvinden van een nieuwe werkelijkheid. Innovatie herbergt echter een paradox: de mens kan zich moeilijk iets nieuws voorstellen zonder eerst terug te grijpen op iets wat hij al kent. De eerste T-Ford zag er niet uit als een gestroomlijnde bolide, eerder als een 'koets-zonder-paard'. Tussen het archetype van de koets en de hedendaagse auto zit een evolutie van stap-voor-stap aanpassingen, waarbij iedere stap voortbouwt op de vorige, op basis van nieuwe inzichten, mogelijkheden en wensen. Soms worden nieuwe typologieën uitgevonden, maar veel vaker worden bestaande typologieën bewerkt.

De stad werkt als artefact anders dan een auto; er wordt tegelijkertijd zowel gekoesterd als gesloopt, zowel aangepast als vervangen; alles rijdt door elkaar. Om met Bernardo Secchi in de auto-metafoor te blijven: stedenbouw is 'sleutelen aan een draaiende motor'.[2]

Ontwerpen als activiteit kent dezelfde paradox: om een mogelijke toekomst te verkennen, pendelt de ontwerper voortdurend heen en weer tussen verleden en toekomst. Kaarten, schetsen en tekeningen vormen daarbij het laboratorium van de ontwerper, omdat deze hem in staat stellen door de tijd te reizen, om bekende referenties te bewerken voor een specifieke opgave.

Seeing-as, seeing-that

In haar artikel 'The Dialectics of Sketching' (1991) maakt Gabriela Goldschmidt duidelijk dat het ontwerpproces zich voortdurend beweegt tussen *seeing-as* en *seeing-that*.[3] Het begin van het proces manifesteert zich vaak door een vraagstelling, gevat in de abstractie van tekst en getallen. Daarnaast is er de fysieke ruimte waarbinnen het ontwerp gestalte moet krijgen. De brug tussen beiden wordt geslagen door over kaartbeelden (zelf ook abstracties van de werkelijkheid) heen te schetsen, waardoor onvoorziene interpretaties worden uitgelokt. Deze interpretaties worden vervolgens geconfronteerd met de oorspronkelijke vraagstelling, met de bedoeling deze aan te scherpen of te herzien, of in ieder geval te ontdoen van haar abstractie.

Goldschmidt betoogt dat hoewel interpretaties onvoorzien zijn, ze zelf niet waardevrij zijn, maar ergens vandaan komen. Dit is wat Goldschmidt *seeing-as* noemt: interpretaties komen tot stand in een proces van patroonherkenning, abstrahering en verklarende uitleg; een persoonlijk, associatief proces waarbij typologieën, analogieën en metaforen opgeroepen worden. Juist spontane, vluchtige schetsen zijn een geëigend hulpmiddel in dit associatieve proces, omdat ze hink-stap-sprong gedachten uitlokken. Tijdens momenten van reflectie komt het besef dat bekende typologieën vrijwel nooit direct toepasbaar zijn op een specifieke opgave/locatie (*seeing-that*), en dat deze dus 'bewerkt' moeten worden. Tijdens het proces van bewerken dienen zich steeds weer nieuwe vergelijkingen op, zodat zich een continu ontwerpproces ontvouwt van vergelijken, reflecteren en aanpassen, dat uiteindelijk convergeert naar een definitief ontwerpvoorstel. Ontwerpen is het voortdurend aanpassen van bewezen strategieën naar onbekende situaties.

1
De titel is ontleend aan het boek *Science and Sanity* (1933) van A. Korzybski. De gehele zin luidt: 'A map is not the territory it represents, but, if correct, it has a similar structure to the territory, which accounts for its usefulness.'

2
Ed Taverne, 'Sleutelen aan een draaiende motor, Bernardo Secchi's plan voor Siena', *Archis* 12 (1989), 15-27.

3
Gabriela Goldschmidt, 'The dialectics of sketching', *Creativity Research Journal*, 4,2, (1991), 123-143.

Seeing-As, Seeing-That

In her article 'The Dialectics of Sketching' (1991), Gabriela Goldschmidt explains that the design process is always oscillating between *seeing-as* and *seeing-that*.[3] The start of the process often manifests as a question, captured in the abstraction of text and numbers. And then there is the physical space in which the design has to materialise. The gap between the two is bridged by tracing map images (which are themselves abstractions of reality) to provoke unforeseen interpretations. These interpretations are then confronted with the original question, with the intention of narrowing down or rephrasing it, or at least stripping it of its abstraction.

Goldschmidt argues that although such interpretations are unforeseen, they themselves are not value-free; after all, they come from somewhere! This is what Goldschmidt calls the *seeing-as*: interpretations develop in a process of pattern recognition, abstraction and elucidative explanation. It is a personal, associative process that evokes typologies, analogies and metaphors. Spontaneous, quick sketches are especially appropriate tools for this associative process, because they evoke mental leaps. During moments of reflection, the realisation comes that known typologies are almost never directly applicable to a specific challenge/location (*seeing-that*), and that they therefore need to be 'adapted'. During the adaptation process, new comparisons constantly emerge; a continuous design process of comparing, reflecting and adapting unfolds that eventually converges into a definitive design proposal. Designing is the continuous adaptation of proven strategies to unknown situations.

In their drawn form, associations can be vehicles for the mind. Drawings are helpful because they can twist, omit and exaggerate the scale and size of physical reality. The drawing 'Ruit van Rotterdam' I made as a student in the early 1990s is illustrative of the divided city. The separating effect of Rotterdam's ring road is represented by a medieval city wall, with viaducts as modern city gates. Seeing the ring road as a city wall raises the question of whether we are satisfied with the division. We *see-that* the city gates are not literally closed, but that they do create a clear distinction between inside and outside the wall/ring road.

The City as a Building

In the Netherlands, the urban expansion that dates from just after the Second World War features autonomous structures that have erased the existing landscape. In the 1970s, however, the focus shifted from *tabula rasa* to *genius loci*, from demolition and replacement to the anticipating and adapting of existing structures. Designs were no longer seen as being autonomous from their context; but instead became adaptations of the context itself. In the Netherlands in the 1980s, it was Rein Geurtsen who introduced this new urban design contextualism, in which the city is conceived as an architectural object that can be endlessly adapted in accordance with contemporary demands. Together with a whole generation of Delft University of Technology students, I acquainted myself with the lecture synopsis 'De Stad: object van bewerking' (The City: object of adaptation), which introduced this fresh way of looking at things. The morphological analyses included in the synopsis form a whole of drawings and texts which, through reinterpretation, try to unravel and interpret the hidden logic of the city map. The adaptation about which Geurtsen writes is not limited to demolition and building processes alone: 'The term "adaptation" encompasses both the analysis and the intervention, the design. Rather than as successive steps in a linear process, they are conceived as independent, mutually injecting activities.'[4]

In addition to reproductions of old maps and drawn adaptations of these, the synopsis also contains excerpts from novels, poems and newspaper articles.

3
Gabriela Goldschmidt, 'The Dialectics of Sketching', *Creativity Research Journal* 4/2, (1991), 123–143.

4
Rein Geurtsen, *De Stad: object van bewerking* (Delft: TU Delft, 1988), 9.

Associaties in getekende vorm kunnen een voertuig voor de geest zijn. Tekeningen zijn behulpzaam, omdat de fysieke werkelijkheid kan worden verdraaid, weggelaten en overdreven in schaal en maat. De tekening 'Ruit van Rotterdam' die ik begin jaren 1990 als student maakte, is een illustratie van de verdeelde stad. De scheidende werking van de ringweg van Rotterdam wordt weergegeven als een middeleeuwse stadsmuur, met viaducten als moderne stadspoorten. De ringweg 'zien-als' een stadsmuur stelt de vraag of we genoegen nemen met de scheiding. We 'zien-dat' de stadspoorten weliswaar niet letterlijk afsluiten, maar wel dat er een duidelijk onderscheid is tussen binnen en buiten de muur/ringweg.

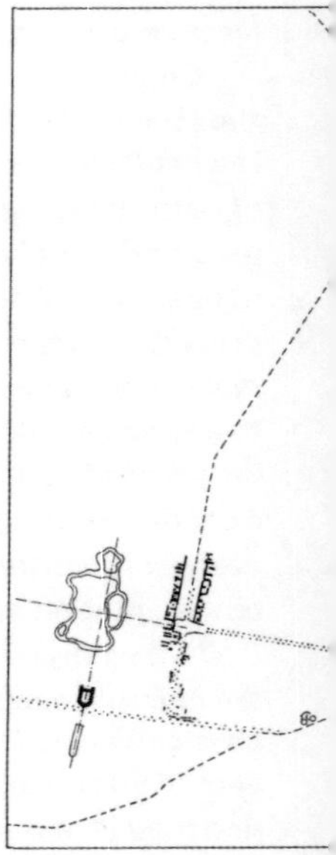

De stad als bouwwerk

In Nederland werden stedelijke uitbreidingen van net na de Tweede Wereldoorlog gekenmerkt door autonome structuren die het onderliggende landschap uitgumden. In de jaren 1970 verschuift de aandacht echter van *tabula rasa* naar *genius loci*, van slopen en weer toevoegen naar anticiperen op en aanpassen van wat al is. Het ontwerp staat niet apart van de context, maar is een bewerking van de context zelf. In de jaren 1980 introduceerde Rein Geurtsen dit nieuwe stedenbouw-contextualisme, waarbij de stad wordt opgevat als een architectonisch object dat naar de eisen van de tijd eindeloos aangepast (bewerkt) kan worden. Samen met een generatie studenten van de TU Delft maakte ik kennis met het collegedictaat 'De Stad; object van bewerking' waarin deze nieuwe manier van kijken werd geïntroduceerd. De in dit dictaat opgenomen morfologische analyses vormen een geheel van tekeningen en teksten die door herinterpretatie de verborgen logica van de stadsplattegrond probeert te ontrafelen en te duiden. Het bewerken waar Geurtsen over schrijft beperkt zich niet tot het proces van slopen en bouwen alleen: 'De term 'bewerkingen' omvat zowel de analyse alsook de ingreep, het ontwerp. Beiden worden niet beschouwd als opeenvolgende stappen in een lineair proces, maar als zelfstandige, elkaar injecterende bezigheden.'[4]

Het dictaat bevat naast reproducties van oude kaarten en getekende bewerkingen hiervan, ook fragmenten uit romans, gedichten en krantenartikelen. Deze maken duidelijk dat het begrip van wat stad is niet gekend kan worden door de fysieke realiteit van gebouwen alleen: 'Analyse, interpretatie en ontwerp vind je in feite steeds vermengd in bewerkingen van de stad, op celluloid, in theater, in de beeldende kunst en literatuur.'[5] Een belangrijk deel van wat cultuur is, is het begrijpen van de verhalen die achter de visueel waarneembare werkelijkheid schuilgaan. Wie vertelt welke verhalen, en waarom?

Bijvoorbeeld in zijn analyse van Kopenhagen rafelt Geurtsen de stadsstructuur uiteen in diverse stedelijke systemen; ieder systeem krijgt zijn eigen tekening.[6] Deze systemen staan niet op zichzelf, de gelaagde tekeningen weerspiegelen de functionele, maatschappelijke en politieke gelaagdheid van de stad: Hofstad, Pruikenstad, Pettenstad en Havenstad. Anders dan de provocatieve, snelle schetsen die Goldschmidt benoemt als hulpmiddel voor associatief denken, zijn de tekeningen van Geurtsen ijzingwekkend precies in hun poging de Gordiaanse knoop die het stedelijk weefsel is te ontrafelen.

Desondanks staan Goldschmidt en Geurtsen dicht bij elkaar: zoals via *seeing as/that* het ontwerpproces een reeks van stap-voor-stap bewerkingen van een ontwerpidee vormt, waarin momenten van inventie en reflectie elkaar afwisselen, zo volgt de stad van Geurtsen eenzelfde patroon: ingegeven door nieuwe verhalen (politieke verschuivingen, technologische revoluties, maatschappelijke en economische omwentelingen) en steeds reagerend op wat al is, worden nieuwe lagen aan de stad toegevoegd. Eind vorige eeuw werd van studenten ook deze kritische houding verwacht bij het analyseren van de stad:

4
Rein Geurtsen, *De Stad: object van bewerking* (Delft: TU Delft, 1988), 9.

5
Ibid.

6
Rein Geurtsen en Luc Bos, 'Kopenhagen dubbelstad: een bewerkte reisindruk', *Wonen/TABK*, 10-11-12 (1981).

Rein Geurtsen and/ en **Luc Bos, Copenhagen Royal City, Port City, Working Class City, Aristocracy City/**
Kopenhagen Hofstad, Havenstad, Pettenstad, Pruikenstad, **1981**

niet als een 'spelletje met vormen', maar als een kritische maatschappij-analyse en de ruimtelijke weerslag daarvan – gevangen in kaartbeelden.

De stad als verhaal

De stad opvatten als alleen een 'heel groot gebouw' doet geen recht aan de complexe verhalenstructuur die zij herbergt. Iedere dag ontstaan nieuwe verhalen, in het licht waarvan reeds bestaande verhalen worden vergeten, aangedikt, verdraaid, opnieuw geïnterpreteerd en herschreven. De perceptie van wat stad is, is niet voorbehouden aan wat het oog ziet, kan niet zonder woorden die het beeld inkleuren. De beleefde werkelijkheid reikt verder dan de fysieke werkelijkheid en verandert met de tijd.

Niet alleen vorm en structuur van de stad zijn daarmee een object van bewerking; ook het geheugen van de stad is dat. Het (her)tekenen van kaarten, zoals stedenbouwkundigen doen, is dan ook niet een waardevrije oefening, alleen bedoeld om de stad historisch te begrijpen, maar een zoektocht naar hoe nieuwe verhalen in verband gebracht kunnen worden met de stad als bouwwerk, naar hoe deze een plek kunnen krijgen, ingebed, als verrijking van het bestaande stedelijke weefsel. Momenteel domineren thema's als De Klimaat-Neutrale Stad, De Inclusieve Stad, De Gezonde Stad, De Circulaire Stad het discours. Zij hebben met elkaar gemeen dat ze nog geen uitgekristalliseerde vorm hebben. Net als altijd zijn de nieuwe verhalen abstract, want vrijwel altijd verwoord in taal. Verhalen zijn vluchtig – voor je het weet worden ze niet meer verteld, of doemen nieuwe verhalen op. Maar als verhalen eenmaal gestold zijn in de ruimte, overleven ze als bouwwerk vaak het verhaal dat aan hen ten grondslag lag, en is het aan toekomstige generaties om het bouwwerk opnieuw van betekenis te voorzien.

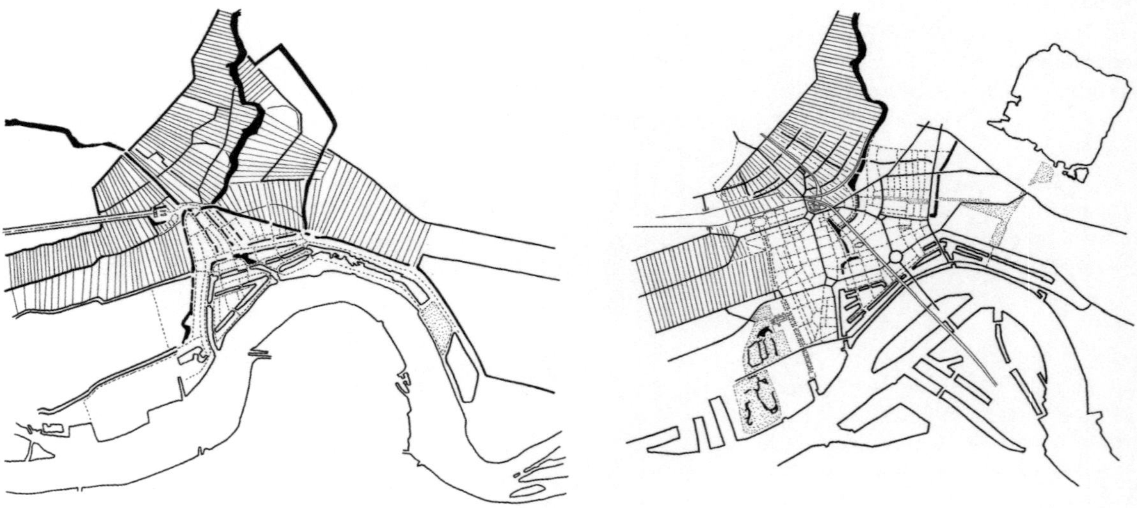

Paul Broekhuisen/Atelier Quadrat, Rotterdam City on the River/ Rotterdam Stad aan de Maas, **2001**

They illustrate that the concept of what the city is cannot be understood by the physical reality of buildings alone: 'Analysis, interpretation and design are in fact always combined in adaptations of the city, on celluloid, in theatre, in the visual arts and literature.'[5] It is an important part of what culture is: the understanding of the stories that lie behind visually perceptible reality. Who tells which stories, and why?

In his analysis of Copenhagen, for example, Geurtsen unravels the structure of the city by dividing it into various urban systems, with a drawing for each system.[6] The systems are not separate, but the layered drawings reflect the functional, social and political stratification of the city: Royal City, Aristocracy City, Working-Class City and Port City. Unlike the provocative, quick sketches that Goldschmidt calls the tools of associative thinking, Geurtsen's drawings are chillingly precise in their attempt to unravel the Gordian knot that is the urban fabric.

Goldschmidt's and Geurtsen's stances are very similar nevertheless: according to Goldschmidt's *seeing as/that*, the design process comprises a series of incremental adaptations of a design idea in which moments of invention and reflection alternate and Geurtsen's city follows the same pattern: new stories (political shifts, technological revolutions, social and economic upheavals) that constantly respond to what already exists add new layers to the city. At the end of the twentieth century this critical attitude towards the analysis of the city was expected of students as well: not as a 'morphological game', but as a critical analysis of how social and spatial structures are related – captured in map images.

The City as a Narrative

Understanding the city as nothing but a 'very large building' does not do justice to the complex narrative structure it accommodates. Every day new stories arise in the light of which already existing ones are forgotten, exaggerated, twisted, reinterpreted and rewritten. The perception of what the city is, therefore, is not only generated by what the eye can see, because it cannot exist without words that add colour to the image. Experienced reality extends beyond physical reality and changes with time.

This means that not only the form and structure of the city are subject to adaptation, but also the memory of the city. Therefore the (re)drawing of maps, as urban designers do, is not a value-free activity merely intended to understand the city historically, but a search for ways to relate new narratives to the city as a building, to find them their niche, embedded, enriching the existing urban fabric. Currently, themes such as The Climate-Neutral City, The Inclusive City, The Healthy City and The Circular City dominate the discourse. What they have in common is that they have not crystallised, yet. As always, new narratives are abstract, because they are almost always articulated by language. Narratives are ephemeral – before you know it, they are no longer told or new narratives emerge. But once narratives have solidified in space, they often survive as buildings. It is then up to future generations to ascribe new meaning to them.

In Rotterdam, for example, the river is the constant factor through time. Its characteristic curve protected the harbour front from silting up and allowed Rotterdam to grow into a metropolis. Something that has constantly changed is the relationship between the city and the water. This story of continuity and change is summed up in the double-drawing 'Rotterdam; stad aan de Maas'. The drawing shows that starting from the Middle Ages the city initially developed parallel to the river, with the Boompjes as the representative waterfront of the Dutch merchant city. In the nineteenth and twentieth centuries, the structure changed: as harbours and railways emerged, a development direction at right angles to the river became dominant.

5
Ibid.

6
Rein Geurtsen and Luc Bos, 'Kopenhagen dubbelstad: een bewerkte reisindruk', *Wonen/TABK*, 10-11-12 (1981).

In Rotterdam bijvoorbeeld is de rivier de constante factor in tijd. Door de karakteristieke bocht werd het havenfront gevrijwaard van verzanding en kon Rotterdam uitgroeien tot een wereldstad. Wat steeds wisselt is de relatie van de stad met het water. Dit verhaal van continuïteit en verandering is in de duo-tekening 'Rotterdam; stad aan de Maas' samengevat. De tekening laat zien dat de stad zich vanaf de Middeleeuwen aanvankelijk ontwikkelt parallel aan de rivier, met de Boompjes als het representatieve waterfront van de Hollandse koopmansstad. In de negentiende en twintigste eeuw klapt de structuur om: met de komst van havens en spoorlijn wordt de ontwikkelingsrichting haaks op de rivier dominant.

De stad als publieke arena

Paolo Belardi noemt een ontwerper 'hij die kiest nadat hij betekenis heeft gegeven aan de dingen'.[7] Stedenbouwkundigen bevinden zich midden in de publieke arena. Het proces van betekenisverlening is altijd onderdeel van een breed publiek – en dus politiek – proces van besluitvorming. De stad is behalve object steeds meer ook een subject van bewerking; een geheel van burgers die stad-maken, die hun eigen verhalen vertellen en participeren in hun eigen leefomgeving. Het is niet ondenkbaar dat er in de participatiemaatschappij een Babylonische spraakverwarring ontstaat, waar zoveel verhalen door elkaar heen en tegen elkaar in verteld worden, dat er nauwelijks nog een gemeenschappelijke betekenis – of een gedeeld besef van noodzaak tot (politieke) keuzes – aan gehecht kan worden.

In de benadering van de stad als publieke arena vormt de tekening in veel gevallen het gemeenschappelijk speelveld. De rol van de ontwerper verandert daardoor deels: hij bepaalt als gespreksleider de grammatica waarbinnen het (beeld)taalspel gespeeld wordt, zodat diverse groepen elkaar in ieder geval kunnen aanhoren, voordat ze met elkaar in gesprek gaan. Alleen zo kunnen

7 Paolo Belardi, *Why Architects Still Draw* (Cambridge, MA: MIT Press, 2014), 10.

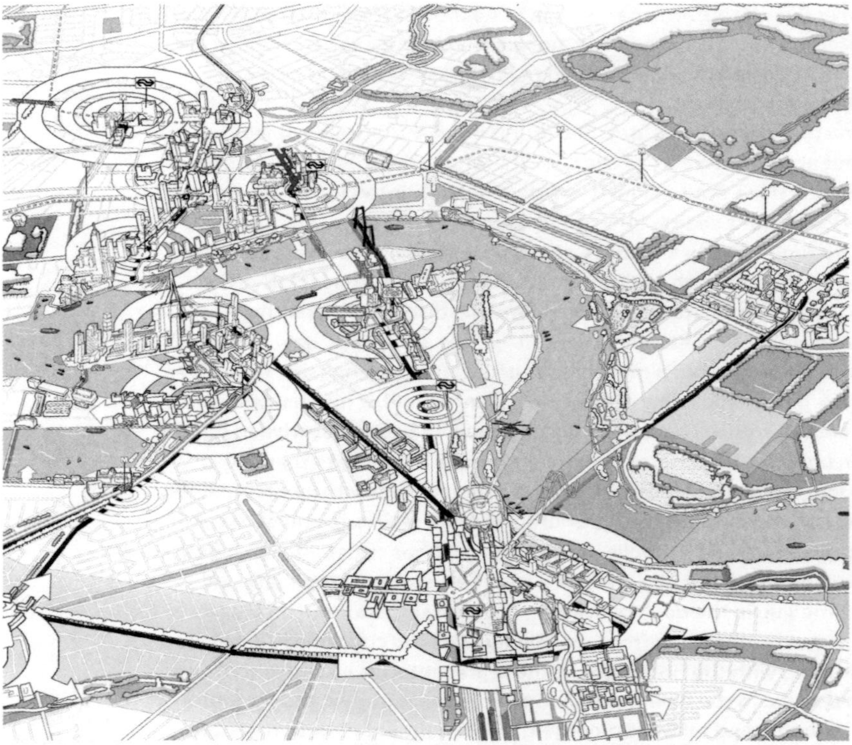

Sander de Knegt, Rotterdam Citymakers' congress (detail)/ Rotterdam Stadmakerscongres (detail), **2018**

The City as a Public Arena

According to Paolo Belardi a designer is 'the one who chooses after having given meaning to things'.[7] Urban designers always find themselves at the heart of the public arena. The process of giving meaning is always part of a broad, public – and thus political – decision-making process. The city is not only an object of, but also and increasingly subject to adaptation; a constellation of city-making citizens that tell their own stories and participate in their own living environments. It is not inconceivable that the participatory society will result in a Babel-like confusion of tongues, because there are so many interwoven or contradictory stories that it is hardly possible to attach a common meaning – or a shared awareness of the need for (political) choices – to them anymore.

When the city is approached as a public arena, the drawing often represents the shared playing field. This changes the role of designers to some extent: as moderators, they determine the grammar used to play this (visual) language game to ensure that various groups at least listen to each other before they enter into discussion. This is the only way to interweave the different stories into a shared narrative that everyone can understand. Language, like the sketch, acquires meaning by its use rather than unambiguously depicting reality. In the spirit of Wittgenstein: language constructs reality, not vice versa.[8]

Plans with a fixed final image become rare; more and more often plans are jointly determined common agendas for the future. In practice, terms such as 'master plan' and 'urban design' are increasingly replaced by terms like 'road map', 'area agenda', 'vision' and 'prospect for action', which place more emphasis on doing instead of being.

This translates into drawings, often easy to understand bird's-eye views that are meant to evoke a shared sense of what the city is and what challenges it faces in a wide audience. Such drawings are made (often by specialised offices) for publications and events like the Stadmakerscongres Rotterdam (2018). They are the visual representation of the mutual involvement of participants in an ongoing decision-making process and are thus more agenda-setting than reflective or, to put it another way: they focus on popularisation rather than innovation.

In Conclusion

Today the role of urban designers increasingly transcends the physically perceptible. They not only unravel city maps, but they also chart local social connections that can contribute to the development of a site. Monitoring inclusiveness is important in this process, to safeguard the public character of the participatory process. Rather than automatically pre-sorting solutions of dominant groups, possible solutions are discussed with the aim of reformulating the challenge in such a way that both spatial and social cohesion are sustainably strengthened.

In this respect, the drawing is facing the challenge of not limiting itself to single, retrospective images of the city as a backdrop to current affairs, participation and decision making. Drawings have the potential to feed and support a shared awareness of what the city is (which should be a daily topic of discussion). The city as a physical representation of its history, its long-term spatial and narrative characteristics and the issues of the day can meet on the paper of the drawing. In their daily practice designers – precisely because they use sketches and drawings as well as words – are able to connect groups of people, to interweave their stories and to adapt them – to spatialise them – to the city-as-a-building.

Translation: InOtherWords, Maria van Tol

7
Paolo Belardi, *Why Architects Still Draw* (Cambridge, MA: MIT Press, 2014), 10.

8
In his 1953 publication *Philosophische Untersuchungen*, Wittgenstein uses the term 'language game' to indicate that language cannot be separated from the context in which it is used: 'Die Bedeutung eines Wortes ist sein Gebrauch in der Sprache.'

verhalen met elkaar verweven worden tot een gedeeld, voor iedereen beleefbaar verhaal. Net als een schets is taal niet een eenduidige afbeelding van de werkelijkheid, maar krijgt ze betekenis in het gebruik. In de geest van Wittgenstein: taal construeert de werkelijkheid, niet vice versa.[8]

Plannen met een gefixeerd eindbeeld ruimen het veld; steeds meer gaat het om het gezamenlijk bepalen van een gemeenschappelijke agenda voor de toekomst. In de praktijk zijn termen als masterplan en stedenbouwkundig plan steeds meer vervangen door *roadmap*, gebiedsagenda, droombeeld en handelingsperspectief, die de nadruk meer leggen op doen in plaats van zijn.

Dit vertaalt zich in tekeningen, vaak getekend als begrijpelijke vogelvlucht, die voor een breed publiek een gedeeld besef op moeten roepen van wat de stad is en voor welke opgaven zij staat. Dit soort tekeningen worden (vaak door gespecialiseerde bureaus) gemaakt voor publicaties en manifestaties, zoals voor het Stadmakerscongres Rotterdam (2018). Ze zijn de visuele weerslag van de onderlinge betrokkenheid van participanten in een voortdurend besluitvormingsproces, en daarmee meer agenderend dan reflecterend. Of, anders gesteld, meer gericht op popularisatie dan op innovatie.

Tot slot

Tegenwoordig strekt de rol van de stedenbouwkundige zich meer en meer uit voorbij het fysiek waarneembare; niet alleen de stadsplattegrond moet worden ontrafeld, maar ook dienen lokale sociale verbanden die productief kunnen zijn voor de ontwikkeling van een plek, in kaart te worden gebracht. Belangrijk in dit proces is de bewaking van de inclusiviteit: het garanderen van het publieke karakter van het participatieproces. Niet het automatisch voorsorteren op de oplossingen van dominante groepen, maar de discussie over die oplossingen, om de vraag zo te herformuleren dat zowel de ruimtelijke als de sociale samenhang duurzaam wordt versterkt.

De tekening staat daarbij voor de uitdaging zich niet alleen te beperken tot het eenmalig, achteraf optekenen van de stad als decor voor actualiteit, participatie en besluitvorming. De tekening heeft de potentie om het gedeeld besef van wat de stad is (wat een dagelijks gespreksonderwerp zou moeten zijn) te voeden en te dragen. In de tekening kunnen de stad als fysieke weerslag van haar geschiedenis, de ruimtelijke en narratieve eigenschappen van de stad op lange termijn, en de waan van de dag elkaar op papier ontmoeten. Juist omdat ze zich naast woorden ook van schetsen en tekeningen bedienen, zijn ontwerpers in hun dagelijkse praktijk in staat groepen mensen met elkaar te verbinden, hun verhalen met elkaar te verweven, en deze te bewerken – te verruimtelijken – naar de stad als bouwwerk.

8
In zijn boek *Philosophische Untersuchungen* uit 1953 gebruikt Wittgenstein het woord 'taalspel' om aan te geven dat taal niet los gezien kan worden van de context waarin ze gebruikt wordt: 'Die Bedeutung eines Wortes ist sein Gebrauch in der Sprache.'

Julie Marin and Bruno De Meulder

Synoptic Assemblages Guiding Urban Metabolic Transitions

The limitations of sectoral and specialised approaches in urban planning and development have long been recognised.[1] Since the industrial epoch, resource flow management largely belongs to the domain of engineering and most of the centralised infrastructure for electricity, sewage and so forth has been built underground. Because such infrastructure is invisible, it seems to not exist – or to have been disposed of. On the other hand, what remained aboveground was claimed by architects or urbanists, which often reduced the perspective to (urban) form.[2] Today's complex spatial-metabolic transitions more than ever require that the site be understood in relation to bigger and smaller systems and scales, including embedded interdependencies and material flows.[3] Furthermore, places in which metabolism takes place require contextualisation.[4] This requires visual representations that simultaneously integrate space, time and process. Consequently, singular perspectives on a place, such as the view from above in 'blueprint' master planning or land-use zoning, or architectural and urban drawings that mainly focus on form, are inadequate. First of all, two-dimensional plans hide interdependencies above- and belowground, ignoring subterranean material flows and their interplay with urbanisation. Secondly, a master plan is a static representation of a certain moment in time, mostly a spatial end result, leaving out any information on how to achieve this end result, let alone its evolution over time.

This paper explores how combined urban landscape design drawings attempt to integrate fragments of the territory's multiplicity to feed integrated resource management, urban and landscape design approaches. Graphically representing landscapes as multidimensional and multi-scalar stories goes back as far as medieval cartography. *Mappae mundi* depict physical space in plan view, integrating rudimentary drawings and textual explanations on religion, water directions, vegetation and hinterlands. Other synoptic landscape representations, made to understand relational territorial dynamics, emerge from systems thinking in geography. Alexander von Humboldt's eighteenth-century deep sections depicting nature complement a spatial transect across mountain ridges with labels and data tables on botany, geology and ecology, in the drawing and in the margins.

In landscape architecture and urbanism, the extent of integration is intimately tied to the way the territory is understood or drawn. Following Corboz, the territory as a palimpsest is overwritten time and again, in interaction with previously generated spatial realities.[5] Acknowledging this, already in 1969 Ian McHarg drew places as part of evolutionary processes in layered maps and transects, graphically organising data on seasons, vegetation and other landscape dynamics.[6] In the same line of thought, contemporary urban landscape designers interrelate data, space, actors and time in drawings that reveal underlying landscape transformation mechanisms. In her 'Antebellum Coldscape' project, Meg Studer synthetically maps and visualises global ice consumption through graphs, maps, architectural and territorial sections and diagrams, combining different scales with data from commercial records and policy documents.[7] Similarly, Kate Orff constructs visual narratives in her book *Petrochemical America*, superimposing regional maps, pictures and sections with data on petrochemical production, health statistics and environmental concerns.[8] All

1
Joel A. Tarr, 'The Search for the Ultimate Sink: Urban Air, Land, and Water Pollution in Historical Perspective', *Records of the Columbia Historical Society, Washington, D.C.* 51 (1984), 1-29.

2
Maarten Hajer and Ton Dassen, *Smart about Cities: Visualizing the Challenges for 21st Century Urbanism* (Rotterdam: nai010 publishers/PBL publishers, 2014).

3
Jane Hutton, 'Reciprocal Landscapes: Material Portraits in New York City and Elsewhere', *Journal of Landscape Architecture* 8/1 (2013), 40-47.

4
David Peleman, Bruno Notteboom and Michiel Dehaene, 'Fragments of a Changing Natural History of Urbanisation', *OASE* 104 / *The Urban Household of Metabolism* (Rotterdam: nai010 uitgevers, 2019), 1-11.

5
André Corboz, 'The Land as Palimpsest', *Diogenes* 31/121 (1983), 12-34.

6
Ian McHarg, *Design with Nature* (New York: John Wiley & Sons, 1969).

7
www.siteations.com/portfolio/edge-ops-ice-trade/, accessed 20 March 2020.

8
Richard Misrach and Kate Orff, *Petrochemical America* (New York: Aperture Foundation, 2014).

Julie Marin en Bruno De Meulder

Synoptische assemblages ter begeleiding van stedelijke metabole transities

De nadelen van een sectorale, specialistische benadering in de planning en aanleg van steden wordt al lang onderkend.[1] Sinds het industriële tijdperk behoort het beheer van grondstoffenstromen grotendeels tot het domein van de techniek en wordt de meestal gecentraliseerde infrastructuur voor elektriciteit, riolering en dergelijke onder de grond gestopt. Omdat deze infrastructuur onzichtbaar is, lijkt het alsof ze niet bestaat – of al is opgeruimd. Anderzijds werd alles wat bovengronds bleef, geclaimd door architecten of stedenbouwkundigen, waardoor het perspectief vaak vernauwde tot (stedelijke) vorm.[2] De ingewikkelde ruimtelijk-metabole transities van dit moment vragen meer dan ooit om kennis van de locatie in relatie tot grotere en kleinere systemen en schaalniveaus, met inbegrip van bestaande onderlinge afhankelijkheid en materiaalstromen.[3] Bovendien vragen de locaties waar stofwisseling plaatsvindt om contextualisering.[4] Dit vereist visuele representaties waar zowel ruimte, tijd als proces zijn geïntegreerd. Een enkel perspectief van een locatie, zoals het bovenaanzicht van een master- of bestemmingsplan 'type blauwdruk', maar ook de in architectuur en stedenbouw gangbare vorm-gestuurde tekenformules, schieten daarom tekort. Ten eerste blijft in tweedimensionale plannen de onderlinge afhankelijkheid boven en onder de grond verborgen, en worden ondergrondse materiaalstromen en hun wisselwerking met verstedelijking genegeerd. Ten tweede is een masterplan een statische weergave van een bepaald moment in de tijd, meestal een ruimtelijk eindresultaat, waarbij alle informatie over de manier waarop dit eindresultaat is bereikt buiten beschouwing wordt gelaten – om maar te zwijgen over de evolutie in tijd.

In dit artikel wordt onderzocht hoe ontwerptekeningen voor stedenbouw, landschap en design elementen van het gefragmenteerde territorium kunnen combineren, met het oog op een integraal beheer van hulpbronnen en ten gunste van ontwerpbenaderingen voor stad en land. De grafische weergave van landschappen als multidimensionale, meerschalige verhalen gaat terug tot de middeleeuwse cartografie. Zo bevat een zogenaamde *mappa mundi* niet alleen een bovenaanzicht van de fysieke ruimte, maar ook een aantal rudimentaire tekeningen en stukjes tekst over religie, waterstroomrichtingen, vegetatie en achterland. Andere synoptische landschapsrepresentaties, die zijn bedoeld om de onderlinge verbanden van de territoriale dynamiek te begrijpen, borduren voort op het systeemdenken in de geografie. Alexander von Humboldt (1769-1859) vulde in zijn achttiende-eeuwse 'diepe doorsneden' (*deep sections*) van de natuur, een dwarsdoorsnede van bergkammen aan met labels en informatie over plantkunde, geologie en ecologie, zowel op de tekening als in de marge.

In de landschapsarchitectuur en stedenbouw is de mate van integratie nauw verbonden met de manier waarop het territorium is opgevat of getekend. In navolging van Corboz wordt het territorium, als een palimpsest, telkens opnieuw overschreven, in wisselwerking met een eerdere ruimtelijke realiteit.[5] Ian McHarg, die zich hiervan bewust was, tekende locaties al in 1969 als onderdeel van een evolutionair proces in gelaagde kaarten en dwarsdoorsneden, waarbij hij gegevens over seizoenen, vegetatie en andere landschapselementen grafisch ordende.[6] Hedendaagse stadslandschapontwerpers die er dezelfde

1
Joel A. Tarr, 'The Search for the Ultimate Sink: Urban Air, Land, and Water Pollution in Historical Perspective', *Records of the Columbia Historical Society, Washington, D.C.* 51 (1984), 1-29.

2
Maarten Hajer en Ton Dassen, *Smart about Cities: Visualizing the Challenges for 21st Century Urbanism* (Rotterdam: nai010 uitgevers/PBL publishers, 2014).

3
Jane Hutton, 'Reciprocal Landscapes: Material Portraits in New York City and Elsewhere', *Journal of Landscape Architecture* 8/1 (2013), 40-47.

4
David Peleman, Bruno Notteboom en Michiel Dehaene, 'Fragments of a Changing Natural History of Urbanisation', *OASE* 104 / *The Urban Household of Metabolism* (Rotterdam: nai010 uitgevers, 2019), 1-11.

5
André Corboz, 'The Land as Palimpsest', *Diogenes* 31/121 (1983), 12-34.

6
Ian McHarg, *Design with Nature* (New York: John Wiley & Sons, 1969).

these graphic explorations interrelate the spatial, social, cultural and other dimensions that shape the territory, whereas in the conventional sectoral approach – policy, planning, design – they are often dealt with in isolation. Navigating between scales and perspectives, synoptic understandings capture (urban) landscapes' multiple dimensions (time, actors and climate), scales (in regional to global infrastructural networks) and levels (above, on and below the ground).

Ways of Seeing the World and Projecting the Future

Shifting territorial representations often criticise reigning worldviews and ideologies embodied in drawings from a certain era. Whereas colonial maps mostly serve(d) natural resources exploitation, representing landscapes as multidimensional and multi-scalar stories such as the ones discussed in the previous section enable what Berger coined 'systemic design combining local realities and conditions and regional flows forged together to make intelligent landscapes'.[9, 10] His own studies *Drosscape* and *Reclaiming the American West* iconographically dissect how landscapes over time emerge out of multi-scalar operations, already announcing that this systemic design agenda shifted from 'extractive' to 'regenerative' practices in concrete case studies.[11]

In other words, territorial representations simultaneously embed projects and prepare grounds for possible new futures, implying that 'surveying' and 'projecting' are not very far apart.[12] For example, fifteenth-century Italian *vedute*, accurate combinations of site characteristics and imaginary elements, idealised and designed the territory simultaneously – and were used to intervene in the area in question.[13] Numerous other experiments with visual assemblages, such as Archigram's 1960s magazine with speculative projects, imagine radically different futures through combinations of images and text that break away from the limiting reigning 'modernist dictates' of that time, while modernist artists turned collages into emblems of the metropole in the making.[14, 15] Far less exuberant but no less accurate are the minimalist collages of Russian constructivist El Lissitzky, who is also known for his ground-breaking photomontages. All these instances of montage, collage and assemblage share a projective character. Decontextualising elements and arranging them in unusual (or unknown) combinations and contexts, they are seen differently, shed new light on their meaning and consequently open the eyes for unexpected possibilities. Seeing – as taking note, observing – moves into seeing as envisioning. The more that is seen, observed, taken into account, the more chances that it will catalyse recognition, visions that take into account various elements. In summary, bringing together multiple (unexpected) perspectives on the same place in synoptic assemblages might be relevant to inspire integrated approaches to contemporary challenges and to guide 'wicked' metabolic transitions. Obviously, the aforementioned references, which resonate in one way or another in the drawings of Houthalen-Helchteren elaborated upon further in this text, are all critical tools of their time. Von Humboldt's demonstration of ecological systemic interrelationships in section is in itself a virulent critique of disruptions caused by emerging modern extractive regimes. Geddes's valley section (1923) actually propagates an ordering of space alternative to the industrial one. And El Lissitzky's vision is nothing less than revolutionary.

Houthalen-Helchteren's Multidimensional Mobility Transition

Based on synoptic assemblages as discussed above, the following drawing series brings together four different perspectives on the same site in a projective synoptic overview that is repeated three times. As assemblages, they attempt to get a grip on (part of) the territory's multidimensionality and to create cohesion: visually constructed synthesis.[16]

9
Antoine Picon, 'Conventional Signs and the Ambiguities of Maps', in: Jill Desimini and Charles Waldheim (eds.), *Cartographic Grounds* (Princeton: Princeton Architectural Press, 2016), 250-252.

10
Alan Berger, *Systemic Design © Can Change the World* (Amsterdam: SUN, 2009).

11
Alan Berger, *Drosscape: Wasting Land in Urban America* (New York: Princeton Architectural Press, 2006); *Reclaiming the American West* (New York: Princeton Architectural Press, 2002).

12
Paola Viganò, *Le Projet Comme Producteur de Connaissance: Les Territoires de l'Urbanisme* (Paris: Éditions MetisPresses, 2012).

13
Kelly Shannon and Patrycja Perkiewicz, 'Reinterpreting Vedute and Three-Dimensional Vignettes: Critically Reading Lower Silesia', in: Sabina Favaro, Cecilia Furlan and Alvise Pagnacco (eds.), *Mapping the Urban Question* (Venetië: Officina Edizioni, 2018), 134-143.

14
Serena Pollastri, 'Archigram', in: Serena Pollastri (red.), *Visual Conversations on Urban Futures*, https://subjectivefutures.wordpress.com/2016/01/17/archigram, accessed 20 March 2020.

15
Martino Stierli, *Montage and the Metropolis: Architecture, Modernity and the Representation of Space* (New Haven: Yale University Press, 2018).

16
The drawings were produced in an international urban design workshop in Houthalen-Helchteren in 2016. More information and contributor names in Julie Marin, Matteo Motti and Bruno De Meulder, 'Atelier # 1', in: Joeri De Bruyn et al. (eds.), *Het Kolenspoor getest* (Mechelen: Public Space en Ruimte Vlaanderen, 2016), 189-248, https://issuu.com/toplimburg/docs/atlas_iabr_final_v3_13-04-2016.comp.

zienswijze op na houden, verbinden data, ruimte, actoren en tijd met elkaar in tekeningen die de mechanismen van de onderliggende landschapstransformatie blootleggen. In haar 'Antebellum Coldscape'-project brengt Meg Studer de mondiale ijsconsumptie visueel en synthetisch in kaart via grafieken, kaarten, architectonische en territoriale doorsneden en schema's, waarbij verschillende schaalniveaus worden gecombineerd met gegevens uit commerciële registers en beleidsdocumenten.[7] Op soortgelijke manier construeert Kate Orff visuele narratieven in haar boek *Petrochemical America*, waarbij ze regionale kaarten, foto's en doorsneden combineert met informatie over petrochemische productie, gezondheidsstatistieken en milieuzorg.[8] Al deze grafische verkenningen brengen ruimtelijke, sociale, culturele en andere kenmerken die de vorm van het territorium bepalen met elkaar in verband, waar de conventionele sectorale aanpak – beleid, planning, ontwerp – deze toch vaak afzonderlijk behandelt. Al navigerend tussen verschillende schaalniveaus en gezichtspunten brengen deze synoptische inzichten de verschillende aspecten van het (stads)landschap (tijd, actoren en klimaat), schaal (van regionale tot mondiale infrastructuurnetwerken) en niveaus (boven, op en onder de grond) in kaart.

De wereld zien en de toekomst projecteren

Verschuivingen in de representatie van een territorium zijn vaak een uitdrukking van kritiek op een heersend wereldbeeld of ideologie die te vinden zijn in tekeningen uit een bepaalde periode. Terwijl koloniale kaarten meestal bedoeld waren voor de exploitatie van natuurlijke hulpbronnen, maken weergaven van landschappen als complexe en meerlagige verhalen, zoals besproken in de vorige paragraaf, iets mogelijk wat Berger 'systemisch ontwerp' noemde: 'het samenvoegen van lokale realiteiten en omstandigheden en regionale stromen om intelligente landschappen te maken'.[9,10] In zijn studies *Drosscape* en *Reclaiming the American West*, waarin hij op iconografische wijze uiteenzet hoe landschappen in de loop van de tijd ontstaan uit meerschalige bewerkingen, kondigde hij al aan dat de systemische ontwerpagenda in concrete casestudies verschoof van een 'extractieve' naar een 'regeneratieve' praktijk.[11]

Met andere woorden, weergaven van een territorium bedden projecten in en leggen tegelijkertijd de fundamenten voor een mogelijk nieuwe toekomst, wat impliceert dat *surveying* en projecteren niet ver uit elkaar liggen.[12] De vijftiende-eeuwse Italiaanse *vedute*, nauwkeurige combinaties van locatiekenmerken en denkbeeldige elementen, idealiseerden en ontwierpen tegelijkertijd – en werden gebruikt om in het betrokken gebied te interveniëren.[13] Tal van andere experimenten met visuele montages, bijvoorbeeld het *Archigram*-nummer uit de jaren 1960 vol speculatieve projecten, verbeelden een radicaal andere toekomst door combinaties van beelden en tekst die zich losmaken van de beperkende vigerende 'modernistische dictaten' van die tijd, terwijl modernistische kunstenaars de collage tot embleem van de metropool in wording verhieven.[14,15] Veel minder uitbundig maar niet minder accuraat zijn de minimalistische collages van de Russische constructivist El Lissitzky, die ook bekend staat om zijn baanbrekende fotomontages. Al deze voorbeelden van montage, collage en assemblage hebben een projectief karakter. Door elementen uit hun verband te rukken en ze in een ongewone (of onbekende) combinatie of context te rangschikken, worden ze anders gezien, werpen ze nieuw licht op hun betekenis en openen ze onze ogen voor onverwachte mogelijkheden. Het zien als 'opmerken', 'observeren', transformeert het zien in 'zich voorstellen'. Hoe meer er wordt gezien, geobserveerd, in aanmerking genomen, hoe meer kans er is op herkenning, op visies die rekening houden met verschillende elementen. Kortom, een synoptisch samenspel van meerdere (onverwachte) gezichtspunten op eenzelfde locatie kan relevant zijn om actuele opgaven als leidraad voor complexe metabole transities

7
www.siteations.com/portfolio/edge-ops-ice-trade/, bezocht op 20 maart 2020.

8
Richard Misrach en Kate Orff, *Petrochemical America* (New York: Aperture Foundation, 2014).

9
Antoine Picon, 'Conventional Signs and the Ambiguities of Maps', in: Jill Desimini en Charles Waldheim (red.), *Cartographic Grounds* (Princeton: Princeton Architectural Press, 2016), 250-252.

10
Alan Berger, *Systemic Design © Can Change the World* (Amsterdam: SUN, 2009).

11
Alan Berger, *Drosscape: Wasting Land in Urban America* (New York: Princeton Architectural Press, 2006); *Reclaiming the American West* (New York: Princeton Architectural Press, 2002).

12
Paola Viganò, *Le Projet Comme Producteur de Connaissance: Les Territoires de l'Urbanisme* (Parijs: Éditions MetisPresses, 2012).

13
Kelly Shannon en Patrycja Perkiewicz, 'Reinterpreting Vedute and Three-Dimensional Vignettes: Critically Reading Lower Silesia', in: Sabina Favaro, Cecilia Furlan en Alvise Pagnacco (red.), *Mapping the Urban Question* (Venetië: Officina Edizioni, 2018), 134-143.

14
Serena Pollastri, 'Archigram', in: Serena Pollastri (red.), *Visual Conversations on Urban Futures*, https://subjectivefutures.wordpress.com/2016/01/17/archigram, bezocht 20 maart 2020.

15
Martino Stierli, *Montage and the Metropolis: Architecture, Modernity and the Representation of Space* (New Haven: Yale University Press, 2018).

The drawing series presents one strategic project within a broader strategy for Houthalen-Helchteren (Flanders, Belgium) as a sustainable mobility pioneer. The synoptic images unpack the envisioned transformation in three stages. The first assemblage shows the initiation of a new entryway to the industry park, catalysing an alternative mobility system (2017). The second assemblage envisions how the entryway gradually transforms into a sequential public space (2020), forming a new structural spatial backbone accommodating new programmes, which will be open to the public by 2030. The third assemblage shows the entryway serving new buildings and open spaces with bike-sharing and charging stations as well as public spaces and fitness equipment. Each assemblage combines four drawings. As separate drawings they address specific audiences. Brought together they encourage enriching dialogues between these audiences.

1 Dynamic flow agent diagrams (top left)
The top left drawings map the soft mobility network project within an evolving regional mobility actor and project landscape. These dynamic flow agent diagrams propose new types of coalitions between actors and stakeholders, reimagining collaborations between those who produce, manage and consume material flows. They enable stakeholders to situate themselves regarding the proposed project. The first diagram (2017) indicates the municipality as project initiator. By 2020 and 2030, the stakeholder and project network are expanded, connecting the entryway to the regional railway network (Limburg province) as well as the railway owner.

2 Metabolic transects (bottom left)
Below the dynamic flow agent diagram, a deep section cuts across key mobility infrastructures such as the abandoned coal track and the central road the Grote Baan, showing them in relation to vegetation, topography and the

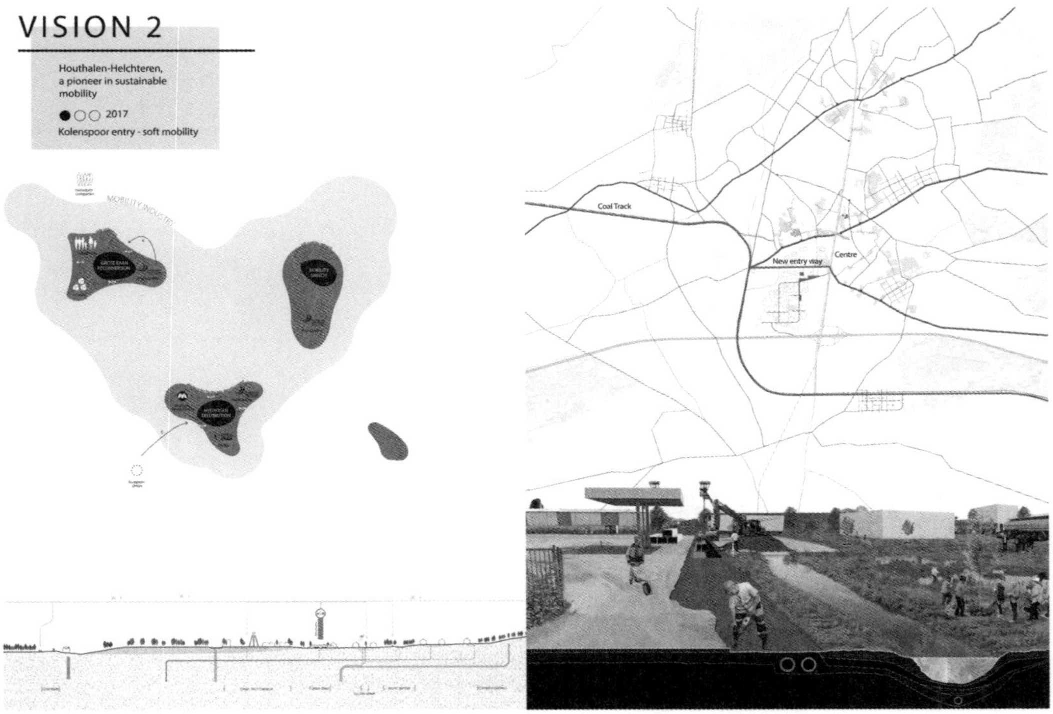

Julie Marin, Matteo Motti and/en **Bruno De Meulder, interventions for a sustainable mobility transition the first year (by 2017)/** interventies voor een duurzame mobiliteitstransitie, het eerste jaar (tegen 2017), **Houthalen-Helchteren, 2016**

samenhangend te gaan behandelen. Uiteraard zijn de genoemde referenties (die weerklinken in de tekeningen van Houthalen-Helchteren verderop in deze tekst) stuk voor stuk kritische, tijdgebonden instrumenten. Von Humboldt's demonstratie van ecologische systemische verbanden door middel van een doorsnede betekende een virulente kritiek op de verstoringen, die veroorzaakt werden door opkomende moderne extractiestrategieën. Het valleiprofiel van Patrick Geddes (1923) propageerde in feite een alternatief voor de industriële ordening van de ruimte. En El Lissitzky's visie is niets minder dan revolutionair.

Houthalen-Helchterens multidimensionale mobiliteitstransitie

De volgende tekening, die gebaseerd is op de hierboven besproken synoptische assemblages, brengt vier verschillende perspectieven op dezelfde plek samen in een projectief synoptisch overzicht. Deze tekening maakt deel uit van een serie van drie assemblages, die greep trachten te krijgen op (een deel van) de verschillende kenmerken van het gebied, met de bedoeling samenhang te creëren: een visueel geconstrueerde synthese.[16]

De tekeningenreeks presenteert één strategisch project binnen een bredere strategie voor Houthalen-Helchteren (Vlaanderen, België) als voorloper op het gebied van duurzame mobiliteit. De synoptische afbeeldingen geven de beoogde transformatie in drie fasen weer. De eerste assemblage toont de nieuwe toegangsweg tot het industriepark, waardoor een alternatief mobiliteitssysteem kan worden geïntroduceerd (2017). De tweede assemblage laat zien hoe de entree geleidelijk overgaat in een volgende openbare ruimte (2020), een nieuwe ruimtelijke ruggengraat die plaats biedt aan programma's, die rond 2030 toegankelijk zullen zijn voor het publiek. De derde toont de toegangsweg met daaraan de nieuwe gebouwen en open ruimten, met zowel een stalling voor deelfietsen en laadstations als plekken voor recreatie, sport en fitness.

16 De tekeningen zijn gemaakt in een internationaal stedenbouwkundig atelier in Houthalen-Helchteren (2016). Zie voor meer informatie en bijdragen: Julie Marin, Matteo Motti en Bruno De Meulder, 'Atelier # 1', in: Joeri De Bruyn et al. (red.), *Het Kolenspoor getest* (Mechelen: Public Space en Ruimte Vlaanderen, 2016), 189-248, https:// issuu.com/toplimburg/docs/atlas_iabr_ final_ v3_13-04-2016.comp.

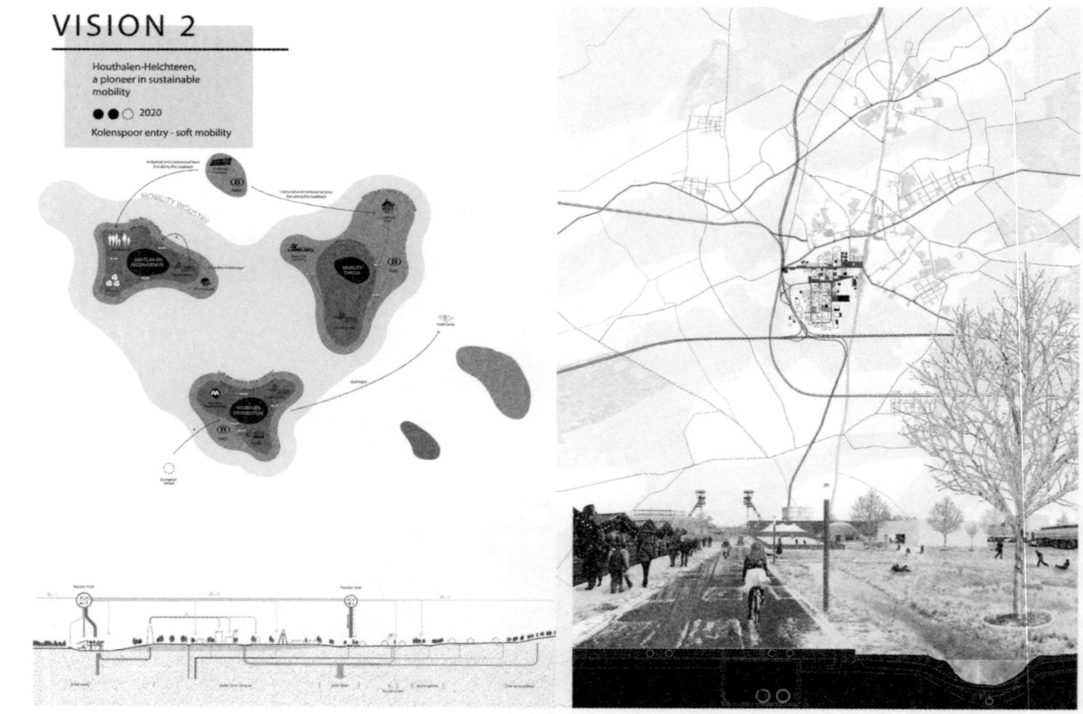

Julie Marin, Matteo Motti and/en **Bruno De Meulder, interventions for a sustainable mobility transition after three years (by 2020)/** interventies voor een duurzame mobiliteitstransitie na drie jaar (tegen 2020), **Houthalen-Helchteren, 2016**

main programmes they serve. Arrows add data about 'flows' to the section, such as the daily number of cars along the Grote Baan. Simultaneously, traffic and material flows evolve with these and other infrastructural changes in Houthalen-Helchteren.

Modestly drawing from historical transects such as Geddes's valley section and showing interdependencies between soil, vegetation, climatic conditions and the human colonisation of land, the metabolic transect strategically cuts across major sites where material flows converge, in this case mobility infrastructures. It synthesises altering paths of materials along a section line, in changing space-flow interdependencies.

3 Urban plan (top right)

The plan (top right) situates the new entryway within larger infrastructural networks and tissues and serves as a reference for spatial thinkers, designers and planners. It shows the evolving envisioned bigger soft mobility network that will gradually contribute to decongesting Houthalen-Helchteren's car-clogged centre.

4 Sectional photomontage (bottom right)

Finally, at the architectural scale, the sectional photomontage makes the suggested changes above- and belowground tangible from the user's perspective. It relates buildings and open spaces to underground utilities. The first image (2017) shows how the entryway construction integrates landscape transformation: asphalt is broken up while trees are planted in collaboration with the community, a linear bioswale improves water buffering and infiltration in the industrial park. In 2020, the entryway integrates a heat network fed by the regional geothermal network branching off the coal track as well as locally produced industrial heat.

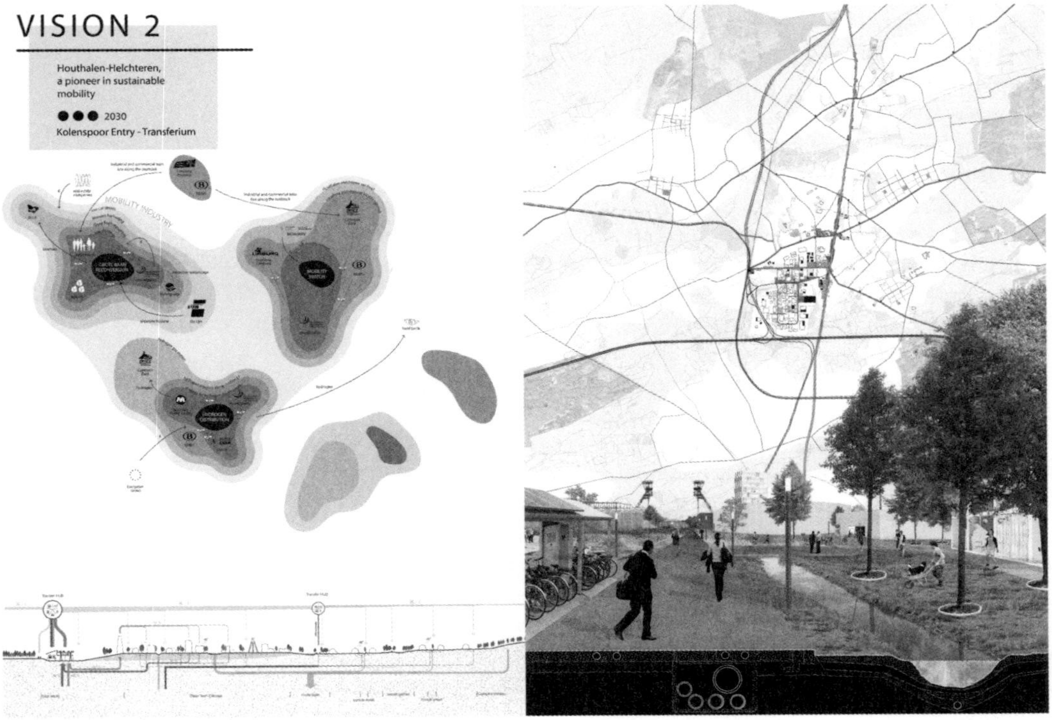

Julie Marin, Matteo Motti and/en **Bruno De Meulder, interventions for a sustainable mobility transition after 13 years (by 2030)/** interventies voor een duurzame mobiliteitstransitie na 13 jaar (tegen 2030), **Houthalen-Helchteren, 2016**

Zoals beschreven bestaat elke synoptische assemblage uit vier tekeningen, die zich los van elkaar op een specifiek publiek richten, maar samen een verrijkende dialoog tussen de verschillende doelgroepen willen starten.

1 Dynamische stroombeheerdiagrammen
De tekeningen linksboven brengen het zachte sociale netwerk in kaart binnen een evoluerend landschap van regionale actoren en projecten. In deze schema's wordt een coalitie tussen actoren en belanghebbenden voorgesteld, waarbij de samenwerking tussen de verschillende partijen die materiaalstromen produceren, beheren en consumeren, een nieuwe vorm krijgt. Zo worden de belanghebbenden in staat gesteld om positie kiezen ten aanzien van het project. In het eerste schema (2017) wordt de gemeente genoemd als initiatiefnemer. Tussen 2020 en 2030 wordt het netwerk van belanghebbenden en projecten uitgebreid en wordt de toegangsweg verbonden met zowel het regionale spoorwegnet (provincie Limburg) als de eigenaar van het spoor.

2 Metabole dwarsdoorsneden
Onder het dynamische stroombeheerdiagram toont een diepe doorsnede de belangrijkste infrastructuur, zoals het verlaten steenkoolspoor en de centraal gelegen weg de Grote Baan. Het toont hen in relatie tot de vegetatie, de topografie en de hoofdprogramma's die ze bedienen. Pijlen voorzien het profiel van data over 'stromen', zoals het aantal auto's dat dagelijks gebruik maakt van de Grote Baan. De ontwikkeling van de verkeers- en materiaalstromen gaat gelijk op met de infrastructurele veranderingen in Houthalen-Helchteren.
De metabole dwarsdoorsnede – die in zekere mate terugverwijst naar historische dwarsdoorsneden zoals Geddes' valleiprofiel, dat de onderlinge afhankelijkheid tussen bodem, vegetatie, klimatologische omstandigheden en de menselijke kolonisatie van land laat zien – snijdt strategisch door belangrijke gebieden waar materiaalstromen samenkomen, in dit geval de mobiliteitsinfrastructuur. Hij synthetiseert de veranderende bewegingen van materialen langs een profiellijn en de onderlinge afhankelijkheid van ruimte en stroom.

3 Stedenbouwkundig plan
Op de plattegrond rechtsboven ligt de nieuwe toegangsweg tussen grotere infrastructurele netwerken en weefsels; dit dient als referentie voor ruimtelijke denkers, ontwerpers en planners. De kaart toont het beoogde grotere, zachte, niet-fysieke mobiliteitsnetwerk dat hier wordt ontwikkeld en dat geleidelijk zal bijdragen aan het ontlasten van het met auto's overladen centrum van Houthalen-Helchteren.

4 Profiel-fotomontage
De profiel-fotomontage op architectonische schaal, ten slotte, maakt de voorgestelde veranderingen boven en onder de grond inzichtelijk vanuit het perspectief van de gebruiker. De montage relateert gebouwen en open ruimten aan ondergrondse voorzieningen. De eerste afbeelding (2017) laat zien hoe de aanleg van de toegangsweg werd geïntegreerd met de transformatie van de omgeving: terwijl het asfalt werd opgebroken werden er in samenwerking met de gemeenschap bomen geplant. Een wijde, beschaduwde greppel (*bioswale*) kan water vasthouden en zorgt voor infiltratie op het industriepark. In 2020 is de toegangsweg gecombineerd met een warmtenet dat gevoed wordt door het regionale geothermische netwerk (een aftakking van het kolenspoor) en door plaatselijke industriële restwarmte.

Thinking about landscape beyond the Conventional

Combining four perspectives that look at the same place differently, each synoptic image merges multiple urban landscape transformation scales and dimensions as well as processes leading to and interacting with this transformation. As such they integrate both formation and form, which is necessary for design proposals at the urban scale.[17] Moreover, it examplifies thinking about landscape in another way, beyond conventional patterns of thought.

The order and focus within one synoptic assemblage can vary, depending on the audience. Stakeholders can situate themselves within the actor ecosystem, while inhabitants can relate to how their direct environment will change. Finally, spatial professionals can connect dots with the plan and transect as reference. Incorporating likely stakeholder coalitions and probable processes to achieve one possible project outcome, during co-productive design sessions with the municipality and other stakeholders, the drawings also serve as 'image guides' for further (design) collaborations. As knowledge producers, the drawings offer open frameworks directing a vision on spatial transformation following 'a gardener's logic . . . where flux and forces are directed by design, policy and planning, and results are open to speculation'.[18] The projected futures connect relevant elements in new ways without fixing the overall outcome, building in flexibility and adaptability, and supporting integrated resource management, urban and landscape design.

Repeating the assemblage three times includes the dimension of time. Synthesising multiple dimensions in two-dimensional form, the assemblages structure an open-ended and place-specific urban landscape design thinking and drawing process. Nevertheless, the combined drawings do not cover all relevant dimensions. They are rather starting points exploring adequate methods to integrate all possible dimensions, supported by the presented urban design instruments. As a sequence of constructions with dissimilar, but all (icono) graphical elements, the synoptic tableaus act as it were as an atlas, a collection of maps that is as much the repository of accumulated knowledge of a territory as it is, as atlases are, invitations to multiple audiences for further explorations.[19] They are indeed projective invitations and invitations to projection.

Synoptic urban landscape design assemblages can be understood as complements to contemporary deterritorialised representations of urban material flows in so-called Sankey diagrams, while they simultaneously critique the functional zoning maps that willy-nilly continue to reign conventions in current planning practice. Attempting to visually synthesise an array of interrelations dealing with multi-scalar spaces, actors and time, the synoptic assemblages spatialise and contextualise urban material flows and their interdependencies. As such they offer alternative tools for urban landscape design to deal with contemporary 'wicked' territorial metabolic challenges, considering land as a shared resource.

17
Geoffrey Thün, Kathy Velikov and Colin Ripley, *Infra Eco Logi Urbanism: A Project for the Great Lakes Megaregion* (Zurich: Park Books, 2014), 14.

18
Richard Plunz and Inaki Ecchеveria, 'Beyond the Lake: A Gardener's Logic', *Praxis - Mexico City* 2/88 (2001), 91.

19
George Didi-Huberman, *Atlas ou le gai savoir inquiet: L'oeil de l'histoire* 3 (Paris: Éditions du Minuit, 2011).

Combinatietekeningen: onconventionele landschapsreflectie

Door vier gezichtspunten te combineren die op verschillende manieren naar dezelfde locatie kijken, voegt elk samengesteld beeld meerdere schaalniveaus, kenmerken en processen van stedelijke en landschappelijke transformatie samen. Op die manier integreren ze zowel vorming als vorm – nodig voor ontwerp-voorstellen op stedelijke schaal.[17] Bovendien is het een manier om anders over landschap na te denken, voorbij conventionele denkpatronen.

De structuur en focus van zo'n synoptische assemblage kan variëren, afhankelijk van het publiek. Belanghebbenden kunnen zichzelf als onderdeel van een ruimer ecosysteem van deelnemers beschouwen, terwijl bewoners gaan inzien hoe hun directe omgeving zal veranderen. Ruimtelijke professionals, ten slotte, kunnen de plattegrond en de dwarsdoorsnede als referentie gebruiken – als stippen op de kaart om met elkaar te verbinden. De tekeningen, die coalities (van belanghebbenden) en processen bij elkaar brengen om een mogelijk projectresultaat te bereiken, vormen tijdens ontwerpsessies met de gemeente en andere belanghebbenden ook een 'geïllustreerde gids' voor verdere (ontwerp)samenwerkingsverbanden.

Als kennisproducenten bieden de tekeningen open kaders voor een visie op ruimtelijke transformatie volgens 'de logica van de tuinder, waarbij stromen en krachten worden aangestuurd door ontwerp, beleid en planning en de resultaten niet vaststaan'.[18] In de geprojecteerde toekomst zijn relevante elementen op nieuwe manieren verbonden, worden resultaten niet van tevoren vastgelegd en spelen flexibiliteit en aanpassingsvermogen ter ondersteuning van geïntegreerd beheer van hulpbronnen, stads- en landschapsontwerp een rol in de bouw. De stapsgewijze assemblage genereert een dimensie van tijd. Doordat ze meerdere kenmerken in een tweedimensionale vorm synthetiseren, zorgen de assemblages voor een manier van denken en tekenen van het stedelijk landschap, die open en locatie specifiek is. Desondanks komen in de gecombineerde tekeningen niet alle relevante kenmerken aan bod. Het zijn eerder uitgangspunten voor de verkenning van adequate methoden om zo veel mogelijk aspecten te integreren, ondersteund door de hierboven beschreven stedenbouwkundige instrumenten. Als een opeenvolging van constructies met ongelijksoortige, maar wel (icono)grafische elementen, fungeren de synoptische tableaus in zekere zin als een atlas, een verzameling kaarten die evenzeer de opslagplaats is van verzamelde kennis over een gebied als, net als alle andere atlassen, een uitnodiging aan een gevarieerd publiek om nader te gaan verkennen.[19] Het zijn inderdaad zowel projectieve uitnodigingen als uitnodigingen tot projectie.

Synoptische assemblages van ontwerpen voor het stedelijk landschap kunnen worden opgevat als een aanvulling op de hedendaagse gedeterritorialiseerde weergaven van stedelijke materiaalstromen in zogenaamde Sankey-diagrammen, en tegelijkertijd als kritiek op de functionele bestemmingsplankaarten die in de huidige planningspraktijk nillens willens gangbaar zijn. In een poging om visueel de flux van verschillende schaalniveaus, actoren en tijd samen te smeden, verruimtelijken en contextualiseren de synoptische assemblages stedelijke materiaalstromen en hun onderlinge afhankelijkheid. Als zodanig kunnen ze een alternatief instrument zijn voor het ontwerp van het stedelijk landschap om de hedendaagse ingewikkelde territoriale en metabole uitdagingen aan te gaan, met land als gedeelde hulpbron.

Vertaling: InOtherWords, Maria van Tol

17
Geoffrey Thün, Kathy Velikov en Colin Ripley, *Infra Eco Logi Urbanism: A Project for the Great Lakes Megaregion* (Zürich: Park Books, 2014), 14.

18
Richard Plunz en Inaki Eccheveria, 'Beyond the Lake: A Gardener's Logic', *Praxis - Mexico City* 2/88 (2001), 91.

19
George Didi-Huberman, *Atlas ou le gai savoir inquiet: L'oeil de l'histoire* 3 (Parijs: Éditions du Minuit, 2011).

Marc Treib

Het tekenen van een idee: vogelvluchtperspectief

Collectieve recreatieruimte, Ceres Camp, Californië

In *Landscape for Living* (1950) van landschapsarchitect Garrett Eckbo is een reeks lijntekeningen van recreatieparken bij kampen voor arbeidsmigranten te vinden, die dateren uit de jaren van de Grote Depressie. Dergelijke kampen, die onder auspiciën van de Farm Security Administration (FSA) werden opgezet, waren bedoeld als toevluchtsoord voor de door droogte en landroof ontheemd geraakte bevolking die vervolgens werd uitgebuit door de Californische boeren bij wie ze werk zochten. Met deze eenvoudige tekeningen weet Eckbo zijn architectonische gebruik van bomen van verschillende soort, kwaliteit en hoogte helder over te brengen. De lijnen zijn overal even zwaar aangezet; door af te sluiten wordt diepte verkregen, waarbij het vlak met bomen op de voorgrond de bomen die verder naar achteren staan, verbergt. Het is een methode die ook is te vinden in de Japanse houtsneden van Hiroshige en Hokusai, een combinatie van inheemse tekenconventies en een gedeeltelijk gebruik van het westerse perspectief. In deze tekeningen zonder schakering, schaduw, textuur of kleur (wellicht werd dit uitgesloten doordat het boek in zwart-wit werd gedrukt) zijn uitsluitend landschapselementen opgenomen, die van kritisch belang zijn voor het ontwerp. Dit zijn tekeningen die meer geworteld zijn in de idee dan in de ervaring, of beter gezegd: de ervaring is een afgeleide van het ontwerpidee.

De bron waaruit Eckbo voor zijn ontwerpen putte, was de vloeiende ruimte van de modernistische architectuur, vooral het Duitse paviljoen dat Ludwig Mies van der Rohe voor de wereldtentoonstelling van 1929 in Barcelona maakte. Waar Mies travertijn en marmer gebruikte, schikte Eckbo bomen in rijen, waarbij hij profiteerde van verschillen in de omtrek van de stam en de breedte van de kroon. Waar Mies vertrouwde op de stevigheid van muren, maakte Eckbo gebruik van de doorlaatbaarheid van bomenrijen die evenzeer gelezen kunnen worden als massieve, lege of ruimtelijke schermen. Terwijl de

Marc Treib

Drawing an Idea: Aerial Perspective

Community Recreation Space, Ceres Camp, California

In *Landscape for Living* (1950), landscape architect Garrett Eckbo published a set of line drawings depicting the community parks for migrant workers' camps first proposed during the years of the Great Depression. Created under the auspices of the Farm Security Administration (FSA), these camps were intended as refuges for a population displaced by drought and land despoliation, and thereafter exploited by the Californian farm owners from whom they sought employment. In these simple drawings, Eckbo lucidly projected his architectural use of trees of varying species, qualities and heights. The line work is all of a single weight; depth derives from occlusion, with the plane of trees in the foreground concealing those behind it. It is a manner shared by the Japanese woodblock prints of Hiroshige and Hokusai, which mixed native drawing conventions with a partial adoption of Western perspective. Only those landscape elements critical to the design idea are included, in drawings rendered without tone, shadows, texture or colour (which may have been precluded by the book's reproduction in black and white). These are drawings rooted in idea more than experience, or better stated: experience is gleaned from the design idea.

The sources behind Eckbo's design were the fluid spaces of modernist architecture, in particular Ludwig Mies van der Rohe's German Pavilion at the 1929 World Fair in Barcelona. Where Mies used travertine and marble, Eckbo arranged trees in rows, profiting from the differences in their trunk diameter and canopy width. Where Mies relied on the solidity of the walls, Eckbo exploited the permeability of arboreal alignments that can be read equally as solid, void or spatial screen. Where Mies was limited in height by the pavilion's flat roof, Eckbo used differences in tree height and mass to enrich his composition. And perhaps most of all, unlike the static nature of architectural construction, with proper care – and some luck – the park's living materials would grow,

hoogte die Mies tot zijn beschikking had werd begrensd door het platte dak van het paviljoen, kon Eckbo verschillen in boomhoogte en -dikte gebruiken om zijn compositie te verrijken. En misschien nog belangrijker: in plaats van het statische materiaal dat gebruikt wordt bij architectonische constructie, zou het natuurlijke materiaal in het recreatiepark – mits goed onderhouden en met een beetje geluk – door de seizoenen en jaren heen groeien, imposanter en volumineuzer worden en eventueel van kleur verschieten.

Helaas zijn maar weinig onderdelen van deze projecten ooit gerealiseerd. De kampen die in werkelijkheid gebouwd werden, waren uiterst sober en de FSA toonde geen enkele interesse in de uitvoering van vernieuwende ontwerpen. De FSA overleefde zelf slechts tot 1938 en begon zich, toen Amerika eenmaal betrokken raakte bij de Tweede Wereldoorlog, al snel op huisvesting voor defensie te richten. Uiteindelijk werden het ontwerp, de structuur en de idee voor een nieuw landschap nooit gerealiseerd, hoewel het veelbelovende ontwerp al op papier stond.

En hoe zit het met de tekeningen? Grafische voorstellingen worden tijdens ontwerp- en bouwprocessen voor verschillende doeleinden geproduceerd en om verschillende doelgroepen te bedienen. In sommige opzichten waren Eckbo's vogelvluchtperspectieven manifesten die verkondigden wat er mogelijk was: getekend in het heden, verbeeldden ze de toekomst. Hoewel ze ruimtelijke ideeën weergeven – die indertijd nieuw waren in de landschapsarchitectuur – die uiteindelijk niet werden gerealiseerd, kunnen er toch lessen uit worden getrokken, die in de hedendaagse praktijk van pas kunnen komen. De tekeningen zijn sober en gereduceerd: alles wat losstaat van het basisontwerp is weggelaten. Ze brengen een specifieke locatie en ontwerp in beeld, en laten de context daarvan weg, maar suggereren bredere toepassingen dan louter de aanleg van dat ene park in de hete, maar vruchtbare Californische Central Valley. Toegegeven, ze zeggen weinig over hoe je het recreatiepark ter plekke ervaart; de kijker kan zich daarvan alleen in de geest een visueel en fysiek beeld vormen. Er staan geen mensen op die bepaalde activiteiten uitvoeren; het landschapsontwerp wordt primair getoond als een instrument om te kunnen ingrijpen in de omgeving.

Dankzij de opkomst van het computertekenen en programma's als Adobe Illustrator en Photoshop hebben we ondertussen een andere arena betreden, namelijk die van de visuele ervaring. Algemeen lijkt te worden aangenomen dat hoe dichter een weergave de gedetailleerdheid van een digitale foto van het gerealiseerde project benadert, hoe groter de

change in loftiness, volume and perhaps also colour through the seasons and over the years.

Sadly, few aspects of these projects were ever implemented. The camps as constructed were basic to the extreme, and the FSA showed no interest in implementing any innovative design. The FSA itself only survived until 1938, soon turning its focus to defence workers' housing with the American entry into the Second World War. In the end the design idea, structure and vehicle for the new landscape, while proposed and promised, was never realised.

And what of these drawings? Graphic representations are produced for various purposes during the processes of design and construction to serve various audiences. In some ways, Eckbo's aerial perspectives were manifestos that proclaimed what could be: drawn in the present, they portrayed the future. Although ultimately left unrealised, their spatial ideas – at that time new to landscape architecture – nevertheless provide lessons for contemporary practice. The sparseness of the drawings, their reduction, eliminates everything extraneous to the basic design idea. Although picturing a particular location and design – while omitting its context – they suggest broader applications beyond a single park in California's hot yet fertile Central Valley. Admittedly, they say little about the ground-level *experience* of the park except through the viewer's mental insertion of their eyes and body at ground level. There are no people to illustrate any particular activities; the landscape design is shown as primarily an environmental instrument.

With the advent of computer rendering and programs such as Adobe Illustrator and Photoshop, we operate today in a different arena, the arena of visual experience. A general assumption seems to hold that the more closely a rendering approaches the detail of a digital photograph of the realised project, the greater its merit. If people are included, they often appear alien, taken as they are from some other source and inserted thereafter into the composition of the view. Perhaps this practice of human collage is worse than including no people at all, since it implies that the design comes first and a consideration of its inhabitants only thereafter. A certain coldness and mechanical quality also accompany many of these simulations despite the accuracy of their rendition, a quality that distances the viewer from the place portrayed. There is also a sameness to their look, whether in the ubiquitous birds that float motionless in the air or the eternally golden glow of a sunset sky.

Certainly no one projection or drawing type covers all representational requirements. We need

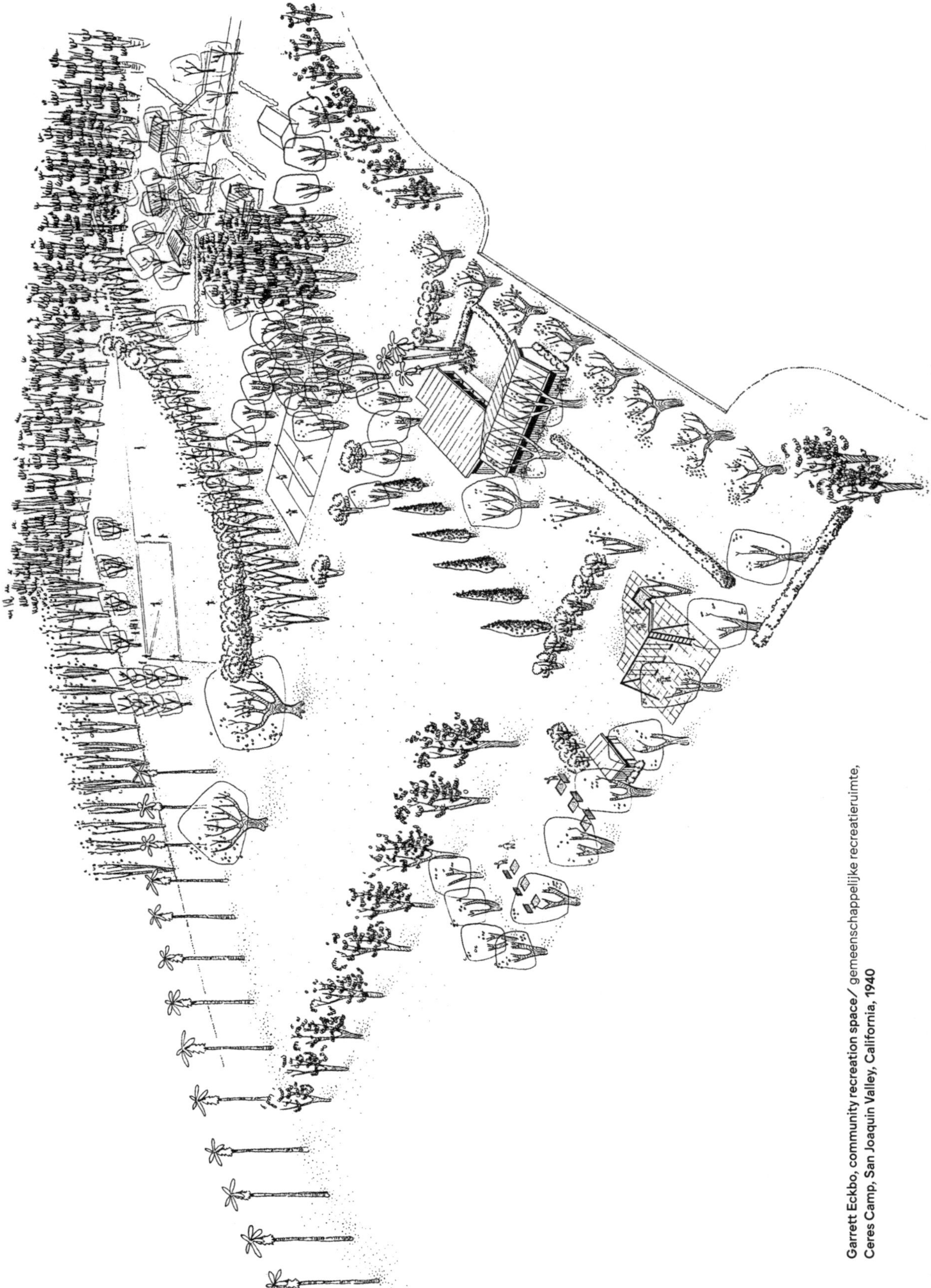

Garrett Eckbo, community recreation space/ gemeenschappelijke recreatieruimte, Ceres Camp, San Joaquin Valley, California, 1940

verdienste. Als er mensen in beeld zijn, zien ze er vaak vreemd uit, alsof ze uit een andere context zijn geplukt en daarna in het beeld gezet. Misschien is het wel erger om mensen te knippen en te plakken, dan om ze helemaal niet op te nemen, want dit impliceert dat het ontwerp op de eerste plaats komt en dat pas later rekening wordt gehouden met de bewoners. Ondanks de nauwkeurigheid van de weergave gaan veel van deze simulaties ook gepaard met een zekere kilte en doen ze mechanisch aan, een kwaliteit die afstand schept tussen de kijker en de geportretteerde locatie. Ze zien er ook allemaal een beetje hetzelfde uit, of het nu gaat om altijd weer die vogels die roerloos door de lucht zweven of om de eeuwig gouden gloed van de ondergaande zon.

Er bestaat in elk geval geen enkel projectie- of tekentype dat aan alle representatieve eisen voldoet. We hebben veel verschillende tekeningen nodig om landschappen en gebouwen grondig te kunnen bestuderen, afbeelden en realiseren. Dan is een enkel type tekening zelden genoeg. Denk aan het labyrint. In plattegrond is de gevouwen, gelaagde structuur goed te zien, maar terwijl de ordening duidelijk is, voelen we niets van de claustrofobie of de angst die we in het labyrint zouden ervaren. Een perspectief of foto zegt daarentegen niets over de ordening van het labyrint en deze afstand tussen ordening en ervaring definieert het als een fenomeen. Om het labyrint te begrijpen, hebben we op zijn minst zowel een plattegrond als een op ooghoogte gemaakt perspectief of een foto nodig.

Als een ontwerppresentatie echter zou moeten bestaan uit tekeningen van een enkele soort, dan zou mijn voorkeur uitgaan naar de eenvoudige lijntekening van de recreatieparken die Garrett Eckbo in de jaren 1930 voor landarbeiders ontwierp. Misschien is deze voorkeur te wijten aan mijn leeftijd en het feit dat ik ben opgegroeid met handmatig tekenen in plaats van computertekenen. Aan de andere kant heb ik het gevoel dat, ongeacht het medium of gezichtspunt, allereerst het idee achter een ontwerp wordt begrepen – Waarom is het zoals het is? Waar ligt het? Hoe wordt het gemaakt? – en dat er dan pas een beeld op volgt dat de ervaring weergeeft. Dat wil zeggen, tenzij de 'realistische' weergave wordt ingezet als een commercieel instrument om kopers te verleiden – en dat is een heel ander verhaal.

Idee of ervaring? Het kan natuurlijk allebei.

Vertaling: InOtherWords, Maria van Tol

drawings in teams to fully study, depict and realise our landscapes and buildings. Only rarely does one drawing type suffice. Consider the labyrinth. In plan, the structure of its enfolded layers is evident; while the order is clear, we feel nothing of the claustrophobia or fear experienced within its walls. In contrast, a perspective or photo tells nothing about its order, and this disconnect between order and experience defines the labyrinth as a phenomenon. To understand the labyrinth, we need, at the very least, both plan and eye-level perspective or photo. However, if a design presentation were restricted to a single drawing type I would favour the simplified line drawing, like presenting the parks Garrett Eckbo designed in the 1930s for agricultural workers. Perhaps this preference is due to my age and having grown up with drawing by hand rather than by computer. On the other hand, I feel that no matter what the medium or the view, first comes an understanding of the idea that drives the design – Why is it that way? Where is it located? How is it made? – and then follows an image representing experience. That is, unless the 'realistic' rendering is intended as a sales tool made to entice the buyer – which is a very different story.

Idea or experience? Of course, we can have both.

Koenraad Danneels

'Een spectaculaire, groene en sociale vallei'

René Pechère tekent Brussel over (1965)

Vallée du Malbeek, een tekening van de Belgische landschapsarchitect René Pechère (1908-2002), verbeeldt de Brusselse regio als een landschap van valleien en infrastructuur.[1] De schets kwam tot stand in 1965, in het kader van een voorontwerp voor een gewestplan voor Brussel door het stedenbouwkundig bureau Groupe Alpha. 'Plan Alpha' was in zijn geheel een zoektocht naar een verloren gewaande structuur van de stad, via het ontwerp van 'krachtassen' die de ruimtelijke, socio-economische en politieke inrichting van de stad zouden versterken.[2] Het bureau riep daarbij de hulp in van René Pechère om vanuit landschappelijk oogpunt een ruimtelijke visie te bedenken voor de groene ruimte van de stad.

Op de schets zien we de binnenstad – de vijfhoek – op de achtergrond, terwijl de negentiende- en twintigste-eeuwse gordel rondom is afgebeeld als een lege ruimte, doorsneden door (groene) infrastructuur. Het bestaande stadsweefsel in de Maalbeekvallei wordt vervangen door sociale huisvesting in de vorm van moderne hoogbouw die het reliëf accentueert. Met nieuwe verbindingen tussen groene zones ontstaat een groen netwerk. De Brusselse regio wordt zo als het ware overgetekend, volgens een nieuw soort realiteit: die van het landschap, bestaande uit infrastructuur, parken, groene valleien, reliëf, zichtassen en monumenten. Eerder dan de sociaal-ruimtelijke toestand in de gordel als uitgangspunt te nemen, heeft de tekening de ambitie om de Brusselse regio als 'organisch' geheel voor te stellen en opnieuw leesbaar te maken via het projecteren van groenstructuren. Pechère's schets kan daarbij worden gelezen als een selectieve, (ver)nieuw(d)e structuur voor de stad, waarbij hij niet

1
Voor een uitgebreide bespreking van Pechère en de integratie van natuur en infrastructuur in zijn werk, zie: Koenraad Danneels, Bruno Notteboom en Greet De Block, 'Snelwegontwerp tussen Natuur en Stad: René Pechère en het Groenplan', *Stadsgeschiedenis* 12/2 (2017), 117-136.

2
Groupe Alpha, *Plan d'Aménagement du Secteur Central* (Brussel: Ministerie van Openbare Werken, 1965). Documentatiecentrum Urban.Brussels.

Koenraad Danneels

'A spectacular, green and social valley'

René Pechère Redraws Brussels (1965)

***Vallée du Malbeek*, a drawing by Belgian landscape architect René Pechère (1908-2002), depicts the Brussels region as a landscape of valleys and infrastructure.[1] The sketch was made in 1965, in the context of a preliminary design for the preparation of a sector plan for Brussels by the urban design agency Groupe Alpha. Overall, the Alpha Plan was a search for the supposedly lost spatial structure of the city, through the design of 'power axes' that would strengthen the city's spatial, socioeconomic and political structure.[2] The agency called on René Pechère to help it devise a spatial vision for the city's green spaces from a landscape point of view.**

The sketch shows the inner city – the pentagon – in the background, while the nineteenth- and twentieth-century city belt around is depicted as an empty space, intersected by (green) infrastructure. The existing urban fabric in the Maalbeek valley is replaced by social housing in the form of modern high-rise buildings, which accentuates the relief. Connections between parks and green spaces create a green network. The Brussels region is therefore overwritten by a new kind of reality: that of the landscape, consisting of infrastructure, parks, green valleys, relief, visual axes and monuments. Rather than taking the sociospatial situation in the belt as a starting point, the overarching ambition of the drawing is to present Brussels as an 'organic' whole and to make it readable again by projecting green structures on the region. In doing so, Pechère's sketch can be read as a selective, (re)new(ed) structure for the city, suggesting not so much a conflict as a coexistence of existing and new, based on landscape and infrastructural characteristics:

1
For a detailed discussion of Pechère and the integration of nature and infrastructure in his work, see: Koenraad Danneels, Bruno Notteboom and Greet De Block, 'Snelwegontwerp tussen Natuur en Stad: René Pechère en het Groenplan', *Stadsgeschiedenis* 12/2 (2017), 117-136.

2
Groupe Alpha, *Plan d'Aménagement du Secteur Central* (Ministerie van Openbare Werken: Brussels, 1965). Documentatiecentrum Urban.Brussels.

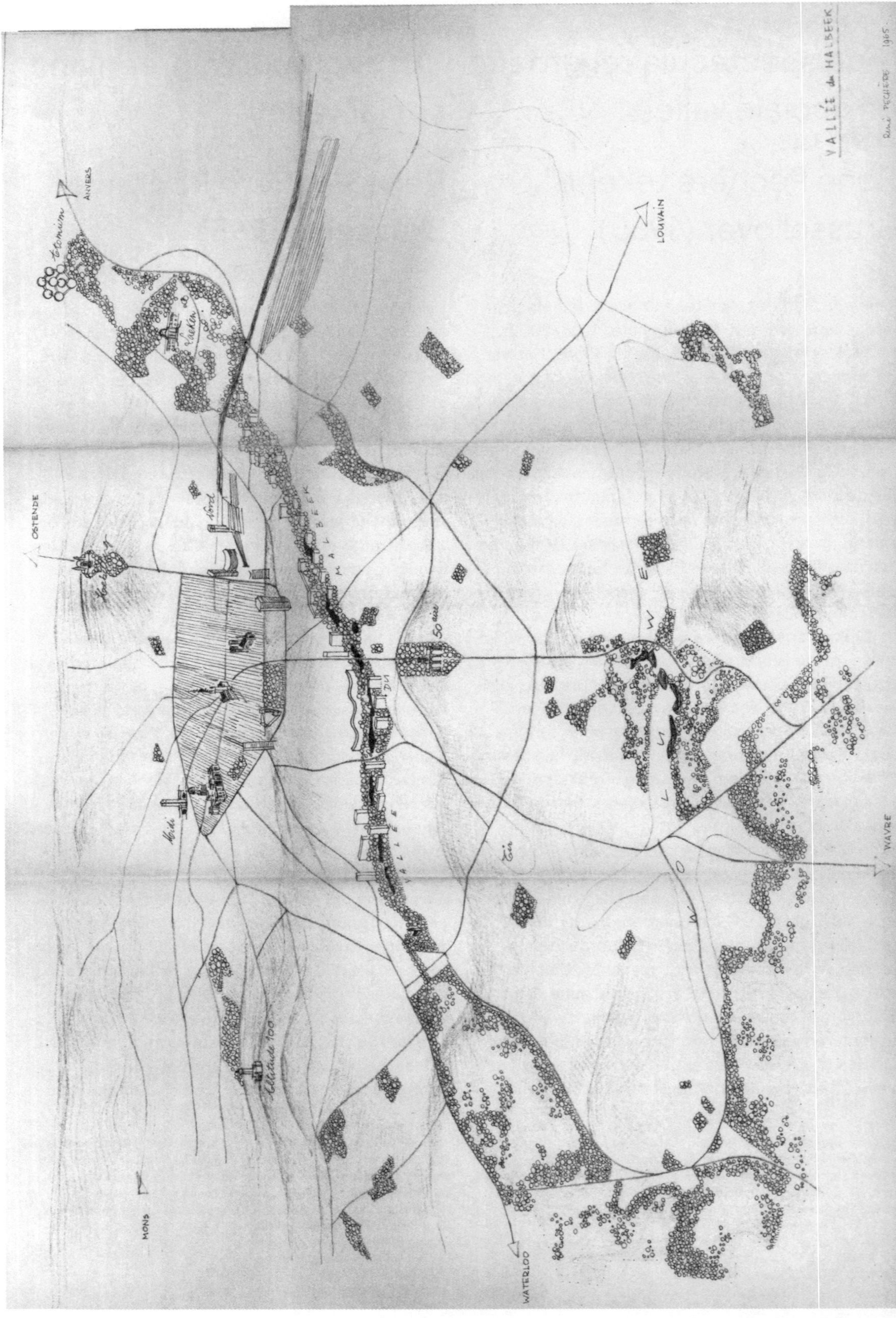

René Pechère, the Maalbeek valley ⁄ vallei van de Maalbeek, 1965

zozeer een conflict, maar een co-existentie van bestaand en nieuw suggereert, op basis van landschappelijke en infrastructurele kenmerken: 'een spectaculaire, groene en sociale vallei, met een nieuwe esthetiek'.[3]

Het medium – de landschapstekening in vogelvlucht – leent zich bij uitstek voor wat Pechère inhoudelijk en vormelijk beoogt: hij speculeert op het bestaan van een vallei-landschap, en demonstreert het potentieel van dat landschap voor een stedenbouwkundig project. Eerder dan de stad te beschrijven, conditioneert de tekening de manier waarop de omgeving bekeken wordt en hoe er wordt ingegrepen. Het is daarom een strategische oefening die orde creëert en een nieuw, stadslandschappelijk plan visueel overbrengt om mogelijk een selectief, maar breed gedragen project voor de stedelijke regio te realiseren.

In de jaren 1960 ontbrak echter het platform om een dergelijke tekening publiekelijk te bediscussiëren. De bevolking kreeg haar nooit te zien, en toen de inhoud van het plan toch uitlekte, hekelden Brusselse actiegroepen de nadruk op auto-infrastructuur en de 'brutale schaalbreuken en aantastingen van het historisch stadsgezicht', waardoor het plan uiteindelijk werd afgewezen.[4] Het verdween dan ook in de vergetelheid.

3
René Pechère, *Dossiers des Espaces Verts de Bruxelles* (Brussel: CIVA, Fonds Pechère, 1965), RP04.

4
Evert Lagrou, 'Het naoorlogse stedebouwkundig beleid voor de Vijfhoek', in: Gustave Abeels (red.), *Straten en stenen: Brussel: stadsgroei 1780-1980* (Brussel: Weissenbruch, 1982), 331.

'a spectacular, green and social valley, with a new aesthetic.'[3]

The medium – the landscape drawing in bird's-eye view – lends itself to Pechère's aims both in terms of content and form: he speculates on the existence of a valley landscape and demonstrates the potential of that landscape for an urban project. Rather than describing the city, it conditions the way in which the urban environment is viewed and how it is intervened in. It is therefore a strategic exercise that creates order and visually conveys a new, urban landscape plan in order to possibly realise a selective but widely supported project for the urban region.

Ultimately, however, in the 1960s there was no arena in which to discuss such a drawing. The general public never saw it, and when the content of the plan did leak out, Brussels action groups denounced the emphasis on car infrastructure and the 'brutal breaches of scale and the degradation of the historical cityscape', as a result of which the Alpha Plan was rejected.[4] Consequently, the drawing disappeared into oblivion.

3
René Pechère, *Dossiers des Espaces Verts de Bruxelles* (Brussels : CIVA, Fonds Pechère, 1965), RP04.

4
Evert Lagrou, 'Het naoorlogse stedebouwkundig beleid voor de Vijfhoek', in: Gustave Abeels (ed.), *Straten en stenen: Brussel: stadsgroei 1780-1980* (Brussels: Weissenbruch, 1982), 331.

Gianni Lobosco

Het visualiseren van tijd en onzekerheid

Harold Fisk's kaarten van de Mississippi

De kaart is één van 33 platen die zijn opgenomen in het werk *Geological Investigation of the Alluvial Valley of the Lower Mississippi River* dat cartograaf en geoloog Harold N. Fisk in 1944 samenstelde voor het geniekorps van het Amerikaanse leger. Nu, bijna 80 jaar later, is zijn vernieuwende methode om de evolutie van het landschap te visualiseren tijdens zijn reconstructie van de ongeveer 960 km lange loop van de Mississippi – van Cape Girardeau, MO tot Donaldsonville, LA – nog steeds zeer waardevol.

De studie is gebaseerd op veldwerk, historische cartografische bronnen en luchtfoto's die zijn genomen na de grote overstroming van 1927, gecombineerd en samengevoegd in een soort territoriaal palimpsest waar zowel objectieve gegevens als interpretaties naast elkaar bestaan. Zoals in de inleiding van het technisch rapport valt te lezen, bestond het werk van Fisk voornamelijk uit het interpreteren en natrekken van de 'littekens van verlaten geulen en bijbehorende kenmerken (...) die af te leiden zijn uit de patronen van bodem, vegetatie en afwatering'.[1] In deze benadering worden 'analytische distantie' en 'empirische betrokkenheid' vermengd om, op basis van 'tijd' en de invloed daarvan op de ruimtelijke kenmerken van het landschap, inzicht te verwerven in de mondiale milieudynamiek. We moeten echter in gedachten houden dat het werk van Fisk praktisch was en gericht op een efficiëntere regulering van de Mississippi ter bescherming van gewassen en nederzettingen, de bevaarbaarheid van de rivier en de ontginning van sedimentaire afzettingen. Hoewel elke actuele studie van zijn tekeningen onvermijdelijk wordt gekleurd door een ecologische mentaliteit, die vreemd is aan het oorspronkelijke doel van de auteur en zijn opdrachtgevers, suggereert de visuele kracht van de platen een manier om het diachrone proces van landschapsvorming overtuigend vast te leggen – zowel in de zin van een terugblik als een vooruitblik.

1
H.N. Fisk, *Geological Investigation of the Alluvial Valley of the Lower Mississippi River* (Vicksburg: Mississippi River Commission, 1944), 1.

Gianni Lobosco

Visualising Time and Uncertainty

Harold Fisk's Mississippi River Maps

The map is one of the 33 plates included in the *Geological Investigation of the Alluvial Valley of the Lower Mississippi River*, completed in 1944 by cartographer and geologist Harold N. Fisk for the US Army Corps of Engineers. Almost 80 years later, we can still appreciate the innovative approach he used to visualise the landscape evolution, when reconstructing the Mississippi's ever-changing routes along the 960 km of its course (from Cape Girardeau, MO to Donaldsonville, LA) and through time.

The study is the result of field analyses, historical cartographic sources and aerial photographs taken after the great flood of 1927, combined and synthesised in a sort of territorial palimpsest where both objective data and interpretations coexist. As described in the introduction to the technical report, much of the work carried out by Fisk has consisted in interpreting and retracing the 'scars of abandoned channels and associated features . . . discernible from the patterns of soils, vegetation and drainage'.[1] In this approach 'analytical detachment' and empirical engagement are mixed to achieve a global understanding of environmental dynamics based on the representation of 'time' and its agency on the spatial features of the landscape. Nevertheless, it is important to keep in mind that Fisk's work was pragmatically aimed at a more efficient regimentation of the river for the protection of crops and settlements, for its navigability, or the mining of sedimentary deposits. Although today the study of his drawings is inevitably influenced by an ecological mindset that is extraneous to the original purpose of the author and his clients, the visual power of the plates suggests a strong way to capture the diachronic processuality of landscape formation – both retrospectively and prospectively.

Even though Fisk's gaze was oriented towards the past, some features about the 'agency of mapping' arising from his work can be symmetrically trans-

1
H.N. Fisk, *Geological Investigation of the Alluvial Valley of the Lower Mississippi River* (Vicksburg: Mississippi River Commission, 1944), 1.

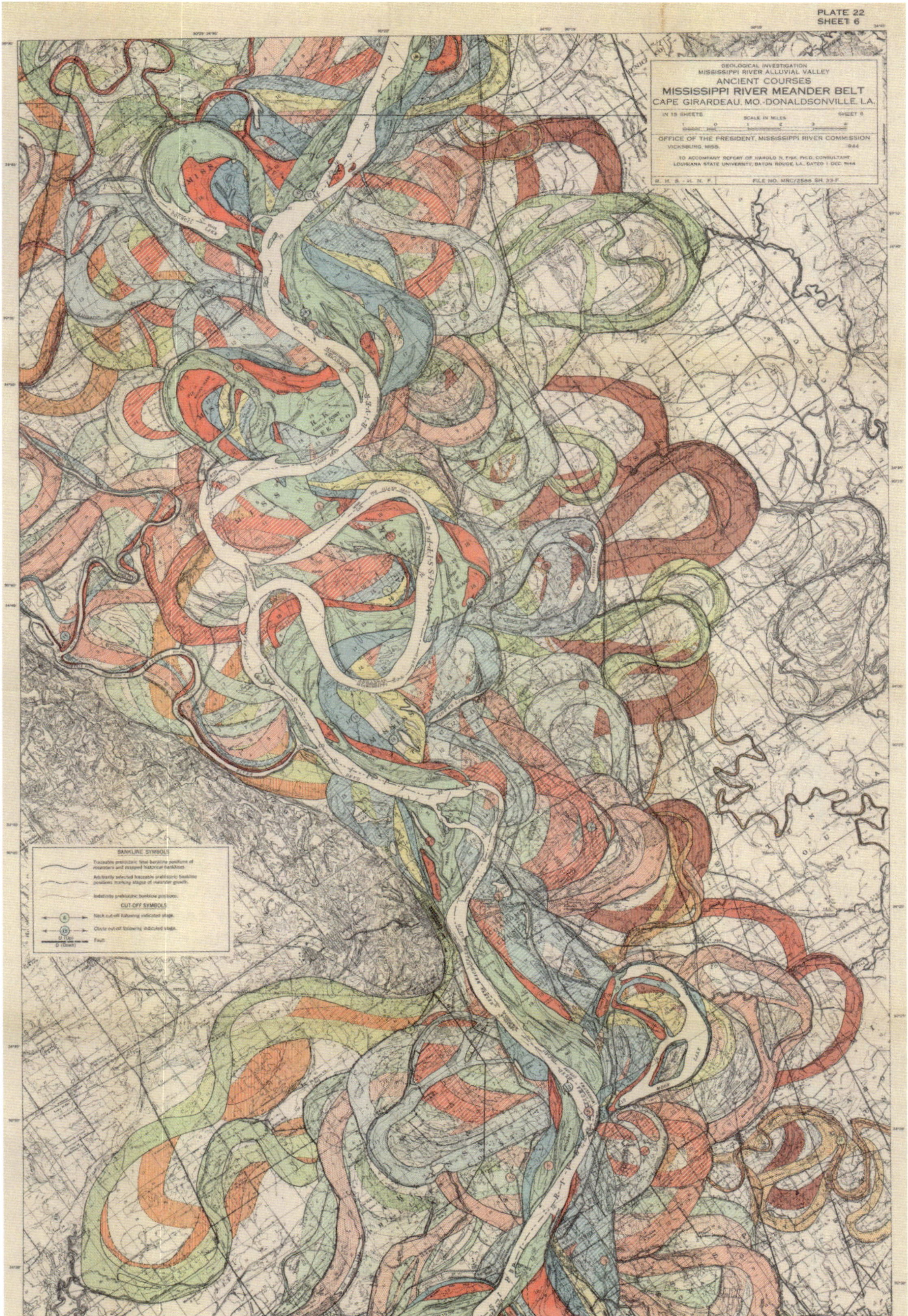

Plate from/plaat uit: H.N. Fisk, *Geological Investigation of the Alluvial Valley of the Lower Mississippi River*, 1944

Hoewel Fisk's blik op het verleden gericht was, kunnen sommige kenmerken van de *agency of mapping* (manier van karteren) uit zijn werk één op één worden overgezet naar toekomstgerichte ontwerp- en planningsperspectieven.[2] Het belangrijkste kenmerk is de relatie tussen het ontwerpproces en de onzekerheid, die impliciet aanwezig is in de voorspellingen en statistische modellen die de mogelijke gevolgen van klimaatverandering beschrijven. Actuele strategieën voor de aanpassing van antropogene en milieugerichte structuren hebben te maken met toekomstscenario's die sterk lijken op de representaties die Fisk over het verleden uitvoerde. Haarscherpe satellietbeelden, digitale terreinmodelprojecties en de dynamische analyses die mogelijk zijn gemaakt door voorspellende algoritmen (morfologische en hydrodynamische, maar ook biologische, biodynamische, ecologische analyses) beschrijven tegenwoordig een complexe gelaagdheid van ruimtelijke en temporele informatie. Deze dient voortdurend te worden samengevoegd om te kunnen worden beheerd en als geldige input te worden opgenomen.

Bovendien zorgt een tijdgebonden weergave van het landschap en zijn dynamiek voor een alternatieve visie op de co-existentie van mens en milieu. Anuradha Mathur en Dilip Da Cunha stelden in hun visionaire *Mississippi Floods* uit 2001, dat representaties van de rivier de Mississippi in de loop der jaren vooral zijn gebruikt als ideologisch instrument om een ondubbelzinnige betekenis voor het landschap te construeren en zodoende het ontwerp, beheer en beleid in een vast, beter controleerbaar kader te plaatsen.[3] Als gevolg daarvan, stellen zij, zijn er slechts twee manieren om overstromingen weer te geven: enerzijds als een natuurramp die door technisch ingrijpen onder controle moet worden gehouden; anderzijds als een culturele catastrofe die de verplaatsing van menselijke nederzettingen vereist. Door deze tweedeling te verwerpen en de focus te verleggen naar de beschrijving van zowel de dynamische aard van het landschap als het idee dat we ervan hebben, bevestigden Mathur en Da Cunha de noodzaak van een 'nieuwe beeldtaal' die in staat is de fysieke ongrijpbaarheid van de rivier te herkennen als culturele rijkdom en ecologische veerkracht. Zij leggen hedendaagse lagen (bijvoorbeeld archiefdocumenten, interviews, tekeningen en karteringen) over de historische cartografie van Fisk heen, en borduren zo voort op zijn visualisatie van de tijd en de programmatische acceptatie van onzekerheid.

Vertaling: InOtherWords, Maria van Tol

posed in forward-looking design and planning perspectives.[2] Of these features, the most essential one is the relationship between the design process and the uncertainty implicit in the forecasts and statistical models that describe the possible impacts of climate change. Today, adaptation strategies of anthropogenic and environmental structures have to deal with a representation of future scenarios very similar to the one that Fisk carried out on the past: high-definition satellite images, digital terrain model projections and the dynamic analyses made possible by predictive algorithms (morphological and hydro-dynamics, as well as biological, biodynamic, ecological analyses) describe a complex layering of spatial and temporal information that constantly require to be synthesised, in order to be managed and assumed as proper project inputs.

Moreover, a time-based approach to the representation of the landscape and its dynamism generates an alternative perspective on the coexistence between humans and the environment they inhabit. As Anuradha Mathur and Dilip Da Cunha stated in their visionary book *Mississippi Floods* of 2001, the representations of the Mississippi River over time have mainly been used as ideological instruments to construct an unambiguous meaning for the landscape, ultimately framing design and management policies within a rigid and more controllable system.[3] As a result, they argue that only two ways of representing floods are possible: on the one hand as a natural disaster that should be controlled by engineering interventions, and on the other as a cultural catastrophe that requires the displacement of human settlements. By rejecting this dichotomy and shifting the focus to the description of both the dynamic nature of the landscape and the idea that we make of it, Mathur and Da Cunha affirmed the necessity of a 'new imagery' capable of recognising the physical elusiveness of the river as an agent of cultural richness and ecological resilience. They superimpose contemporary layers (such as archival documents, interviews, drawings and mappings) on the historical cartography produced by Fisk, building further on his visualisation of time and the programmatic acceptance of uncertainty.

2
J. Corner, 'The Agency of Mapping: Speculation, Critique, and Investigation', in: D. Cosgrowe (ed.), *Mappings* (London: Reaktion Books, 1999), 213-252.

3
A. Mathur and D. Da Cunha, *Mississippi Floods: Designing a Shifting Landscape* (Yale: Yale University Press, 2001).

2
J. Corner, 'The Agency of Mapping: Speculation, Critique, and Investigation', in: D. Cosgrowe (red.), *Mappings* (Londen: Reaktion Books, 1999), 213-252.

3
A. Mathur en D. Da Cunha, *Mississippi Floods: Designing a Shifting Landscape* (Yale: Yale University Press, 2001).

Sandra Parvu

Navigeren tussen *survey* en project

De *Atlas des paysages des Yvelines* van Alain Freytet en Alain Mazas

In 1995 onderzocht de Zwitserse stadshistoricus André Corboz of je een beschrijving zou kunnen gebruiken, als middel om de grens tussen *survey* en project te slechten.[1] Corboz ontmantelde de positivistische grens, die de objectieve representatie van het territorium door geografen scheidt van de subjectieve interventies van architecten en ingenieurs, door te stellen dat beschrijvingen altijd 'actief' zijn: het is onmogelijk een territorium te omschrijven zonder het opnieuw te verbeelden, en daardoor ontluikt er binnen elke vorm van *survey* – of die nu betrekking heeft op een geologisch substraat of op sociaal grondgebruik – een intrinsiek project.

De tekening 'Carte des continuités paysagères' verscheen in een reeks van negen kaarten, gepubliceerd in de *Atlas des pays et paysages des Yvelines*.[2] De structuur van Yvelines, een provincie net buiten Parijs, wordt nog steeds deels bepaald door een netwerk van koninklijke jachtgebieden waaronder de bossen van Rambouillet, de stad St-Germain-en-Laye en de tuinen van Versailles. De atlas werd gepubliceerd in 1992 door de landschapsarchitecten Alain Freytet en Alain Mazas en was een eerste poging om het gehele landschap in kaart te brengen. Een jaar later droeg het Franse ministerie van Ecologie alle departementen op om elke tien jaar volgens een uniforme methodiek landschapsatlassen te produceren.[3] De kaart van Freytet en Mazas benadrukte niet alleen de biologische corridors met betrekking tot het watersysteem (blauw), de doorlopende horizon van bosranden (groen) en de aan-

1
André Corboz, 'La descrizione tra lettura e scrittura', 2e Convegno internazionale di urbanistica 'La descrizione', Prato, 30 maart tot 1 april 1995. Verschenen als: André Corboz, 'La description: entre lecture et écriture', *Faces* 48 (2000), 52–54. Heruitgegeven in: André Croboz, *Le territoire comme palimpseste et autres essais* (Besançon: Les éditions de l'Imprimeur, 2001).

2
Alain Freytet en Alain Mazas, *Atlas des pays et paysages des Yvelines* (Versailles: CAUE 78/Grenoble: Courcoux, 1992).

3
Yves Luginbühl, *Méthode pour des atlas de paysage: Identification et qualification* (Parijs: Direction de l'Architecture et de l'Urbanisme, 1994).

Sandra Parvu

Navigating Between Survey and Project

Alain Freytet and Alain Mazas's *Atlas des paysages des Yvelines*

In 1995, Swiss urban historian André Corboz examined description as a means of deconstructing the boundary between survey and project.[1] Dismantling the positivist boundary separating the objective territorial representation of geographers from the subjective interventions of architects and engineers, Corboz argued that all description is 'active': one cannot describe a territory without reimagining it, and therefore all survey, be it of a geological substratum or social land use, has an intrinsic project budding inside of it.

The drawing 'Carte des continuités paysagères' (Map of landscape continuities) appeared in a series of nine maps, which introduced the *Atlas des paysages des Yvelines* (Landscape Atlas of the Yvelines).[2] Yvelines, a French department just outside Paris, is still structured in part by the network of royal hunting grounds, notoriously including the forests of Rambouillet and St-Germain-en-Laye and the gardens of Versailles. Published in 1992 by two landscape architects, Alain Freytet and Alain Mazas, the atlas was the first attempt to map landscapes. A year later, the French Ministry of Ecology requested all departments to produce, according to a centralised method, a landscape atlas every ten years.[3] Beyond highlighting the biological corridors related to the water system (blue), the continuous horizon of forest edges (green) and adjacent agricultural fields (yellow), Freytet and Mazas's map drew attention to the areas most exposed to real estate pressures and large-scale transformation (red). At first

1
André Corboz, 'La descrizione tra lettura e scrittura', 2e Convegno internazionale di urbanistica 'La descrizione', Prato, 30 March to 1 April 1995. Published as: André Corboz, 'La description: entre lecture et écriture', *Faces* 48 (2000), 52–54. Republished in: André Croboz, *Le territoire comme palimpseste et autres essais* (Besançon: Les éditions de l'Imprimeur, 2001).

2
Alain Freytet and Alain Mazas, *Atlas des pays et paysages des Yvelines* (Versailles: CAUE 78/Grenoble: Courcoux, 1992).

3
Yves Luginbühl, *Méthode pour des atlas de paysage: Identification et qualification* (Paris: Direction de l'Architecture et de l'Urbanisme, 1994).

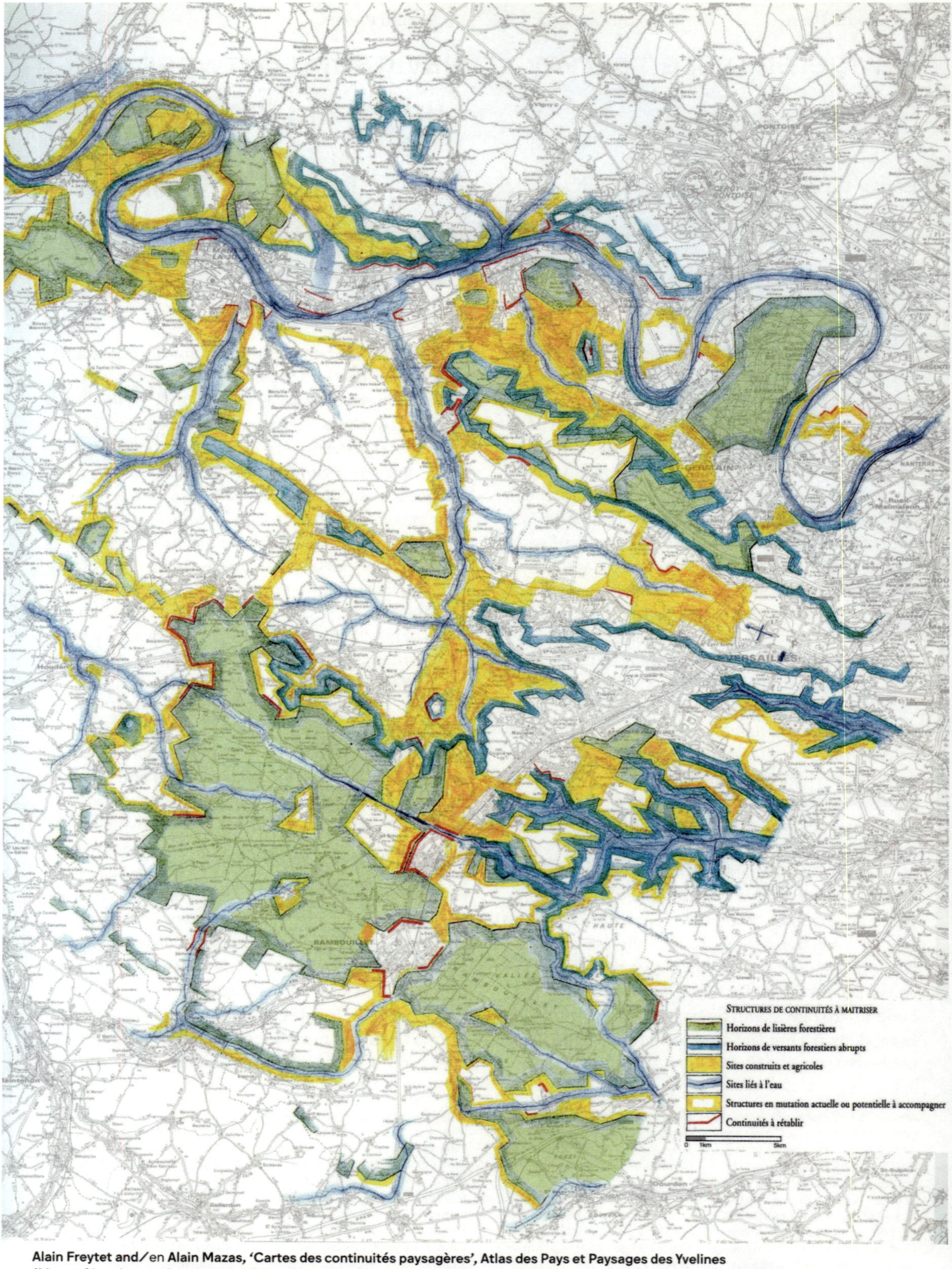

Alain Freytet and/ en **Alain Mazas, 'Cartes des continuités paysagères', Atlas des Pays et Paysages des Yvelines (Maps of Landscape Continuities, Atlas of Land and Landscape of Yvelines/** kaarten van landschappelijke continuïteiten, Atlas van Land en Landschap van Yvelines)**, 1992**

grenzende akkers (geel), maar vestigde ook de aandacht op de gebieden waar vastgoedontwikkelaars hun slag zouden kunnen slaan en grootschalige transformatie dreigde (rood). Op het eerste gezicht lijkt de kaart dus bepaalde gebieden te willen beschermen en het behoud ervan te waarborgen. Het bijschrift van de rode lijnen luidt echter: 'te herstellen continuïteit'. De auteurs pleiten voor fysieke ingrepen: de met rode streepjes gemarkeerde hindernissen zouden moeten verdwijnen om de aaneengesloten horizon van velden en bosranden te herstellen. Hoewel dit voorstel discreet in een bijschrift is weggestopt, geeft Freytet in een interview toe dat iets omschrijven de beste manier is om stiekem alvast een kader voor komende projecten te introduceren.[4] Vooruitlopend op het werk van Corboz geeft de kaart zowel weer wat er al is als welke projecten er in de toekomst zouden moeten komen.

Deze kaart is tekenend voor de spanning tussen de logica van de productie door landschapsarchitecten en de logica van de opdracht en ontvangst door Franse overheden, waar latere landschapsatlassen mee te maken zouden krijgen. Enerzijds keuren de meeste landschapsarchitecten de statische kennis van geografische atlassen af[5] en vinden ze juist het spel met de ambivalente dimensie van het kaarten maken stimulerend; anderzijds kiezen overheden ervoor om landschapsarchitecten in te huren om atlassen te produceren als *instrument van kennis*, niet als praktisch gereedschap. Om te voorkomen dat er monopolies ontstaan, moeten overheden een scheiding aanbrengen tussen ontwerpers die informatie over het grondgebied verzamelen en ontwerpers die deze informatie gebruiken om veranderingen in het territorium aan te brengen. Daarmee versterken ze het positivistische onderscheid tussen kennisinstrumenten (landschapsatlassen) en projectinstrumenten (landschapscontracten, landschapsplannen).

Landschapsatlassen belichamen in feite de ontmoeting van twee epistemologische benaderingen: landschapsarchitecten destilleren kennis uit het proces van verbeelding van het territorium door het te representeren, terwijl overheden kennis zoeken in territoriale feiten die tot tekens op papier zijn gereduceerd. In een enkel geval bleken zowel overheden als landschapsarchitecten in staat de bemiddelende functie van de representatie te erkennen, maar deze accidentele gevallen moeten nog nader worden onderzocht.

Vertaling: InOtherWords, Maria van Tol

4 Interview met Alain Freytet op zijn bureau, Maisonnisses, 30 september 2019. Alain Mazas werd geïnterviewd op het Laboratoire Architecture Anthropologie, Parijs, 5 april 2012.

5 Interview met Jacques Sgard op zijn bureau, Marly-le-Roi, 24 juni 2011.

glance, it thus appears to protect certain areas and be preservationist in its aim. However, the caption for red lines reads 'continuities to be restored'. The authors are advocating physical interventions: the first obstructions signalled by the red dashes should disappear, in order to restore the solid skyline of fields and forest edges. If this proposal only discreetly appears in the caption, Freytet admits in an interview that writing is the best way to surreptitiously introduce a framework for projects to come.[4] Anticipating Corboz's work, the map represents at once what is already there *and* what future projects should be.

This map is paradigmatic of the tension subsequent landscape atlases negotiate between their logic of production by landscape architects and the logic of their commissioning and reception by the French administration: on the one hand, most landscape architects disapprove of the static knowledge of geography atlases[5] and are stimulated by playing on the ambivalent dimension of mapping. On the other hand, the administrative choice to contract them to produce atlases they insist be *a tool of knowledge*, and not of practice. To avoid enabling monopolies, the administration needs to separate the designers who produce territorial information from those who use it in order to make changes to the territory. By doing so, they reinforce the positivist distinction between knowledge tools (landscape atlases) and project tools (landscape charters, landscape plans).

Landscape atlases in effect embody the encounter of two epistemological approaches: landscape architects acquire knowledge from the process of reimagining the territory by representing it, while administrators seek in it a territorial fact reduced on paper. In a few cases, administrators and landscape architects alike have been able to recognise the agency of representation, but the study of these fortuitous instances still remains to be conducted.

4 Interview with Alain Freytet at his office in Maisonnisses, 30 September 2019. Alain Mazas was interviewed at the Laboratoire Architecture Anthropologie in Paris, 5 April 2012.

5 Interview with Jacques Sgard at his office in Marly-le-Roi, 24 June 2011.

Gini Lee en Antonia Besa

WaterLore

Strategieën voor het tekenen van landschappen tijdens extreme droogte

Kati Thanda-Lake Eyre is een enorm zoutmeer van 9.500 km^2 en bevat het laagste punt in centraal Australië, waar alle grote binnenrivieren naar toe stromen. Seizoensgebonden overstromingen brengen het zoutmeer tijdelijk tot leven en trekken grote aantallen trekvogels aan, net als veel toeristen die getuige willen zijn van de buitengewone schoonheid van dit zeldzame moment. Toch kan alleen van bovenaf de subtiele dynamiek van dit door water gevormde landschap volledig begrepen worden.

De *hotspot*-tekening van Kati Thanda-Lake Eyre documenteert een natuurlijk/cultureel waterstelsel in een droog gebied; ze legt punten in dit centraal gelegen Australische zoutmeer vast waarop de routes van rivierwater en cultuur en van mensen en landschappen elkaar kruisen. De kaarten van WaterLore, die voor het eerst te zien waren op een tentoonstelling aan Melbourne University (2019), zijn bedoeld om te verkennen hoe het verloop van de tijd in uitgestrekte, door water gevormde landschapssystemen gepresenteerd kan worden; het gebruikte medium is een samengestelde datakaart op basis van vrij toegankelijke online archieven.

Het overkoepelende WaterLore-project probeert gelaagde landschapstekeningen te gebruiken als instrument om maatschappelijke betrokkenheid bij de gevolgen van radicale droogte te genereren; daarbij worden gegevens over extreem droge gebieden gecombineerd met lokale kennis over water, beheer en culturele praktijken. Een kaart, waar verschillende lagen historische en hedendaagse informatie over elkaar heen zijn gelegd, is een aantrekkelijk middel om materiële en temporele veranderingen op zeer grote schaal weer te geven. De kaart van Kati Thanda-Lake Eyre is een digitale compilatie van handgetekende kaarten die over satellietbeelden heen zijn gelegd om het tijdgebonden karakter en de expressieve materialiteit van het meer weer te geven.

De vergankelijkheid en de transformatie van het meer door de tijd heen worden via de kaart geopenbaard. Al in het scheppingsverhaal van de eerste Arabana, een *aboriginal* volk, is zijn ontstaansge-

Gini Lee and Antonia Besa

WaterLore

Drawing Strategies for Landscapes in Times of Radical Drying

Kati Thanda Lake Eyre is a huge, 9,500-km^2 saltwater lake that lies at the lowest point in central Australia, into which all the great unregulated inland rivers drain. Seasonal flooding temporarily brings the salt lake to life, attracting migrant birds inland in vast numbers, prompting tourists to flock to the centre to witness the extraordinary beauty of this rare event. Yet only from above it is possible to fully comprehend the subtle dynamics of this water-formed landscape.

The hotspot drawing of Kati Thanda Lake Eyre documents the natural and cultural water systems of arid places and represents river water/culture and people/landscape intersections found at this central Australian salt lake. The intent of the WaterLore mapping, first exhibited at Melbourne University in 2019, is to explore ways to represent vast water-made landscape systems over time through the medium of the constructed data map sourced from accessible online records.

The overarching WaterLore Project adopts tactics to present the layered landscape drawing as an instrument to prompt audience engagement in radically drying systems, juxtaposing extremely arid territory with local water knowledge, management and cultural practices. The medium of the map, drawn by superimposing layers of historical and contemporary data, is a compelling way to represent material and temporal change at vast scale. The Kati Thanda Lake Eyre map is a digital compilation of hand-drawn maps overlaying satellite images to represent the time-generative character and expressive materiality of the lake.

The map reveals the ephemerality and transformation of the lake over time. Already in the creation story of the first Arabana, an aboriginal people, its origins are linked to a top-down view. The spiritual being Wilkuda hunted the kangaroo, creating the body of water by throwing the skin of a captured animal down over the land to make the lake.

Our map indicates the lake's shorelines; they are not static but shift over eons of floods as the sand and water lines mark each weather event.

schiedenis verbonden met een bovenaanzicht: het mythologische wezen Wilkuda, een kangoeroejager, creëerde het waterlichaam door de huid van een gevangen dier op de grond te gooien om het meer te laten ontstaan.

Onze kaart geeft de oevers van het meer aan; die zijn niet statisch maar verschuiven gedurende eeuwen van overstromingen, waarbij zand- en waterlijnen de verschillende weersomstandigheden markeren. En het water, dat stroomt in kleuren van het bleekste wit naar het diepste groen, brengt het overstromen en opdrogen van de sedimenten en algen in de ondiepe wateren in kaart.

Kaartdetails laten zien waar de Kunara Cooper's Creek na een reis van duizenden kilometers in het laag liggende meer stroomt, wat alleen gebeurt wanneer er in het noorden voldoende regen valt om de vloedgolven te produceren, die het water over het laagland naar het midden kunnen stuwen. De zandduinen vormen een landschap dat in de loop van de tijd door wind en water is geschapen. Diepte wordt aangegeven door kleurverschillen, die over de dieptepunten op een handgetekende landmeetkaart uit 1961 zijn gelegd. De tekst 'Hughes Island – name on verification of island – not official. Plotted 9/11/87' is van de hand van koloniserende nieuwkomers, die het oude Arabana landschap overschrijven met vreemde namen. Onze eigentijdse kaart plaatst de artisticiteit van vroegere kaartenmakers, bestemd voor ontdekkingsreizigers en wetenschappers, naast beelden die te danken zijn aan de technologische vooruitgang in de fotografie, waardoor de vaak verborgen lagen van het culturele landschap kunnen worden onthuld.

Behalve meetpunten en plaatsnamen brengen ook de sporen van kolonistenwegen en vervoersstelsels de ontsluiting van het binnenland in kaart, waarbij de rand van het meer wordt getranscribeerd als grens voor menselijke bewoning en reizen. Deze lijnen suggereren verbindingen tussen vestigingsplaatsen en bestemmingen. Ze vormen de hedendaagse sporen die het meer fysiek dichterbij brengen, in een van de zeldzame kruisingen tussen kunstmatige landschappen – de wegen – en natuurlijke landschappen – het eeuwenoude zoutkorstlandschap.

Vertaling: InOtherWords, Maria van Tol

And the water, which flows in colours ranging from the palest white to deep green, maps the wetting and drying of sediments and algae gathered in the shallow depths.

Map details expose the place where the Kunara Cooper's Creek flows into the lake depression after a journey of thousands of kilometres, only when sufficient rains to the north produce flood pulses to push water over low grounds towards the centre. Multiple sand dunes form a landscape shaped by wind and water over time. Depths are revealed through colour fluctuations, overlaying earlier spot depths marked on a hand-drawn surveyors map from 1961. 'Hughes Island – name on verification of island – not official. Plotted 9/11/87' is the colonising newcomers' work, inscribing the Arabana landscape with foreign names overlaying the old landscape. Our contemporary map juxtaposes the artistry of earlier explorer and scientific mapmakers' works with imagery drawn from technological advances in photographic capture, to reveal the often hidden layers of the cultural landscape.

Beyond the survey markers and place naming, traces of the settler roads and transport systems chart the opening up of the inland, transcribing the edge of the lake as a boundary for human occupation and travel. These lines infer connections between places of settlement and of destination. They form the contemporary tracks that bring physical closeness to the lake in one of the rare intersections between landscapes made – the roads – and unmade – the age-old expanses of salt crust.

Gini Lee and/en Antonia Besa, Kati Thanda-Lake Eyre, map constructed from unpublished topographic maps, NASA photographs and Google Earth/ kaart samengesteld uit ongepubliceerde topografische kaarten, NASA-foto's en Google Earth, **2019**

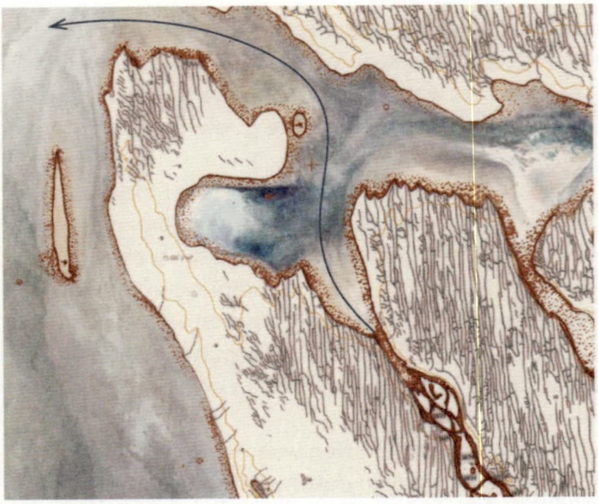

Detail, the arrow indicates the direction of rare flows from the creek in flood/ de pijl geeft de richting aan van de zeldzame toevoer van water vanaf de kreek bij overstroming

Detail, the flowing green hues indicate sediment and algae spreading across the shallow lake/ de vervloeiende groentinten verwijzen naar sediment en algen die zich over het ondiepe meer verspreiden

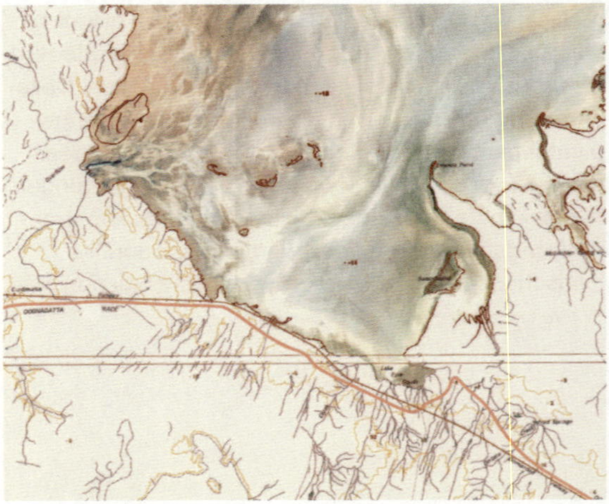

Detail, the settlers' road (in pink) lies adjacent to the train track (in brown) that is hidden today by shifting sandscapes/ de kolonistenweg (roze) ligt naast het treinspoor (bruin) dat tegenwoordig verborgen ligt onder verschuivend zand

Bram van Kaathoven

Architectura perennis

In 1929 publiceert Jože Plečnik één tekening met een toelichting van 400 woorden als bijlage bij *Dom in svet*, een katholiek periodiek.[1] Plečnik is dan 57 jaar oud, hoogleraar in Ljubljana (Slovenië) en hem is, onder auspiciën van president Tomáš Masaryk, de transformatie van de Praagse burcht (Hradčany) volledig toevertrouwd.

Pavel Janák, een van Plečnik's opvolgers als 'burchtarchitect', memoreert hem als volgt: '[Hierboven op de Praagse burcht], is de kunstenaar verloren in meditatie over de verhoudingen van zuilen. (...) Daarbeneden zijn ze alleen geïnteresseerd in noodzaak en rechtvaardiging.'[2] Janák chargeert, maar plaatst Plečnik – in zijn zoektocht naar de grondslagen van de architectuur – buiten de tijd. Kunsthistoricus France Stelè vertaalt die zoektocht vervolgens met twee woorden: *Architectura perennis* – eeuwige Architectuur.[3] Plečnik's leidmotief.

In *Dom in svet* wordt dit temeer duidelijk. Plečnik somt in een staccato schrijfstijl zijn voorziene ingrepen voor Ljubljana op: hier een brug, daar een plein, ginder een tuin en een gordel van weiden en bossen... De factor tijd ontbreekt en de scheidslijn tussen fictie en realiteit is discutabel. De tekening hult zich daardoor in een aura van ambivalentie. Het is speculeren of het ontbreken van zoiets banaals als een legenda of planning een opportunistisch motief is, een politieke behendigheid of dat bij het verlangen naar een 'eeuwige Architectuur' zulke zaken nog geen voetnoot waardig zijn.

Wat vaststaat is dat Plečnik, of dat nu in het kosmopolitische Praag of provinciale Ljubljana was, de vrije hand kreeg – zoals de hofarchitecten uit vervlogen tijden. Dit 'reguleringsplan' voor Ljubljana uit 1929 wordt dan ook nooit formeel vastgesteld – het is geenszins een fijngeslepen bureaucratisch eindproduct – maar vormt ontegenzeggelijk de synopsis van Plečnik's decennialange werk aan Ljubljana. En niet te vergeten, het is een vrucht van

1
Jože Plečnik en Vinko Glanz, 'Studija regulacije Ljubljane in okolice', *Dom in svet* 42,5 (1929), bijlage 4.

2
Andrew Herscher, 'Prague and Ljubljana: Producing the Capital City', in: Zdeněk Lukeš, Damjan Prelovšek en Tomáš Valena (red.), *Josip Plečnik: An Architect of Prague Castle* (Praag: Prague Castle Administration, 1997), 445-454. Oorspr. publicatie: Pavel Janák, 'Josef Plečnik v Praze', *Volné směry* 26 (1928-1929), 97-108. Vertaliing door de auteur.

3
France Stelè, Anton Trstenjak en Jože Plečnik, *Architectura perennis* (Ljubljana: Mestna občina ljubljanska, 1941).

Bram van Kaathoven

Architectura perennis

In 1929, Jože Plečnik publishes a single drawing with a clarification of 400 words as an appendix to *Dom in svet* – a Catholic periodical.[1] Plečnik is 57 years old, professor in Ljubljana and under the auspices of President Tomáš Masaryk he has been entrusted with the transformation of Prague Castle (Hradčany).

Pavel Janák, Plečnik's later successor as 'castle architect', recalls him in the following way: '[Up here at Prague Castle], the artist is lost in meditation on the proportions of columns. . . . Down below, they are interested only in necessity and justification.'[2] Janák is exaggerating, but places Plečnik – in his quest for the foundations of architecture – outside of time. Art historian France Stelè translates this quest with two words: *Architectura perennis* – 'eternal Architecture'.[3] Plečnik's leading motive.

This becomes all the more evident in *Dom in svet*, where Plečnik lists his anticipated interventions for Ljubljana in a staccato writing style: a bridge here, a square there, a garden and a belt of meadows and forests over there. . . The factor time is missing and the demarcation between fiction and reality is debatable. The drawing therefore shrouds itself in an aura of ambivalence. It is speculation whether the lack of something as commonplace as a legend or planning is a display of opportunism, a political agility, or if in the desire for an 'eternal Architecture' such matters are not even worthy of a footnote.

Certain is that Plečnik, be it in cosmopolitan Prague or provincial Ljubljana, is given free rein – as the court architects of bygone days. Yet this 'regulation plan' for Ljubljana from 1929 will never be formally adopted – it is by no means a finely polished bureaucratic product – but undeniably the synopsis of Plečnik's decades-long dedication to Ljubljana. And not to be forgotten, a fruit of collaboration with students, in particular France Tomažič and Vinko Glanz.

What does the drawing show? The hasty viewer might distinguish the river Ljubljanica, the railroad

1
Jože Plečnik and Vinko Glanz, 'Studija regulacije Ljubljane in okolice', *Dom in svet* 42/5 (1929), appendix 4.

2
Andrew Herscher, 'Prague and Ljubljana: Producing the Capital City', in: Zdeněk Lukeš, Damjan Prelovšek and Tomáš Valena (eds.), *Josip Plečnik: An Architect of Prague Castle* (Prague: Prague Castle Administration, 1997), 445-454. Original publication: Pavel Janák, 'Josef Plečnik v Praze', *Volné směry* 26 (1928-1929), 97-108. Translation by the author.

3
France Stelè, Anton Trstenjak and Jože Plečnik, *Architectura perennis* (Ljubljana: Mestna občina ljubljanska, 1941).

Jože Plečnik, Ljubljana, drawing by/ tekening door **Vinko Glanz, 1929**

samenwerking met studenten, in het bijzonder France Tomažič en Vinko Glanz.

Wat laat de tekening zien? De gehaaste kijker ziet wellicht de rivier Ljubljanica, het spoor, wat barok aandoende bomenlanen of eigenzinnige gebouwfiguren. Plečnik's fijnbesnaarde repertoire van erezuilen, fonteinen, obelisken en propyleeën verdwijnt bij wijze van pointillistisch bedrog naar de achtergrond. Juist de infrastructuur toont zich en daar ligt een grote verdienste van Plečnik: het onbeduidende weten te duiden, karakter te verlenen. Zo wordt in Ljubljana een sluis een tempelfront, een verkeersplein een barokke exedra en zelfs een schlemielige lantaarnpaal een stralende Ionische zuil; en worden ook zij – eeuwig.

'Ik ben als een spin,' schrijft Plečnik aan zijn broer Andrej in 1901.[4] En precies deze echo uit Plečnik's verleden werpt licht op Ljubljana: in *Dom in svet* overziet hij éénmaal de stad, zet de draden van zijn web uit en *weeft* gestaag verder. Het verlangen naar een eeuwige Architectuur is voldoende, dan weeft men vanzelf een eeuwige Stad bijeen.

4
Damjan Prelovšek, *Josef Plečnik: Wiener Arbeiten von 1896 bis 1914* (Wenen: Edition Tusch, 1979), 56-57. Vertaling door de auteur.

tracks, some baroquely fashioned tree-lined avenues or quirky building figures. Plečnik's refined repertoire of honorary columns, fountains, obelisks and propylaea appears to vanish to the background, in a manner of pointillist deception. It is the infrastructure that shows itself, and herein lies great merit for Plečnik: his ability to give meaning to the insignificant, to be able to bestow it with character. So in Ljubljana an ordinary sluice becomes a temple front, a traffic square a baroque exedra and even a dim lamppost a radiant Ionic column; and they also become – eternal.

'I am like a spider,' Plečnik writes to his brother Andrej in 1901.[4] Precisely this echo from Plečniks past sheds light on Ljubljana: in *Dom in svet* he overlooks the city once, sets out the threads of his web and *weaves* steadily on. The desire for an eternal Architecture is sufficient, an eternal City is then spun together on its own.

4
Damjan Prelovšek, *Josef Plečnik: Wiener Arbeiten von 1896 bis 1914* (Vienna: Edition Tusch, 1979), 56-57. Translation by the author.

Kees Christiaanse

Tekenen is lezen en schrijven tegelijk

Guangming Reservoir, Shenzhen

Deze schets geeft het verstedelijkte landschap weer tussen Guangming Residential District en Guangming Reservoir in Shenzhen, China. KCAP werkt aan het blauwgroene netwerk van Shenzhen, waar beken worden blootgelegd, weer worden genaturaliseerd en de honderden reservoirs in de heuvels worden opengesteld voor een nieuwe manier van waterbeheer. Recreatie, waterzuivering en wateropslag gaan hand in hand. Dit voormalige, kleinschalige boerenland wordt opgenomen in een nieuw stedenbouwkundig en landschappelijk raamwerk. Waardevolle landschapselementen, structuren en patronen worden gedocumenteerd en behouden, ongewenste en in onbruik geraakte constructies verwijderd en nieuwe programma's geïntroduceerd, waaronder de heropleving van kleinschalige landbouw. We werken vanuit een benadering van inversie, uitbouw en acupunctuur: inversie betekent dat de bestaande kwaliteiten het ontwerpkader bepalen, uitbouw dat we ook 'nieuwe' evolutionaire elementen creëren, bijvoorbeeld in de vorm van stromen met natuurlijke aanlegplaatsen; en acupunctuur betekent zorgvuldige, grotere ingrepen zonder het evenwicht te verstoren. Deze schetsen maak ik op mijn iPad met een luchtfoto eronder en ondersteund door locatiefoto's en kaartmateriaal. De schets wordt in meerdere lagen gemaakt, zodat ik verschillende typen ontwikkelingen kan invoegen en er weer uit halen.

Ik houd van deze werkwijze omdat ze een plezierige directheid heeft. Ik gebruik de schetsen om me de locatie eigen te maken, maar ook om ermee te ontwerpen. Je kunt onbeperkt uitgommen en kopiëren. Daardoor kun je steeds kleine veranderingen aanbrengen, evalueren en opslaan. Ik gebruik ze ook 1 op 1 in presentaties aan *stakeholders*.

Net als bij de schetsrol is deze techniek geschikt om transparante vellen over elkaar heen te leggen, omdat je de mate van transparantie van elke laag apart kan reguleren. Er zijn veel programma's: Illustrator, Paint, Adobe Fresco, enzovoort. Ik gebruik Autodesk Sketchbook; ik ben ermee begonnen en eraan gewend. Je kunt het ook op je telefoon of pc

Kees Christiaanse

Drawing is Reading and Writing at the Same Time

Guangming Reservoir, Shenzhen

This sketch represents the urbanised landscape between Guangming Residential District and Guangming Reservoir in Shenzhen, China. KCAP is working on the blue-green network of Shenzhen, in which streams are uncovered, re-naturalised and the hundreds of reservoirs in the hills are opened to a new way of water management in which leisure and water purification and storage go hand in hand. This former, small-scale farm landscape will be integrated into a new urban design and landscape framework. Valuable landscape elements, structures and patterns are documented and preserved, undesirable and obsolete constructions are removed, and new programmes are introduced, including the revival of small-scale farming. We're working from an approach of inversion, augmentation and acupuncture: inversion means that the existing qualities determine the design framework; augmentation means that we also create 'new' evolutionary elements, for instance in the form of streams with natural berths; and acupuncture means making careful larger interventions without disturbing the overall equilibrium. I do these sketches on my iPad, on top of an aerial photograph and assisted by site pictures and maps. The sketch is produced in multiple layers, so that I can insert and take out types of development.

I like this way of working because it has a pleasant directness. I use the sketches to empathise with the location, but also to design with it. You can erase and copy unlimitedly, which makes it possible to make, evaluate and save small changes all the time. I also use them 1 on 1 in presentations to stakeholders.

As with the sketch roll, this technique is suitable for laying transparent sheets on top of each other, because you can regulate the degree of transparency of each layer separately. There are many programs: Illustrator, Paint, Adobe Fresco, etcetera. I use Autodesk Sketchbook; it's what I started with and got used to. You can use it on your phone or PC, but it works best with a tablet and pen. It has all

Kees Christiaanse, urbanist sketch / stedenbouwkundige schets, **Guangmin Reservoir Shenzhen, China, 2019**

gebruiken, maar met een tablet en pen werkt het beste. Het beschikt over alle media: potlood, viltstift, pastel, aquarel, enzovoort. Zo is de iPad tegenwoordig toegankelijk voor de oude technieken van het tekenen met de hand en 'het velletje eroverheen'.

the media: pencil, felt pen, pastel, watercolour, and so forth. Nowadays, the iPad can be used for the old techniques of drawing by hand and putting 'a new sheet on top of it'.

Translation: Frits Palmboom

Pieter Schengenga

Urban Water Plan voor New Orleans

Hoe het tekenen ontwerpdiscussies stuurt

Deltasteden op de hele wereld moeten weerbaarder worden voor de gevolgen van klimaatverandering. De opgave voor de ruimtelijke planning is immens en vraagt om grote oplossingen. Korte termijn keuzes kunnen botsen met een duurzame richting voor de lange termijn. Hoe kunnen de vele belangen, wensen en ideeën samengebracht worden? In New Orleans bleek dat tekenen hiervoor een zeer effectief middel kan zijn.

New Orleans is een stad in de Mississippidelta, gebouwd in een moeras en aan alle zijden omgeven door water. Maar ook het resultaat van ingenieurs-denken, en afhankelijk van het functioneren van een ondergronds afvoersysteem, grote pompen en betonnen keermuren. Een stad waar niemand het water kon zien, totdat het in 2006 tijdens de orkaan Katrina goed misging. Tijdens een aantal *Dutch Dialogues*,[1] meerdaagse workshops met experts en een groot aantal betrokkenen uit de stad zelf, werd de basis gelegd voor het latere Urban Water Plan. Er moesten voorstellen worden gedaan voor een veilige, leefbare en aantrekkelijke stad in een toekomst waarbij de dreiging van zeewater, rivierwater en steeds heviger regenval een enorme uitdaging vormt.

De dialogen verliepen dynamisch; er waren allerlei groepjes die zich elk vastbeten in een deelprobleem. Groot en klein, korte en lange termijn, opgaven en oplossingen: alles liep door elkaar. Er waren zoveel mensen, er was zoveel gesprek dat het nauwelijks lukte om tot productie te komen. In de loop van de week kwamen de ontwerpers in hun deelgroepen al tekenend tot de eerste inzichten. Maar ondertussen bouwde de spanning zich op: hoe kon dit ooit bij elkaar komen voor de eindpresentatie? Er was behoefte aan samenhang: één kader waarbinnen de rijke oogst op zijn plek viel en tot zijn recht

1
De *Dutch Dialogues* werden geïnitieerd door architectenbureau Waggonner & Ball uit New Orleans, in samenwerking met de Koninklijke Nederlandse Ambassade en de American Planning Association na de orkaan Katrina (2008-2010). Het *Greater New Orleans Urban Water Plan* is gemaakt door Waggonner & Ball en een internationaal team van ontwerpers en adviseurs (2013).

Pieter Schengenga

Urban Water Plan for New Orleans

How Drawing Guides Design Discussions

Delta cities around the world must become more resilient to the effects of climate change. The task for spatial planning is immense and requires matching, large-scale solutions. Short-term choices can clash with a long-term sustainable direction. How can the variety of interests, wishes and ideas be brought together? In New Orleans it turned out that drawing can be a very effective means of doing this.

New Orleans is a Mississippi Delta city built in the swamp and surrounded by water on all sides. But also a city that is the result of engineering, dependent on an underground drainage system, large pumps and concrete floodwalls. Where no-one was aware of the water, until things went terribly wrong when Hurricane Katrina hit in 2006. During a number of *Dutch Dialogues*,[1] multiday workshops with experts and a large number of stakeholders from the city, the basis was laid for the later Urban Water Plan for New Orleans. Answers had to be found for the design of a safe, liveable and attractive city in a future in which the threat posed by the river and the sea and increasingly heavy rainfall are major challenges.

The dialogues were a dynamic process. There were a lot of groups that each got into a part of the problem. Big and small, short- and long-term, challenges and solutions: everything intertwined. Actually, there were so many people, there was so much conversation that it almost seemed impossible to come to any production. During the week, the designers in their subgroups developed their first insights. But in the meantime, the tension was building up: How could this ever come together for the final presentation? There was a need for coherence: one framework within which the rich harvest would fall into place and come into its own.

1
The *Dutch Dialogues* were initiated by Waggonner & Ball in collaboration with the Royal Netherlands Embassy and the American Planning Association after Hurricane Katrina, 2008-2010. The Greater New Orleans Urban Water Plan was created by Waggonner & Ball Architecture/Environment (New Orleans) and an international team of designers and advisors, 2013.

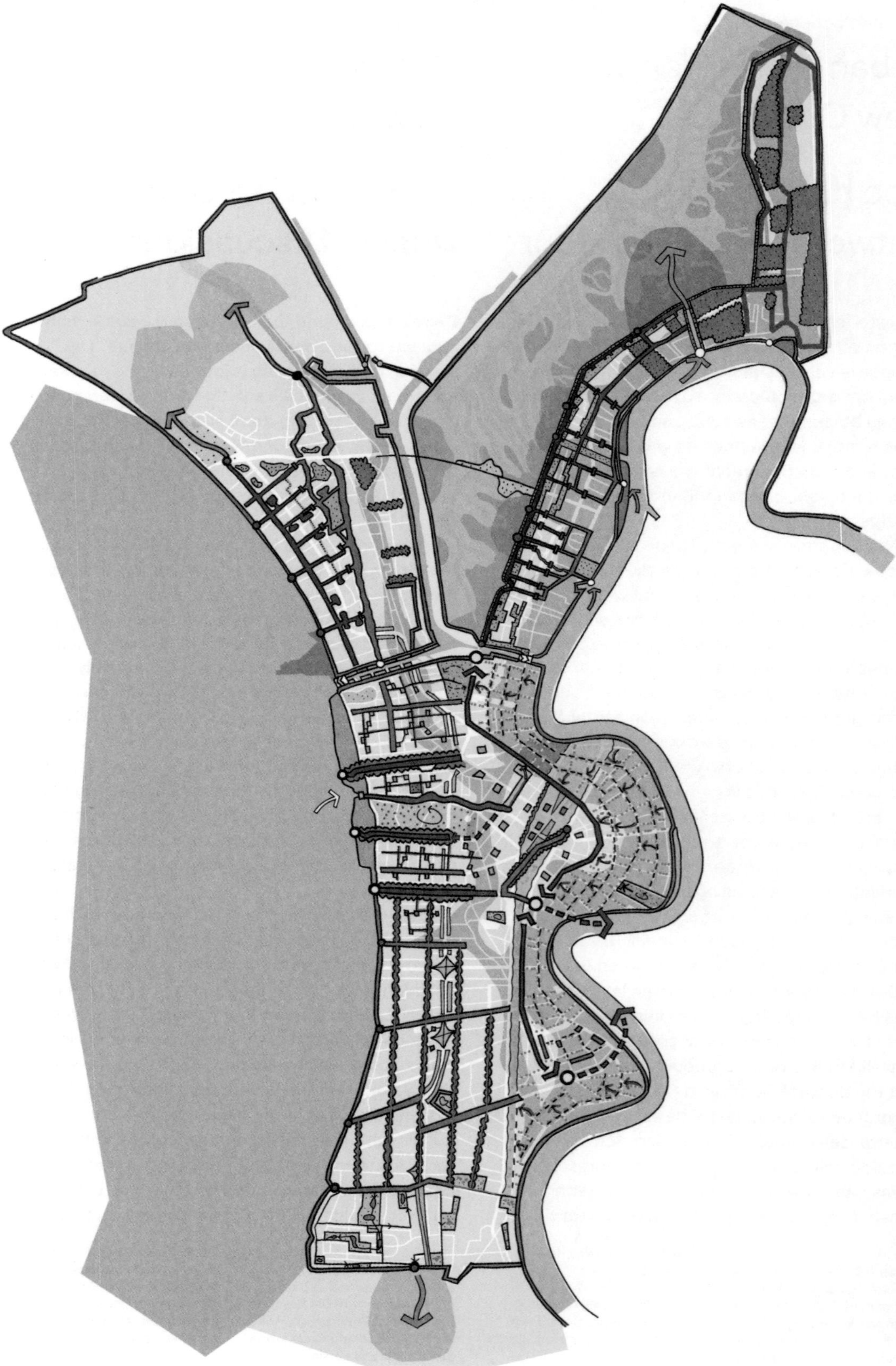

Pieter Schengenga, system design framework/ ontwerp ruimtelijk raamwerk, **New Orleans Urban Water Plan, 2013**

zou komen. Het maken van een samenvattende tekening bleek hiervoor doorslaggevend.

’s Ochtends vroeg tijdens de laatste workshopdag begon ik met het tekenen van één kaart met het toekomstige watersysteem voor de stad als geheel. Eén grote kaart waarop alles samenkwam: de fysieke, geomorfologische ondergrond van de stad, het watersysteem met zijn afstroomrichtingen en het stratenpatroon. We constateerden dat overvloedige regen vooral overstroming veroorzaakte in het diepste, ook sociaal meest kwetsbare deel van de stad. Het verleggen van een aantal afvoerkanalen bleek hiervoor een oplossing te bieden. Zo werd tijdens en door het tekenen de samenhang op systeemniveau ontdekt. De essentie was dat de ondergrond van de stad, met haar oeverwal, kom, stroomrug en moerasgebied niet langer ontkend zou worden. Alle noodzakelijke interventies zouden gebaseerd worden op de ondergrond en zo de ruimtelijke verschillen tussen de stadsdelen accentueren. Dit idee ontstond door het combineren van analysekaarten die eerder in de week waren gemaakt.

Het tekenen van deze kaart zorgde niet alleen voor één verhaal, maar organiseerde ook het werk op deze laatste dag. Ontwerpers uit de deelgroepen leverden graag hun ontdekkingen aan, die ik in één tekeningstijl geabstraheerd heb weergegeven. Al doende veranderde de wat chaotische setting in een hardwerkende, soepel functionerende praktijk.

De hier getoonde kaart is een bewerkte en verbeterde versie van de workshop-tekening. Hij heeft een centrale positie in het eindproduct, het System Design-rapport ten behoeve van het Urban Water Plan.[2] De tekentechniek bleef in de verschillende versies dezelfde: een met zwarte Pentel-pen getekende basis die gescand is en daarna digitaal ingekleurd. De eerste versie vertoonde wat minder detail en zag er wat ‘vlakker’ uit. In de latere versie ontstond er meer diepte door een sterkere articulatie van de *ruimtelijke* kenmerken van de watersysteemelementen: singels, bomenlanen, parken, groenzones, vijvers. Dit helpt om de neutraliteit van het stadsraster te differentiëren en verrijkt de leesbaarheid van de stad als geheel. De eerste versie toont vooral het toekomstige watersysteem, de definitieve versie de toekomstige water*stad*.

De zwarte Pentel-pen is mijn favoriet. Met zijn dikke harde punt dwingt hij precies de goede abstractie af. Het is onmogelijk te veel in detail te gaan, maar het kan ook zeker niet vaag blijven. Op calqueerpa-

2
Het *Water system design*- rapport is geschreven door H+N+S Landschapsarchitecten, in samenwerking met Nanco Dolman, Andy Sternad en Aron Chang, als onderdeel van het Greater New Orleans Urban Water Plan door Waggonner & Ball en partners, 2013.

Making one connecting drawing turned out to be decisive for this.

Early in the morning on the last workshop day, I started drawing one map with the water system for the city as a whole. One big map on which everything came together: the physical, geomorphological base of the city, the water system with its outflow directions, and the urban street pattern. We found that abundant rain mainly caused flooding in the deepest, most socially vulnerable part of the city. Relocating a number of drainage channels proved to offer a solution for this. So, while drawing, the coherence at system level was discovered. The essence was that the subsurface of the city, with its fluvial ridge, bowl and polder, should no longer be denied. All necessary interventions would be based on the subsurface and thus reinforce the spatial differences between the districts. This idea was developed by *combining* the analysis maps made earlier that week. Drawing this map not only provided one complete story, it also organised the work on this last day. Designers from the subgroups were happy to provide their discoveries, which I have abstracted in one drawing style. In the process, the somewhat chaotic setting turned into a hard-working, smoothly functioning office.

The map shown here is a later upgraded version of the workshop drawing. It has a central position in the final product, the System Design Report of the Urban Water Plan.[2] The drawing technique remained the same in the different versions: a base drawn with a black Pentel pen that was scanned and digitally coloured afterwards. The first version showed a little less detail and looked a bit more ‘flat’. In the later version, more depth was created by a stronger articulation of the spatial characteristics of the water system elements: water canals, tree-lined avenues, parks, ponds and lakes. It helps to differentiate the neutrality of the urban grid and enhances the legibility of the city as a whole. The first version mainly shows the future water system, the final version really shows the future water *city*.

The black Pentel pen is my favourite. With its thick hard point it enforces just the right abstraction. It is impossible to go into too much detail. But it certainly cannot remain vague. On a transparent paper, while switching between different backgrounds, I overdraw essential features and add connecting structures. With the pen perpendicular to the paper you always get a clean line, with a constant

2
The ‘Water system design’ report was written by H+N+S Landschapsarchitecten in close collaboration with Nanco Dolman, Andy Sternad and Aron Chang as part of the Greater New Orleans Urban Water Plan by Waggonner & Ball and partners, 2013.

pier, terwijl ik tussen de verschillende achtergronden schakel, teken ik essentiële functies over en voeg ik verbindingsstructuren toe. Met de pen loodrecht op papier krijg je altijd een strakke lijn, met constante dikte die zich goed laat scannen. Het bijzondere is dat dit soort tekeningen zich extreem goed laat verschalen. Van postzegelniveau tot A0 formaat blijft het beeld altijd herkenbaar. Deze kwaliteit stelt de tekening in staat om haar werking in meerdere situaties van publieksparticipatie en onderhandeling te behouden.

thickness that is easy to scan. The special thing about it is that these kinds of drawings can be scaled extremely well. From stamp level to A0 format, the image is always recognisable. It is this quality that enables the drawing to keep its agency in multiple arenas of public participation and negotiation.

Translation: Kornelia Dimitrova

Finding & Archiving

Tekenen als methode en techniek

De tekening die hier wordt afgebeeld, illustreert een didactisch gereedschap en een planningsmethode die ik *Finding & Archiving* – lokaliseren en archiveren – heb genoemd.[1] Het is een veelbelovende methode met een open einde. Als deelnemer aan het type hoger onderwijs dat is gebaseerd op groei-georiënteerde logica, is het niet zo prettig om niet te weten, wat te weten.[2] Toch vragen de crises waarin het klimaat en de democratie zich bevinden – en die vrij spel hebben in een wereld van epidemieën, gedwongen migratie, droogte en overstromingen, en een grote rol spelen in lokale gemeenschappen – om verandering en onzekerheid. Onderzoek naar zorgzaamheid, herstel en onderhoud laten zien dat reparaties door middel van improvisatie en aanpassing het beste beklijven.[3] Deze handelingen staan het soort onderwijs toe dat op een bescheiden manier lokale draden samenvoegt. In mijn werk als studiodocent architectuur en design merk ik dat de mogelijkheden voor didactische improvisatie worden beperkt door vaste leerplannen. Desondanks heb ik, onder de noemer 'veldanalyse', studenten met de onmogelijke taak belast om al het mogelijke te weten te komen over de wijk in Kopenhagen rond Blågårds Plads. De populaire media en de lokale overheid karakteriseren dit cultureel gemengde gebied als een zogenaamde *parallellelsamfund,* een parallelle gemeenschap; sociale woningbouw en woningspeculatie drijven belangen en kansen uit elkaar; migranten en toeristen lopen zij aan zij door de open woonhoven en leden van de ene volkstuinbouwvereniging doen aan tuinieren, terwijl leden van de andere volkstuinbouwvereniging zich bedrinken. Vanuit hun verschillende invalshoeken hebben 56

1
Finding & Archiving is ontwikkeld als onderdeel van een opdracht voor de masteropleiding *Spatial Design, Perception and Detail* van de KADK (Kongelige Danske Kunstakademis), 2015-2017.

2
De agenda voor het hoger onderwijs van de Europese Unie noemt vernieuwing als een prioriteit. Innovatie is instrumenteel voor de overtuiging dat een crisis kan worden overwonnen door economische groei en vastgestelde doelen, https://eur-lex.europa.eu/legal-content/EN/TXT/?qid=1496304694958&uri=COM:2017:247:FIN, bezocht december 2019.

3
Deze gedachtegang is grotendeels gebaseerd op teksten van bijvoorbeeld Joan C. Tronto, Maria Puig de La Bellacasa, Shannon Mattern, Steward Brand, Stephen Graham en Nigel Thrift.

Finding & Archiving

Drawing as Method and Technique

The shown drawing exemplifies a didactic tool and mapping technique that I term *Finding & Archiving.*[1] It promises open-endedness. But in higher education that is underpinned by growth-determined logics, not knowing what to know can be a most uncomfortable place to find oneself in.[2] Yet, crisis of climate and democracy – at large in a world of epidemics, forced migration, draught and flooding and close at hand in local communities – calls for transformation and uncertainty. Research into care, repair and maintenance shows things are best fixed by acts of improvisation and adaptation.[3] Such acts privilege pedagogies that modestly bear on the tying together of localised threads. In my position as studio teacher of architecture and design, didactic improvisations are limited by a fixed curriculum. But under the category 'site analysis', I introduced the impossible task of finding out everything about the Copenhagen neighbourhood around Blågårds Plads. Popular media and local government have characterised the culturally mixed area as a so-called *parallelsamfund* (parallel community); social housing and housing speculation divide interests and opportunities, migrants and tourists walk side-by-side through the open residential courtyards and members of one allotment association tend their gardens while members of another get drunk. From their varied situated perspectives, 56 students negotiated such sometimes conflicting findings through the collective act of drawing.

In the drawing, a simple black line mediates varied information into a base map at a scale of 1:500. The drawn lines give a fixed view of generic GIS data, they trace sizes and positions of buildings, they bear

1
I developed *Finding & Archiving* as part of an assignment for the master programme *Spatial Design, Perception and Detail* at the KADK (Kongelige Danske Kunstakademis), 2015-2017.

2
The EU agenda for higher education lists innovation as a priority. Innovation is instrumental to the belief that crisis can be overcome by economic growth and fixed targets. https://eur-lex.europa.eu/legal-content/EN/TXT/?qid=1496304694958&uri=COM:2017:247:FIN, accessed December 2019.

3
This line of thinking draws broadly on writings by, for instance, Joan C. Tronto, Maria Puig de La Bellacasa, Shannon Mattern, Steward Brand, Stephen Graham en Nigel Thrift.

Students KADK/ studenten KADK**, Finding & Archiving, Blagards Plads, Copenhagen/** Kopenhagen**, 2015-2017**

studenten dergelijke, soms tegenstrijdige bevindingen uitgewerkt in een gezamenlijke tekening.

Een eenvoudige zwarte lijn verwerkt de diverse gegevens tot een basiskaart, schaal 1:500. De getekende lijnen geven een gefixeerd overzicht van de generieke GIS-gegevens en traceren de afmetingen en posities van gebouwen; ze signaleren de toevallige registratie van gebouwdelen en geven details van materialen weer, in eerste instantie op basis van zintuiglijke informatie. De studenten hebben hun systematische én willekeurige observaties ter plaatse, plus hun persoonlijke semi-gestructureerde interviews en verzamelde data, omgezet in tekeningen. Tijdens het tekenen met elkaar aan één tafel merkten de studenten op dat 'plaatselijke bewoners naast elkaar leven, en soms veel diepere relaties hebben dan wij als buitenstaanders kunnen waarnemen'.[4] De eenvoudige voorwaarden waaraan de tekeningen moesten voldoen – een zwarte lijntekening, schaal 1:500 (artefact/samenwerking) – bleken grensverleggend: ze vertroebelden de gebruikelijke basiskaart voor een gebied en trokken zich niets aan van regels over schaal of projectie. Het achterliggende idee over de juiste manier om te noteren werd losgelaten, maar de benadering vanuit verschillende gezichtspunten verwijst ook naar dingen die niet getekend zijn.

De verzameling tekeningen van de groep vertegenwoordigde niet alleen hun academische opdracht, maar werd ook aan een breder publiek gepresenteerd. De resultaten werden geëxposeerd op de muren van een gemeentekantoor, in een lokaal café, in de ontwerpstudio en bij de buurtbewoners thuis. Zo vormden ze een archief, een 'plaats en praktijk die een integraal deel uitmaakt van kennis- en culturele productie en activisme'.[5] Bij nader inzien waren de tekeningen op een bescheiden manier gerelateerd aan stedelijke processen, niet omdat ze duidelijke problemen aan de juiste oplossingen koppelden, maar vanwege de vragen die ze oproepen.

Vertaling: InOtherWords, Maria van Tol

4
Tekening en citaat uit werk van de studenten Dominic Spalt, Gustav Jerlval Jeppsson, Julius Stauber, Natasha Engelbrecht Dam, Scarlett Hessian en Teresa Rädler.

5
Kate Eichhorn, *The Archival Turn in Feminism: Outrage in Order* (Philadelphia: Temple University Press, 2013), 3.

on haphazard registration of building components and they detail materials first guided by sensory information. The students translated their both systematic and random on-site observations, personal semi-structured interviews and data sourcing into drawing. But through the act of drawing, as they gathered around a table, the group of students also jointly noticed how 'locals live side by side, and sometimes have much deeper relationships than we can observe as outsiders'.[4] The simple conditions the drawings had to meet – black lines, 1:500 scale (artefact/collaborate action) – proved groundbreaking: they obscure conventions for territorial base maps, mess with the scale and rules of projection. The underlying idea of the right way to note things was abandoned, but the multiple perspective approach also refers to things that have not been drawn.

Beyond academic site analysis, the collection of drawings made by the studio was communicated to a broader audience. The findings were shown on walls of a municipal office, a local bar, in the design studio and in local residents' homes. Here they formed an archive, as 'site and practice integral to knowledge making, cultural production, and activism'.[5] Upon reflection, the drawings modestly tied into urban processes, not because they coupled clear problems to correct solutions, but because of the questions they guide.

4
Drawing and quote from student work by Dominic Spalt, Gustav Jerlval Jeppsson, Julius Stauber, Natasha Engelbrecht Dam, Scarlett Hessian en Teresa Rädler.

5
Kate Eichhorn, *The Archival Turn in Feminism: Outrage in Order* (Philadelphia: Temple University Press, 2013), 3.

Chiara Cavalieri

From Text to Plan: Mapping the Blue Space of the Eurometropolis

Images can be written, drawn or designed. This text reveals these actions as three distinct levels of representation through the analysis of a set of images produced within the framework of the Belgian Eurometropolis Blue Space. The Blue Space is both a cartographic and design project, a progressive visualisation of a common idea, that of water as an agent connecting and (re)collecting regional landscapes, ecologies and policies. Both as part of a unique project and as singular subject of diverse cartographical purposes, this text describes images as *texts, maps* and *plans* as *written, descriptive* or *collective* cartographies. They are incremental steps in an extended project of territorial visualisation where political, analytical and selective viewpoints blur. Moreover, these images emerge as a non-linear tripartite operation: as an exploration of physical facts; as a spur to the collective imagination, and ultimately as a creative discovery of reconceptualised elements.

Van tekst naar plan: De Blauwe Ruimte van de Eurometropool in kaart gebracht

Afbeeldingen kunnen worden geschreven, getekend of ontworpen. Deze tekst onthult deze acties als drie verschillende niveaus van representatie, door de analyse van een reeks beelden die in het kader van de Belgische Eurometropool 'Blauwe Ruimte' werd geproduceerd. De Blauwe Ruimte is zowel een cartografisch als een ontwerpproject, een voortschrijdende visualisatie van een gemeenschappelijk idee: water als middel om regionale landschappen, ecologie en beleid te verbinden en (opnieuw) te verzamelen. Als onderdeel van een uniek project en als onderwerp van diverse cartografische doeleinden, benoemt deze tekst de beelden als *teksten, kaarten* en *plannen* – als geschreven, descriptieve of collectieve cartografie. Het zijn kleine stappen in een uitgebreid project van territoriale visualisatie waar politieke, analytische en selectieve standpunten vervagen. Bovendien doen deze beelden zich voor als een niet-lineaire, drieledige operatie: als een verkenning van fysieke feiten, als een aansporing tot collectieve verbeelding en als een creatieve ontdekking van opnieuw overwogen concepten.

William Mann

Upper Lee Valley, London

Commissioned to prepare a landscape strategy for 20 km of the Upper Lee Valley in East London, Witherford Watson Mann Architects chose to proceed from the part to the whole. They developed a simple bird's-eye projection, which was used to develop project proposals for small parts of the valley, subsequently discussed and refined by the stakeholders. The parts were assembled into an overview, and painted as a tall scroll; underlying thematic threads were drawn out and emblematically represented. Understanding and representing the interdependence of the parts helped develop multifunctional landscape projects. Although conceived as multiple projects of acupuncture, the strategy led to the realisation of one larger project. The 200-hectare Walthamstow Wetlands is a nature reserve on a regional scale, and was delivered seven years later using a number of elements first identified in the strategy.

Upper Lee Valley, Londen

Voor de opdracht om een landschapsstrategie te bedenken voor 20 km van de Upper Lee Valley in Oost-Londen, besloot Witherford Watson Mann Architects om vanuit het deel naar het geheel toe te werken. Ze ontwikkelden een eenvoudige vogelvluchtprojectie die werd gebruikt om projectvoorstellen te maken voor kleine delen van de vallei, die vervolgens werden besproken en verfijnd door de betrokken partijen. De verschillende delen werden samengevoegd tot een overzicht, en geschilderd op een verticale rol; de onderliggende thematische draden werden uitgetekend en emblematisch weergegeven. Het begrijpen en verbeelden van de onderlinge afhankelijkheid van de verschillende delen hielp bij de ontwikkeling van multifunctionele landschapsprojecten. Hoewel bedacht als meerdere acupuncturele ingrepen, leidde de strategie tot de realisatie van een groter project. Het 200 ha grote Walthamstow-wetland is een regionaal natuurgebied en werd zeven jaar later opgeleverd aan de hand van een aantal elementen die oorspronkelijk binnen de algemene strategie werden geïdentificeerd.

Frits Palmboom

Redrawing the Map: Oscillating between Resemblance and Alienation

Referring to his 1981 graduation project, Frits Palmboom investigates how the process of redrawing the map helps to leap from analysis to design. The play with figurative and literal meanings, positive a nd negative rendering, with colour, scale, visual rhyme and contrast acts as a catalyst for design ideas. The roll of sketching paper helps to stay close to the surface, while at the same time subtly getting away from it: to shuttle between resemblance and alienation. The ambiguity of the drawing makes it possible to develop parallel lanes of thought, which feed creativity in the design process. Keys are 'the creative mistake' and 'forgetting the legend'.

Hertekenen van de kaart: Pendelen tussen gelijkenis en vervreemding

Frits Palmboom onderzoekt aan de hand van zijn afstudeerproject uit 1981 hoe het hertekenen van de kaart helpt om de sprong van analyse naar ontwerp te maken. Het spel met figuurlijke en letterlijke betekenissen, positieve en negatieve weergave, met kleur, schaal, beeldrijm en contrast werkt als katalysator van ontwerpideeën. De schetsrol helpt om dicht bij de ondergrond te blijven, en er tegelijkertijd op subtiele wijze los van te komen: om te pendelen tussen gelijkenis en vervreemding. De meerduidigheid van de tekening maakt het mogelijk om parallelle *lanes of thought* te ontwikkelen, die de creativiteit in het ontwerpproces voeden. De 'creatieve vergissing' en 'het vergeten van de legenda' spelen een sleutelrol.

Elke Couchez

Reading by Drawing: ILAUD 1977: A Tentative Tool for Urban Regeneration

Drawing occupied a central role in the residential summer courses organised by the International Laboratory of Architecture and Urban Design (ILAUD). Established in 1976 by Giancarlo De Carlo (1919-2005), this educational laboratory invited students and acclaimed practitioners from different universities around the world to develop strategies for urban interventions, based on a thorough analysis of the historical city, it's topography and landscape. By means of a close reading of a series of highly illustrative student drawings made during the formative ILAUD years in Urbino, this paper asserts that drawing became a predominantly educational tool in enabling and representing critical discourse on architecture and urbanism at a time when built heritage was no longer seen as an obstacle to modernisation. Based on new archival work, this paper sheds critical light on ILAUD's ambitions and argues that these drawings were more than mere cognitive aids or aesthetic products. They were analytical *and* educational tools, producing implicit theories of urban regeneration.

Tekenend lezen: ILAUD 1977: Tentatief instrument voor stadsvernieuwing

Tekenen stond centraal in de zomercursussen van het International Laboratory of Architecture and Urban Design (ILAUD). Opgericht in 1976 door Giancarlo De Carlo (1919-2005), nodigde dit educatieve laboratorium studenten en gerenommeerde architecten van verschillende universiteiten over de hele wereld uit om strategieën voor stedelijke interventies te ontwikkelen, gebaseerd op een grondige analyse van de historische stad, de topografie en het landschap. Door middel van een *close reading* van een reeks illustratieve studententekeningen die tijdens de vormende ILAUD-jaren in Urbino werden gemaakt, toont deze bijdrage aan dat tekenen een centraal educatief instrument werd in het mogelijk maken en verbeelden van een kritisch discours over architectuur en stedenbouw in een tijd waarin gebouwd erfgoed niet langer werd gezien als een obstakel voor modernisatie. Op basis van nieuw archiefwerk werpt dit artikel een kritisch licht op de ambities van ILAUD; het stelt dat deze tekeningen meer waren dan alleen maar cognitieve hulpmiddelen of esthetische producten. Het waren analytische en educatieve instrumenten, die impliciete theorieën over stadsvernieuwing opleverden.

Nitin Bathla, Sumedha Garg

Drawing as Counter-Cartography: Reflections on a Socially-Engaged Art Project

Via a collective tapestry produced through a socially engaged art project conducted with women labour migrants in a tenement town on the periphery of Delhi, this article explores the emancipatory potentials in drawings produced with communities. By *not* emphasising the role of the drawing specialist (architect, urban designer or landscape architect), communities can be put centre stage. In this case, the resulting tapestry functions as a counter-cartography to local patriarchal dominance and that of the global cotton industry.

Tekenen als contra-cartografie: Reflecties op een sociaal-geëngageerd kunstproject

Aan de hand van een wandkleed, een sociaal-geëngageerd kunstproject van vrouwelijke arbeidsmigranten uit een huurkazernestad aan de rand van Delhi, verkent dit artikel de emancipatorische kansen van tekeningen die binnen een gemeenschap worden vervaardigd. Door eens niet de rol van de tekenende specialist (architect, stedenbouwkundige of landschapsarchitect) te benadrukken, kunnen gemeenschappen centraal worden gesteld. In dit geval functioneert het resulterende wandtapijt zo als contra-cartografie versus de lokale patriarchale dominantie en die van de wereldwijde katoenindustrie.

Holger Schurk

The Potential of Abstraction

The proposals by OMA for Ville Nouvelle Melun-Sénart in 1987 are based on abstract spatial systems of order and equally abstract representations of an ageless character. Any orientation towards historical points of reference and their formal qualities is repressed. Instead, they start from an unbiased analysis of spatial contexts and postulated programmes and conditions. Places are examined and developed comprehensively or fragmentarily; local, regional and global subjects can be combined in multiple ways. The actual proposal, though, is not sequential to the analysis, it is developed simultaneously. The design process is characterised by an interaction between argumentation and creativity, between rational and intuitive operations within an abstract medial space. The drawings remain open to different interpretations and future influences. This abstraction and its potential for perpetual adaptability make these drawings congruent with the current demands made on the discipline of urban development.

Het potentieel van abstractie

De ontwerpvoorstellen van OMA voor Ville Nouvelle Melun-Sénart (1987) zijn gebaseerd op abstracte ruimtelijke ordeningssystemen en even abstracte representaties met een tijdloos karakter. Elke oriëntatie op historische referentiepunten en vormkenmerken wordt onderdrukt. In plaats daarvan vertrekken ze vanuit een onbevooroordeelde analyse van de ruimtelijke context, programma's en randvoorwaarden. Plaatsen worden samenhangend of fragmentarisch onderzocht en ontwikkeld; lokale, regionale en mondiale invalshoeken kunnen op meerdere manieren worden gecombineerd. Het uiteindelijke ontwerpvoorstel is niet volgend op de analyse, maar wordt gelijktijdig ontwikkeld. Het ontwerpproces kenmerkt zich door een wisselwerking tussen argumentatie en creativiteit, tussen rationeel en intuïtief opereren binnen een abstracte mediale ruimte. De tekeningen staan blijvend open voor verschillende interpretaties en toekomstige invloeden. Door deze abstractie en het potentieel voor eindeloze aanpassingen beantwoorden deze tekeningen aan de huidige vereisten voor stedelijke ontwikkeling.

Roberto Damiani

The Figure-Ground Plan and Its (Dis)contents

Over time, the figure-ground plan has gained considerable popularity among architects and urban designers. This essay presents the history of the figure-ground plan and the contemporary struggle to cope with the increasing formlessness of the modern city. In the early controversy over modern urbanism in the late 1880s, the figure-ground plan functioned as a polemical drawing. From Camillo Sitte to the New Urbanists, through the British critic Colin Rowe's influential writing and teaching, architects and urban designers mobilised the figure-ground plan to study the morphology of cities and criticise the modernist context-free drawing of plans and zoning maps. Since the late 1970s, the figure-ground plan met with increasing resistance from designers, who dismissed it for its inability to represent the spatial and temporal dimensions of the post-metropolis. This article wants to reconsider some of the arguments embedded in the figure-ground plan and its discontents.

De *figure-ground* tekening en haar (on)volkomenheden

De *figure-ground* tekening heeft in de loop van de tijd een grote populariteit genoten bij architecten en stedenbouwkundigen. Dit essay presenteert de geschiedenis van dit type tekening en de strijd om vat te krijgen op de toenemende vormloosheid van de moderne stad. In de vroege controverse over de moderne stedenbouw na 1880 speelde de tekening een polemische rol. Van Camillo Sitte tot de New Urbanists, via het invloedrijke schrijven en lesgeven van de Britse criticus Colin Rowe, hebben ontwerpers de *figure-ground* tekening gemobiliseerd om de morfologie van steden te bestuderen en kritiek te leveren op de modernistische contextvrije plannen en bestemmingskaarten. Sinds het einde van de jaren 1970 kreeg de tekening toenemende kritiek vanwege haar onvermogen om de ruimtelijke en temporele dimensies van de postmetropool weer te geven. Het artikel beoogt het discours rondom de *figure-ground* tekening en haar tekortkomingen opnieuw te bezien en te herwaarderen.

Mariallessandra Secchi, Marco Voltini

They Do It with Layers: How Design by Layers Is Killing Urban Complexity

Design by layers is no longer a surprise. The spread of this pervasive narrative strategy can be traced back to diverse possible discourses within architecture and urbanism. While it has become common praxis, the use of layers has partially lost the capability to produce a significant new knowledge of the inhabited environment. The repetition of the very same categories, families and names, reveals that in most cases, layers are not but a symptom of a deterministic way to conceive architecture and urbanism. The present paper traces some critical considerations about the contemporary layering strategies. By investigating recent outstanding experiences, we will point at the possible re-emergence of a strong reductionist and functionalist approach. This is paired with the overwhelming presence of organisational and procedural concern, at the loss of the figurative content of urbanism and its channelling into an exclusive relation with landscape. But what is left behind?

They Do It with Layers: Hoe een lagenbenadering de stedelijkecomplexiteit doodt

De lagenbenadering in het ontwerp is geen verrassing meer. De verspreiding van deze narratieve strategie kan worden teruggevoerd op verschillende typen discours binnen de architectuur en stedenbouw. Terwijl de lagenbenadering gemeengoed is geworden, is het vermogen om cruciale nieuwe kennis over de gebouwde omgeving te produceren, gedeeltelijk verloren gegaan. De herhaling van telkens dezelfde categorieën, families en namen, laat zien dat lagen in de meeste gevallen niet meer zijn dan een symptoom van een deterministische manier om aan architectuur en stedenbouw te doen. Door een aantal recente, spraakmakende voorbeelden te analyseren, verwijst dit artikel naar een mogelijke heropleving van een sterk reductionistische en functionalistische aanpak. Deze gaat gepaard met de overweldigende druk van organisatorische en procedurele belangen, en met een verlies aan figuratieve inhoud van het stedenbouwkundig ontwerp. Maar wat blijft er precies over?

Paul Broekhuisen

The Map Is Not the Territory

To design is not merely to find a solution for a problem. This would imply the definition of the problem would have to be completely known and fixed in advance, and that out of all possible solutions, the most optimal one would have to be found. But 'wicked problems' rarely answer to that. Therefore, designers use drawings and sketches to make comparisons with what they already know from reality. By making moves and adaptations, they are able to re-frame the definition of the problem. Drawings, maps and eventually the city itself should be considered as *objects of adaptation*, as postulated by Rein Geurtsen in his educational courses at Delft University of Technology in the 1980s. Drawings have the unique potential to evoke narratives that can serve as a collective frame of thought for all participants involved. They equally concern the city as a building, as a narrative and as a public arena.

De kaart is niet het gebied

Ontwerpen is niet zonder meer op te vatten als het vinden van een oplossing voor een probleem. Dit zou alleen kunnen als het probleem van tevoren volledig duidelijk is en als uit alle mogelijke oplossingen de meest optimale kan worden gevonden. Maar complexe vraagstukken voldoen daar zelden aan. Ontwerpers gebruiken daarom tekeningen en schetsen om vergelijkingen te maken met wat ze al kennen uit de werkelijkheid, met als doel de vraagstelling opnieuw in te kaderen. De ontwerpschets, de kaart en de stad zelf moeten worden gezien als 'object van bewerking', zoals Rein Geurtsen in zijn onderwijs aan de TU Delft in de jaren 1980 stelde. De tekening dient zich te verstaan met de stad als bouwwerk, als narratief en als arena. Schetsen en tekeningen hebben daarbij de unieke eigenschap dat ze nieuwe verhalen op kunnen roepen als een gezamenlijk denkraam voor alle betrokkenen.

Julie Marin, Bruno De Meulder

Synoptic Assemblages Guiding Urban Metabolic Transitions

This contribution discusses synoptic urban landscape design drawings of an evolving project for sustainable mobility transformation in Houthalen-Helchteren. The drawings combine plans, transects and diagrams of process and actor constellations relating multiple transition dimensions crossing scales and space-time perspectives. As such they construct and simultaneously integrate multidimensional perspectives on territorial urbanisation and resource interplays with the stakeholders involved. As a whole, the drawings might offer starting points for landscape and urbanism drawings beyond conventional representations such as blueprint master plans or functional land use zoning. As assemblages, they attempt to create synopsis: visually constructed synthesis. While acknowledging recent and renewing an interest in older urban design drawing and diagram formats to represent contemporary issues, their recalibration and synoptic assemblage as representational format is attuned and tested for contemporary challenges as guiding metabolic transitions.

Synoptische assemblages ter begeleiding van stedelijke metabole transities

Deze bijdrage bespreekt synoptische stedenbouwkundige ontwerptekeningen van een langdurig project voor duurzame mobiliteitstransformatie in Houthalen-Helchteren, België. De tekeningen combineren plannen, doorsneden en diagrammen van de verschillende processen en actoren; de verschillende transities kruisen met schaalniveaus en ruimte-tijdperspectieven. Ze construeren en integreren tegelijkertijd multidimensionale perspectieven op territoriale verstedelijking en weerspiegelen de wisselwerking tussen de *stakeholders*. De synoptische assemblages kunnen een aanknopingspunt zijn voor synthetiserende landschaps- en stedenbouwontwerpen die verder gaan dan de conventionele master- of bestemmingsplannen. Zonder gangbare manieren van tekenen in de stedenbouw af te wijzen, die ook nu nog hun nut bewijzen om huidige vraagstukken te verbeelden, wordt hier getest of de synoptische assemblage als representatief systeem kan werken als leidraad voor metabole transities.

Marc Treib

Drawing an Idea: Aerial Perspective

This contribution discusses the tension between drawing as idea and drawing as experience in a line drawing for a community recreation space by landscape architect Garrett Eckbo from 1940. While the bird's-eye perspective of the drawing contains little information about the ground-level experience of the design, lacking any people or particular activities, the precise perspective does invite the viewer to insert themselves mentally into the landscape. In contrast to photorealistic renderings, which emphasise the experience of a certain space, the drawing of Eckbo instead prioritises the understanding of a space as idea, before entering its experience.

Het tekenen van een idee: vogelvluchtperspectief

Deze bijdrage focust op de spanning tussen de tekening als idee en de tekening als ervaring aan de hand van een lijntekening voor een recreatieve gemeenschapsruimte van landschapsarchitect Garrett Eckbo uit 1940. Hoewel het vogelperspectief van de tekening weinig informatie bevat over de beleving van het ontwerp op de grond – mensen of specifieke activiteiten ontbreken – nodigt het precieze perspectief de toeschouwer wel uit om zich mentaal in het landschap te verplaatsen. In tegenstelling tot fotorealistische weergaven, die de ervaring van een bepaalde ruimte benadrukken, vertrekt de tekening van Eckbo vanuit een begrip van ruimte als idee, alvorens de ervaring ervan binnen te laten.

Koenraad Danneels

'A spectacular, green and social valley': René Pechère Redraws Brussels (1965)

In this article, a landscape drawing of Brussels by René Pechère (1965) is read as a strategic exercise to rethink the Brussels region. It discusses the capacity of such a drawing to speculate on the existence of a valley landscape, and how that landscape can be the basis for an urban project.

'Een spectaculaire, groene en sociale vallei': René Pechère tekent Brussel over (1965)

In dit artikel wordt een landschapstekening van Brussel door René Pechère (1965) gelezen als een strategische oefening om de Brusselse regio te overdenken. Het stuk bespreekt het vermogen van een dergelijke tekening om te speculeren op het bestaan van een valleilandschap, en hoe dat landschap de basis kan zijn voor een stedenbouwkundig project.

Gianni Lobosco

Visualising Time and Uncertainty: Harold Fisk's Mississippi River Maps

Starting from Harold Fisk's Mississippi River maps of 1944, the contribution discusses some implications of time-based drawing procedures on landscape representation. By reconstructing the ever-changing paths of the river along its journey and through the eras, Fisk outlined a ground-breaking approach to visualise the dynamic and unstable processes affecting landscape evolution. Although Fisk's gaze was oriented towards the past, in a forward-looking perspective his work still provides valuable means to deal with uncertainty and the increasing dynamism of environments and societies threatened by climate change. Within this framework, Fisk's colourful maps continue to feed new narratives capable of recognising the physical elusiveness of landscape as an agent of ecological awareness and resilience.

Het visualiseren van tijd en onzekerheid: Harold Fisk's kaarten van de Mississippi

Deze bijdrage richt zich op de kaarten die Harold Fisk in 1944 van de Mississippi maakte en stelt de implicaties van temporele tekenprocedures met betrekking tot de landschapsrepresentatie aan de orde. Fisk reconstrueerde de almaar veranderende loop van de rivier door de jaren heen, een baanbrekende aanpak die was bedoeld om de dynamische en onstabiele processen die de evolutie van het landschap beïnvloeden, te visualiseren. Fisk's blik was weliswaar op het verleden gericht, maar als blik in de toekomst is zijn werk nog steeds een waardevol instrument om met de onzekerheid en dynamiek van klimaatverandering voor omgeving en samenleving om te gaan. In deze context blijven Fisk's kleurige kaarten nieuwe verhalen voeden over de fysieke ongrijpbaarheid van het landschap als bron van ecologisch bewustzijn en veerkracht.

Sandra Parvu

Navigating Between Survey and Project: Alain Freytet and Alain Mazas's *Atlas des paysages des Yvelines*

The drawing 'Carte des continuités paysagères' appeared in a series of nine maps in the Atlas des paysages des Yvelines – a French department just outside of Paris. Published in 1992 by two landscape architects, Alain Freytet and Alain Mazas, the atlas was the first attempt to map these landscapes. In this specific drawing, the authors not only represent what is already there, but also indicated 'continuities to be restored'. As such, this map appears to be emblematic for the tension between atlases as *project tools* – in the logic of their production by landscape architects – and atlases as *knowledge tools* – in the logic of their commissioning and reception by the French administration.

Navigeren tussen *survey* en project: *De Atlas des paysages des Yvelines* van Alain Freytet en Alain Mazas

De tekening 'Carte des continuités paysagères' verscheen in een reeks van negen kaarten, gepubliceerd in de *Atlas des paysages des Yvelines* – een provincie net buiten Parijs. De atlas, uitgegeven in 1992 door twee landschapsarchitecten, Alain Freytet en Alain Mazas, was een eerste poging om dit landschap in kaart te brengen. In deze specifieke tekening verbeelden de auteurs niet alleen wat er al is, maar geven ze ook de 'te herstellen continuïteit' aan. Zo wordt deze kaart emblematisch voor de spanning tussen atlassen als *projectinstrument* – binnen de logica van hun productie door landschapsarchitecten – en atlassen als kennisinstrument – binnen de logica van hun opdracht en ontvangst door de Franse overheid.

Gini Lee, Antonia Besa

WaterLore: Drawing Strategies for Landscapes in Times of Radical Drying

This dynamic land/water hotspot map of the central Australian salt lake Kati Thanda-Lake Eyre reveals the intent of the WaterLore Project to explore how to document the natural and cultural water systems of increasingly radically drying arid systems and places through the medium of the constructed multidimensional map. As a mode of engagement, WaterLore presents the layered landscape drawing as an instrument for communicating complex systems and critical issues to diverse interested parties, as the focus of an exhibition at Melbourne University (2019). It seeks out current cultural water issues to prompt collaboration with landscape architecture research including Aboriginal cultures, geography, engineering and environmental law, where the art of the map based upon scientific and community knowledge can be a potent medium for transformation.

WaterLore: Strategieën voor het tekenen van landschappen tijdens extreme droogte

Deze dynamische land/water *hotspot*-kaart van het centrale Australische zoutmeer Kati Thanda-Lake Eyre toont de intentie van het WaterLore-

project om te onderzoeken hoe natuurlijke en culturele watersystemen van steeds sterker uitdrogende dorre systemen en plaatsen gedocumenteerd kunnen worden via het medium van de geconstrueerde multidimensionale kaart. Vanuit betrokkenheid presenteert WaterLore de gelaagde landschapstekening als instrument om met geïnteresseerde partijen over complexe systemen en kritische kwesties te kunnen praten; zoals gebeurde op een tentoonstelling aan de Universiteit van Melbourne (2019). Het project kiest actuele culturele watervraagstukken om samenwerking te stimuleren met landschaps architectuuronderzoek, waaronder Aboriginal culturen, geografie, techniek en milieurecht. De kunst van de kaart, gebaseerd op wetenschappelijke informatie en kennis uit de gemeenschap, is daarbij een krachtig middel voor transformatie.

Bram van Kaathoven

Architectura perennis

A single drawing in the Slovenian Catholic periodical *Dom in svet* from 1929 forms the material for this discussion. This publication attributes the design to Jože Plečnik and mentions Vinko Glanz as the illustrator (a former student of Plečnik). The drawing projects a new townscape of Ljubljana (Slovenia), the curious feature, however, is that an explanatory legend or timeline is missing. As a consequence, the drawing expresses itself ambivalently and the demarcation between fiction and reality is debatable. Because the applied drawing method is relatively conventional, the absence of the factor time forms the point of attention. The central question that is raised in this discussion is whether this is to be understood as a conscious working method in Plečniks quest for an *Architectura perennis* – an eternal Architecture.

Architectura perennis

Eén tekening in de Sloveense katholieke periodiek *Dom in svet* uit 1929 vormt het materiaal voor deze bespreking. Deze publicatie schrijft het ontwerp toe aan Jože Plečnik en vermeldt Vinko Glanz als vervaardiger van de tekening (oud-leerling van Plečnik). De tekening projecteert een nieuw stadsbeeld van Ljubljana (Slovenië), maar het merkwaardige is dat een verklarende legenda of voorgesteld tijdpad ontbreekt. Hierdoor drukt de tekening zich ambivalent uit en is de scheidslijn tussen fictie en realiteit discutabel. Doordat de toegepaste tekenmethode betrekkelijk conventioneel is, vormt de afwezigheid van de factor tijd het punt van aandacht. De centrale vraag die in deze bespreking wordt gesteld, is of dit dan ook als bewuste werkwijze begrepen kan worden vanuit Plečnik's zoektocht naar een *architectura perennis* – een eeuwige Architectuur.

Kees Christiaanse

Drawing Is Reading and Writing at the Same Time

The recent possibilities of drawing directly on the tablet with the pen have integrated old drawing techniques into the digital world, where the rolls of tracing paper have been replaced by seemingly unlimited interchangeable and manipulable layers. This contribution is based on a design sketch for the urbanised landscape between Guangming Residential District and Guangming Reservoir in Shenzhen. Kees Christiaanse describes how this way of drawing fluently mediates between the existing and the new, increasingly blurring the boundary between analysis and design.

Tekenen is lezen en schrijven tegelijk

Door de recente mogelijkheden om met de pen direct op de tablet te tekenen, zijn oude tekentechnieken in de digitale wereld opgenomen, waarbij de rollen overtrekpapier zijn vervangen door schijnbaar onbeperkt uitwisselbare en manipuleerbare lagen. Deze bijdrage is gebaseerd op een ontwerpschets voor het verstedelijkte landschap tussen Guangming Residential District en Guangming Reservoir in Shenzhen. Kees Christiaanse beschrijft hoe deze manier van tekenen vloeiend bemiddelt tussen het bestaande en het nieuwe, waarbij de grens tussen analyse en ontwerp steeds verder vervaagt.

Pieter Schengenga

Urban Water Plan for New Orleans: How Drawing Guides Design Discussions

In the aftermath of the Katrina hurricane, a workshop series called *Dutch Dialogues* was organised in New Orleans. The aim was to redesign the Water System of the city, by bringing together stakeholders, decision makers and experts. In this short contribution, Pieter Schengenga shares his experience of bringing all perspectives into a single comprehensive drawing.

Urban Water Plan voor New Orleans: Hoe het tekenen ontwerpdiscussies stuurt

In de nasleep van orkaan Katrina werd een workshop *Dutch Dialogues* georganiseerd in New Orleans. Het doel was om het watersysteem van de stad te herontwerpen, door belanghebbenden, besluitvormers en deskundigen bij elkaar te brengen. In deze korte bijdrage deelt Pieter Schengenga zijn ervaring met het verzamelen van alle gezichtspunten in één allesomvattende tekening.

Heidi Svenningsen Kajita

Finding & Archiving: Drawing as Method and Technique

'Not-knowing what to know' is a most uncomfortable place to find oneself in higher education underpinned by growth-determined logics. But practices of care, repair and maintenance show that things are best fixed by acts of improvisation and adaptation. Such practices lead to other kinds of pedagogies, which build on what is already there and as such lead to unplanned discoveries. This contribution presents *Finding & Archiving* – a didactic tool and mapping technique. The shown drawing exemplifies, how a single black line can relax drawing conventions and integrate multiple perspective approaches to planning and architecture.

Finding & Archiving: Tekenen als methode en techniek

Not-knowing what to know is een zeer ongemakkelijke plek om jezelf in te bevinden; in hoger onderwijs bijvoorbeeld dat gestuurd wordt door de logica van groei. Maar de praktijk van zorgverlening, reparatie en onderhoud wijst uit dat dingen het best worden opgelost door improvisatie en aanpassing. Een dergelijke praktijk leidt tot andersoortige pedagogieën die op bescheiden wijze voortborduren op het bestaande en zo leiden tot onvoorziene ontdekkingen. Deze bijdrage presenteert *Finding & Archiving*, een didactisch instrument en cartografische techniek. De hier getoonde tekening laat zien hoe een enkele zwarte lijn de tekenconventie kan versoepelen en meerdere perspectieven op planning en architectuur kan integreren.

Nitin Bathla is an architect, artist, and educator currently pursuing Doctoral Studies at the ETH Zurich. His work focuses on labour migration, land ecology, and housing in the extended urban region of Delhi. Aside from academic writing, Nitin works on films, community art and social design projects.
Nitin Bathla is architect, kunstenaar en docent. Momenteel werkt hij aan zijn proefschrift aan de ETH Zürich. Zijn werk richt zich op arbeidsmigratie, landecologie en huisvesting in de uitgestrekte stedelijke regio van Delhi. Naast academische teksten werkt Nitin aan films, gemeenschapskunst en sociale ontwerpprojecten.

Antonia Besa holds degrees in both architecture and landscape architecture, and practices in projects across Australia and overseas. Her research focuses on arid water systems and ecological infrastructures in rural and urban areas, with a strong interest in driving activist initiatives.
Antonia Besa is afgestudeerd in architectuur en landschapsarchitectuur; haar werkveld ligt in en buiten Australië. Ze houdt zich bezig met onderzoek naar droge watersystemen en ecologische infrastructuur in rurale en stedelijke gebieden. Daarbij is ze vooral geïnteresseerd in het aansturen van activistische initiatieven.

Paul Broekhuisen works as an urban designer on diverse projects, on different levels of scale, and is specialised in the integration of urban design, landscape design and architecture. In his work, drawings and sketches are pivotal, not as a purpose in itself, but as a tool for decision making. After graduating from Delft University of Technology in the early 1990s, he worked as an urban designer at Atelier Quadrat, Rotterdam. Currently he is working fulltime as a designer for the city of Rotterdam. In addition, he is also active as a tutor and lecturer, mainly focused on the relation between drawing, thinking and designing. He was a member of the Van Eesteren Chair at Delft University of Technology. In 2018, he produced most of the drawings in the book *IJsselmeer: A Spatial Perspective,* made in collaboration with prof. Frits Palmboom.
Paul Broekhuisen is als stedenbouwkundige gespecialiseerd in de integratie van stedenbouw, landschap en architectuur. In zijn werkwijze staat de tekening centraal; niet als doel op zich, maar als gereedschap om in planprocessen gezamenlijk besluiten te nemen. Na zijn opleiding aan de TU Delft in de jaren 1990 werkte hij als stedenbouwkundig ontwerper bij Atelier Quadrat in Rotterdam. Momenteel is hij fulltime werkzaam als ontwerper voor de gemeente Rotterdam. Daarnaast is hij actief in het onderwijs, met name gericht op de relatie tussen tekenen, denken en ontwerpen. Hij was wetenschappelijk medewerker bij de Van Eesteren Leerstoel aan de TU Delft. In 2018 verscheen het boek *IJsselmeergebied: Een ruimtelijk perspectief*, dat hij samen met Frits Palmboom maakte en waarvoor hij het merendeel van de tekeningen leverde.

Chiara Cavalieri is an architect with a PhD in Urbanism (IUAV, University of Venice). She teaches urbanism at the KU Leuven and is a member of the executive committee of the Habitat Research Centre (HRC) at the EPFLausanne. In recent years, she has collaborated and taught at various international schools, including the IUAV Venice, GSD Harvard, EPFLausanne, ITMO St. Petersburg and ENSAP Lille, and coordinated and directed several projects, research activities and international design workshops. In 2016 she co-curated the exhibition 'The Horizontal Metropolis: A Radical Project', first exhibited at the 15th International Architecture Exhibition of the biennale of Venice.
Chiara Cavalieri is architect en doctor in de stedenbouw (IUAV, Universiteit van Venetië). Ze doceert stedenbouw aan de KU Leuven en is lid van het uitvoerend comité van Habitat Research Centre (HRC) aan EPFLausanne. De afgelopen jaren gaf ze les op verschillende internationale scholen, waaronder IUAV Venetië, GSD Harvard, EPFLausanne, ITMO St. Petersburg en ENSAP Lille, en heeft ze verschillende projecten, onderzoek en internationale ontwerpworkshops gecoördineerd en geleid. In 2016 was zij mede-curator van de tentoonstelling 'The Horizontal Metropolis: A Radical Project', voor het eerst tentoongesteld op de 15e Internationale Architectuurtentoonstelling, biënnale van Venetië.

Kees Christiaanse studied architecture and urban design at Delft University of Technology. In 1980 he joined the Office for Metropolitan Architecture (OMA) and was appointed partner in 1983. In 1989 he founded his own company, now KCAP Architects & Planners (Rotterdam). In 1990 he co-founded ASTOC Architects and Planners (Cologne) and was a partner there until 2002. His work focuses on urban assignments in complex situations and on guiding urban processes. He is supervisor of several international urban developments. He held a professorship for architecture and urban design at the Technical University of Berlin (1996-2003) and was Chair of the Urban Planning Institute at the ETH in Zurich (2003-2018). He is the author of many publications about architecture and urban design. He has received numerous honours, including the '2016 RIBA International Fellowship', the 'ARC17 Oeuvre Award', and the 'ULI Leadership Award 2018' for sustainable urban development in the urban centres of Germany.
Kees Christiaanse studeerde architectuur en stedenbouw aan de TU Delft. In 1980 trad hij toe tot het Office for Metropolitan Architecture (OMA); in 1983 werd hij partner. In 1989 richtte hij zijn eigen bureau op, nu KCAP Architects & Planners (Rotterdam). In 1990 was hij medeoprichter van ASTOC Architects and Planners (Keulen), waar hij tot 2002 partner was. Zijn werk richt zich op stedenbouwkundige opgaven in complexe situaties en de begeleiding van stedelijke processen. Hij is supervisor van verschillende internationale stedelijke ontwikkelingen. Hij bekleedde een hoogleraarschap voor architectuur en stedenbouw aan de TU Berlijn (1996-2003) en was voorzitter van het Urban Planning Institute aan de ETH Zürich (2003-2018). Hij is auteur van vele publicaties over architectuur en stedenbouw. Hij ontving talrijke onderscheidingen, waaronder de '2016 RIBA International Fellowship' (Engeland), de 'ARC17 Oeuvre Award' (Nederland) en de 'ULI Leadership Award 2018' (Duitsland).

Elke Couchez explores the intersections between architecture, visual studies, intellectual history and pedagogy in her work. She defended her PhD 'Gestures make Arguments: Performing Architectural Theory in the Studio and the Classroom 196x-199x' at the KU Leuven Faculty of Architecture in 2018. In 2018 and 2019, she worked as a post-doctoral fellow on the project 'Is Architecture Art?' at the University of Queensland's Centre for Architecture, Theory, Criticism and History. As of September 2019, she teaches art, design and architecture history at the UHasselt and, as a member of the research group TRACE, she's working on a critical history of the educational laboratory ILAUD.
Elke Couchez verkent in haar werk de raakvlakken tussen architectuur, beeldende kunst, intellectuele geschiedenis en onderwijs. Ze verdedigde haar proefschrift 'Gestures make Arguments: Performing Architectural Theory in the Studio and the Classroom 196x-199x' aan de faculteit architectuur van de KU Leuven in 2018. In 2018 en 2019 werkte ze als postdoctoraal onderzoeker aan het project 'Is Architecture Art?' aan het Centre for Architecture, Theory, Criticism and History van de Universiteit van Queensland. Sinds september 2019 doceert ze kunst, design en architectuurgeschiedenis aan de UHasselt. Als lid van onderzoeksgroep TRACE werkt ze aan een kritische geschiedenis van het onderwijslaboratorium ILAUD.

Roberto Damiani is Lecturer at John H. Daniels Faculty of Architecture, Landscape, and Design at the University of Toronto, where he teaches courses on history, theory and visualisation of urbanism. His writing appears in the journals *San Rocco, Scapegoat, Abitare, Domus* and he contributed to Peter Eisenman's publication *Inside Out: Scritti, 1963-1988* by (2014), and to *Aldo Rossi, la storia di un libro* (2014). He is the editor of *The Architect and the Public: On George Baird's Contribution to Architecture* (2020).
Roberto Damiani is docent aan de John H. Daniels faculteit voor architectuur, landschap en ontwerp van de Universiteit van Toronto, waar hij les geeft in de geschiedenis, theorie en visualisatie van stedenbouw. Zijn werk is gepubliceerd in *San Rocco, Scapegoat, Abitare, Domus* en hij droeg bij aan Peter Eisenman's boek *Inside Out: Scritti, 1963-1988* (2014) en aan *Aldo Rossi, la storia di un libro* (2014). Hij is de samensteller van *The Architect and the Public: On George Baird's Contribution to Architecture* (2020).

Koenraad Danneels is working on a PhD in the history of urbanism and spatial planning at the University of Antwerp. He studied history and urban design (Ghent University 2014, 2016). His research is positioned at the nexus of the history of urbanism, landscape architecture, biology and ecology. He explores the complex translation of ideas from the sciences to urbanism in Belgium through various case studies spanning the twentieth century, focusing on discourses, networks and designs.

Koenraad Danneels is bezig met een promotie-onderzoek naar de geschiedenis van stedenbouw en ruimtelijke planning aan de Universiteit Antwerpen. Hij is opgeleid als historicus en stedenbouwkundige (UGent, 2014, 2016). De achtergronden van stedenbouw, landschapsarchitectuur, biologie en ecologie worden bij zijn onderzoek betrokken. Hij verkent daarin de complexe vertaling van wetenschappelijke ideeën naar de stedenbouw in België, aan de hand van verschillende casestudies uit de hele twintigste eeuw, met een nadruk op het discours, de netwerken en ontwerpen.

Bruno De Meulder studied architecture at the KU Leuven where he also developed a PhD dissertation on urbanism in the Belgian Congo. Currently, he teaches urbanism at the KU Leuven where he is vice-chair of the Department of Architecture and coordinates the post-graduate programmes of human settlements and urbanism. In his research theory and practice, analysis and design, history and contemporary urban practices cross. At the KU Leuven Urbanism and Architecture (OSA), De Meulder is currently supervising design research that focuses on spatial production and consumption patterns, territorial reuse, recycling and upcycling – from Flanders, Belgium to Ca Mau, Cantho and from Saigon, Vietnam to Cajamarca, Peru.
Bruno De Meulder studeerde architectuur aan de KU Leuven waar hij ook een proefschrift afrondde over stedenbouw in Belgisch Congo. Momenteel onderwijst hij stedenbouw aan de KU Leuven waar hij vice-voorzitter is van de afdeling architectuur en de postdoctorale programma's over menselijke nederzettingen en stedenbouw coördineert. Bij zijn onderzoek kruisen theorie en praktijk, analyse en ontwerp, geschiedenis en hedendaagse stedelijke praktijken elkaar. Aan de KU Leuven Urbanisme en Architectuur (OSA) begeleidt De Meulder momenteel ontwerpend onderzoek dat zich richt op ruimtelijke productie- en consumptiepatronen, territoriaal hergebruik, recyclage en upcyclage – van Vlaanderen, België over Ca Mau, Cantho en Saigon in Vietnam tot Cajamarca, Peru.

Sumedha Garg is an artist, designer and educator. She has worked in communities across India and South Africa, on community healing and eco reparation through art, storytelling, nature play and integrated learning models. Her work lies at the intersection of art, design, narrative and sacred ecology.
Sumedha Garg is kunstenaar, ontwerper en docent. Ze heeft gewerkt in gemeenschappen in India en Zuid-Afrika. Ze houdt zich bezig met *community healing* en eco-reparatie op het snijvlak van kunst, ontwerp, en verhalende/sacrale ecologie.

Bram van Kaathoven studied architecture at Eindhoven University of Technology and graduated cum laude in 2015. His graduation project in Turin received an honourable mention at the Dutch Archiprix in 2016. Since his studies, he has been a member of the chair of Rational Architecture of Prof. Christian Rapp. Within the design research group Bauhütte, which is part of the chair, this has led to contributions to architecture publications such as *Linkeroever: Across the River*. In addition, he was a guest lecturer at the Maastricht Academy of Architecture in 2017 and 2018. Recently he received an honourable mention as a result of his nomination for the Prix de Rome, the oldest art prize in the Netherlands.
Bram van Kaathoven studeerde architectuur aan de TU Eindhoven en studeerde in 2015 cum laude af. Zijn afstudeerproject in Turijn ontving een eervolle vermelding bij de Nederlandse Archiprix (2016). Al sinds zijn opleiding is hij verbonden aan de leerstoel Rational Architecture van prof. Christian Rapp. Binnen de daarin opererende, ontwerpende onderzoeksgroep *Bauhütte* heeft dit onder meer geleid tot bijdragen aan architectuurpublicaties zoals *Linkeroever: Sprong over de Schelde*. Daarnaast vervulde hij in 2017 en 2018 een gastdocentschap aan de Maastricht Academy of Architecture. Recentelijk ontving hij een eervolle vermelding bij zijn nominatie voor de Prix de Rome, de oudste kunstprijs in Nederland.

Gini Lee is a landscape architect, interior designer and pastoralist and is professor of Landscape Architecture at the University of Melbourne. Her multidisciplinary research into the water landscapes of arid territories contributes to the scientific, cultural, and Indigenous understanding of and management strategies for fragile landscapes.
Gini Lee is landschapsarchitect, binnenhuisarchitect, en liefhebber van het landleven. Ze is hoogleraar landschapsarchitectuur aan de Universiteit van Melbourne. Met haar multidisciplinaire onderzoek naar waterlandschappen en droge gebieden probeert ze bij te dragen aan de wetenschappelijke, culturele en inheemse kennis om kwetsbare landschappen op de juiste manier te kunnen beheren.

Gianni Lobosco is an architect, he has a PhD in Landscape Architecture and is a Research Fellow at the University of Ferrara, where he teaches in the master thesis studio. As project coordinator of the Sealine Research Centre at the same university and co-founder of the firm LEAA based in Reggio Emilia, his academic and professional activities mainly focus on the relationships rising from the evolution of global and local phenomena, between architecture, landscape and infrastructures. The results of this research have been presented in scientific articles, exhibitions and can be found in some built projects or planning studies realised for public and private institutions.
Gianni Lobosco is architect, gepromoveerd in de landschapsarchitectuur en Research Fellow aan de Universiteit van Ferrara waar hij een afstudeer-studio begeleidt. Als projectcoördinator van het Sealine Research Centre aan dezelfde universiteit en medeoprichter van het bureau LEAA in Reggio Emilia, richten zijn academische en professionele activiteiten zich vooral op relaties, die ontstaan uit de evolutie van wereldwijde en lokale fenomenen, tussen architectuur, landschap en infrastructuur. De resultaten van dit onderzoek zijn gepresenteerd in wetenschappelijke artikelen, tentoonstellingen, en zijn te vinden in enkele gebouwde projecten of planningsstudies die voor publieke en private instellingen zijn gerealiseerd.

William Mann is a director of Witherford Watson Mann Architects, London, established in 2001. The firm's transformation of the medieval Astley Castle won the 2013 RIBA Stirling Prize for its distinctive entwining of past and present. Whether at the architectural scale, adapting found structures, or at the urban scale, shaping strategies for London's edges, WWM makes the most of what is already there, adding judiciously to reinforce distinctiveness and transform capacity. William has written for *Archis, The Achitectural Review* and *Casabella*; his essay 'A Latecomer Imagines the City' was published in the *Sage Handbook of the 21st Century City* and in *Merkur*.
William Mann is partner bij Witherford Watson Mann Architects (Londen, opgericht in 2001). Voor de transformatie van het middeleeuwse Astley Castle kreeg het bureau in 2013 de RIBA Stirling prijs voor de duidelijke verstrengeling van verleden en heden. Of het nu gaat om de architectonische schaal, gericht op de aanpassing van bestaande structuren, of om de stedelijke schaal, gericht op het vormgeven van strategieën voor de randen van Londen, WWM maakt gebruik van wat er al is, met doordachte toevoegingen om het specifieke te versterken en kansen te kweken. Mann schreef eerder voor *Archis, The Architectural Review* en *Casabella*; zijn essay 'A Latecomer Imagines the City' werd gepubliceerd in het *Sage Handbook of the 21st Century City* en in *Merkur*.

Julie Marin is an engineer-architect (UGent, 2007) and has an MSc in architecture and urban design (GSAPP Columbia University New York, 2012). Her PhD 'Circular Economy Transition in Flanders: An Urban Landscape Design Contribution' (KU Leuven, 2019) received the VDK prize for sustainable development. Marin practiced at the City of Antwerp (2007-2009), Artesis Hogeschool Antwerp (2009-2011) and Scape Landscape Architecture (2013) in New York City and was Associate in Architecture at Columbia University's Urban Design Program (2012). Developing process-oriented urban design approaches of space as a metabolism, Marin's research reinterprets the territory's resourcefulness as the basis for contextualised circular economies.
Julie Marin is ingenieur-architect (UGent, 2007) en master of science in architectuur en stedenbouw (GSAPP Columbia University New York, 2012). Haar proefschrift 'Circulaire Economische Transitie in Vlaanderen: An Urban Landscape Design Contribution' (KU Leuven, 2019) ontving de VDK-prijs voor duurzame ontwikkeling. Marin werkte voor de Stad Antwerpen (2007-2009), aan de Artesis Hogeschool Antwerpen (2009-2011) en voor Scape Landscape Architecture (2013) in New York City, en was Associate in Architecture aan Columbia University's Urban Design Program (2012). Door de ontwikkeling van procesgeoriënteerde stedenbouwkundige benaderingen van de ruimte als een metabolisme, herinterpreteert Marin's onderzoek de vindingrijkheid van het territorium als basis voor een circulaire economie in een specifieke context.

Frits Palmboom studied at Delft University of Technology, worked as an urban designer for the city of Rotterdam and founded the current urban design studio Palmbout Urban Landscapes (1991). He was responsible for the IJburg Master Plan (Amsterdam, 1995) and the Belvedere project in Maastricht. He was a frequent guest lecturer and first professor at the Van Eesteren Chair (Delft University of

Technology, 2013-2018). He published the books *Doel en Vermaak in het Konstruktivisme* (1978), *Rotterdam Verstedelijkt Landschap* (1987), *Drawing the Ground* (2010), *IJsselmeer, a Spatial Perspective* (2017) and many articles on urbanism and landscape. His work has been exhibited at various European universities (2003), at the Venice Architecture Biennale (2004) and at Het Nieuwe Instituut (Rotterdam, 2019). He currently advises the municipality of Zaanstad on urban intensification, gives master classes at various design schools, and works on publications on urban design, landscape, design and drawing.

Frits Palmboom studeerde aan de TU Delft, werkte als stedenbouwkundige bij de gemeente Rotterdam en stond in 1991 aan de wieg van het huidige stedenbouwkundige ontwerpbureau Palmbout Urban Landscapes. Hij was verantwoordelijk voor onder meer het masterplan voor IJburg (Amsterdam, 1995) en het project Belvedere in Maastricht. Hij vervulde vele internationale gastdocentschappen en was de eerste hoogleraar op de Van Eesteren Leerstoel (TU Delft, 2013-2018). Hij publiceerde de boeken *Doel en Vermaak in het Konstruktivisme* (1978), *Rotterdam Verstedelijkt Landschap* (1987), *Drawing the Ground* (2010) en *IJsselmeer, a Spatial Perspective* (2017), en vele artikelen over stedenbouw en landschap. Zijn werk werd geëxposeerd op diverse Europese universiteiten (2003), op de architectuurbiënnale van Venetië (2004) en in Het Nieuwe Instituut (Rotterdam, 2019). Momenteel adviseert hij de gemeente Zaanstad over stedelijke intensivering, geeft masterclasses aan diverse ontwerpopleidingen, en werkt aan publicaties over stedenbouw, landschap, ontwerpen en tekenen.

Sandra Parvu is an architect, a faculty member at the ENSA Paris-Val de Seine, and a research fellow at the Laboratoire Architecture Anthropologie (LAA-LAVUE CNRS). Her work focuses on large-scale planning, housing policy and politics of landscape in France. On this latter topic, her publications include 'Landscape as a Means of Questioning the Temporal Frames of Urban Planning', in: *Tiergarten, Landscape of Transgression: This Obscure Object of Desire* and 'The Gestures of Drawing in Landscape Participatory Design', in: *Landscape as Mediator, Landscape as Commons: International Perspectives on Landscape Research*.

Sandra Parvu is architect en faculteitslid van ENSA Paris-Val de Seine en onderzoeker bij het Laboratoire Architecture Anthropologie (LAA-LAVUE CNRS). Haar werk richt zich op grootschalige planning, woonbeleid en landschapspolitiek in Frankrijk. Over dit laatste onderwerp schreef ze onder meer de artikelen 'Landscape as a Means of Questioning the Temporal Frames of Urban Planning', in: *Tiergarten, Landscape of Transgression: This Obscure Object of Desire* en 'The Gestures of Drawing in Landscape Participatory Design', in: *Landscape as Mediator, Landscape as Commons: International Perspectives on Landscape Research.*

Pieter Schengenga is landscape architect and director of H+N+S Landscape Architects. His challenge is the full integration of utility and beauty in one plan. That is why he combines his love for the Dutch landscape with a special fascination for technology: the functioning of the system. Schengenga works on a wide range of projects. Regional design and vision development have his special interest. Working according to the layered approach is a matter of course for him, based on the idea that unique qualities always arise from a specific interaction between subsurface, water and nature, networks and land use. In these plans he always makes logical connections between the past, the present and the future. He also has a lot of experience in and interest in projects in the field of water and design.

Pieter Schengenga is landschapsarchitect en directeur van H+N+S Landschapsarchitecten. Zijn uitdaging is de volledige integratie van nut en schoonheid in één plan. Daarom koppelt hij zijn liefde voor het Nederlandse landschap aan een bijzondere fascinatie voor techniek: de werking van het systeem. Schengenga werkt aan een breed scala van projecten. Regionaal ontwerp en visievorming hebben zijn bijzondere belangstelling. Het werken volgens de lagenbenadering is voor hem vanzelfsprekend, vanuit het idee dat unieke kwaliteiten altijd ontstaan door een wisselwerking tussen ondergrond, water en natuur, netwerken en landgebruik. In deze plannen legt hij logische verbindingen tussen het verleden, het heden en de toekomst. Ook heeft hij veel ervaring in en belangstelling voor projecten op het gebied van water en ontwerp.

Holger Schurk graduated in 1997 in architecture from the University of Stuttgart. He collaborated with Auer + Weber (Stuttgart), with Monolab (Rotterdam) and with NL-Architects (Amsterdam). Since 2001 he is partner in dform, Zurich. He taught and lectured at the ETH Zurich with Prof. Dr. Marc Angélil (2001-2004), was a lecturer at the ETH Postgraduate Course Landscape, and was senior lecturer at the Berne University of Applied Sciences (2005-2008). Since 2008 he is a senior lecturer at the Zurich University of Applied Sciences. In 2018 he obtained a PhD from the Academy of Fine Arts Vienna, with Prof. Dr. Angelika Schnell.

Holger Schurk studeerde in 1997 af in de architectuur aan de Universiteit van Stuttgart. Hij werkte samen met Auer + Weber (Stuttgart), Monolab (Rotterdam) en NL-Architects (Amsterdam). Sinds 2001 is hij partner in dform, Zürich. Hij doceerde aan de ETH Zürich bij prof. dr. Marc Angélil (2001-2004), was docent aan de ETH Postgraduate Course Landscape, en was hoofddocent aan de Berne University of Applied Sciences (2005-2008). Sinds 2008 is hij hoofddocent aan de Zurich University of Applied Sciences. In 2018 promoveerde hij aan de Academie voor Schone Kunsten in Wenen, bij prof. dr. Angelika Schnell.

Heidi Svenningsen Kajita is an assistant professor at the University of Copenhagen and currently a visiting fellow at Newcastle University (funded by Independent Research Fund Denmark). Drawing on emerging ethnographic-architectural methodology, her practice-based research concerns relationships between architects' practices and processes, building norms and lived experiences. She has taught extensively in architecture schools in Denmark, the UK and Sweden. She has contributed with texts and drawings to: *Mass Housing of the Scandinavian Welfare States: Past Present and Future Perspectives* (2020), *Forming Welfare* (2017) and *Sketching, Drawing, Scripting, Modeling: Artifacts of Designing and Their Knowledge Practices* (2017/2020).

Heidi Svenningsen Kajita is universitair hoofddocent aan de Universiteit van Kopenhagen en momenteel gastdocent aan de Newcastle University (gefinancierd door het onafhankelijk onderzoeksfonds Denemarken). Met gebruikmaking van de opkomende etnografisch-architectonische methodologie, heeft haar praktijkgerichte onderzoek betrekking op de relaties tussen de praktijken en processen van architecten; bouwnormen; en geleefde ervaringen. Ze heeft lesgegeven op architectuurscholen in Denemarken, Groot-Brittannië en Zweden. Ze heeft bijgedragen met teksten en tekeningen aan: *Mass Housing of the Scandinavian Welfare States: Past Present and Future Perspectives* (2020), *Forming Welfare* (2017) en *Sketching, Drawing, Scripting, Modeling: Artifacts of Designing and Their Knowledge Practices* (2017/2020).

Marc Treib is professor of architecture emeritus at the University of California, Berkeley. He is a historian and critic of landscape and architecture who has published widely on modern and historical subjects in the United States, Japan and Scandinavia. Recent books include *Landscapes of Modern Architecture: Wright, Mies, Neutra, Aalto, Barragán* (2017), *Austere Gardens: Thoughts on Landscape, Restraint & Attending* (2018), *The Landscapes of Georges Descombes: Doing Almost Nothing* (2019) and *Thinking a Modern Landscape Architecture, West and East: Christopher Tunnard, Sutemi Horiguchi* (2020).

Marc Treib is emeritus hoogleraar architectuur aan de University of California, Berkeley. Hij is een historicus en criticus van het landschap en de architectuur; hij heeft veelvuldig gepubliceerd over moderne en historische onderwerpen in de Verenigde Staten, Japan en Scandinavië. Recente boeken zijn onder andere *Landscapes of Modern Architecture: Wright, Mies, Neutra, Aalto, Barragán* (2017), *Austere Gardens: Thoughts on Landscape, Restraint & Attending* (2018), *The Landscapes of Georges Descombes: Doing Almost Nothing* (2019) en *Thinking a Modern Landscape Architecture, West and East: Christopher Tunnard, Sutemi Horiguchi* (2020).

Credits/ Colofon

Independent Peer-Reviewed Journal for Architecture, published by the OASE Foundation/ Onafhankelijk Peer-Reviewed architectuurtijdschrift, uitgegeven door de stichting OASE

OASE is made possible with the support of the Creative Industries Fund NL, the Van Eesteren, Fluck & Van Lohuizen Foundation and the associated universities and institutions.

OASE wordt mede mogelijk gemaakt met de steun van het Stimuleringsfonds Creatieve Industrie, de Van Eesteren, Fluck & Van Lohuizen Stichting en de geassocieerde universiteiten en instellingen.

creative industries fund NL

stimuleringsfonds creatieve industrie

EFL STICHTING

OASE foundation/ stichting
p/a Sandra Mellaart
Baljuwplein 70
3033 XD Rotterdam
the Netherlands
info@oasejournal.nl
www.oasejournal.nl

ISSN 01696238
ISBN 9789462085787

OASE 106 is also available as e-book (pdf)
ISSN 01696238
ISBN 9789462085923

OASE editorial board/ redactie
p/a D'Laine Camp
Prins Frederik Hendrikstraat 107
3051 ER Rotterdam
the Netherlands

Photo credits/ Fotografie
p. 13 Les Couloirs/ De Corridors' Summer School, Studio016, EPFLausanne (with/ met Gent University, ENSAP Lille, UCLouvain, Iuav Venice/ Venetië and/ en KULeuven), Tournai/Doornik: 28/08-8/09, 2016
p. 14 (top/ boven) Chiara Cavalieri (EPFL) & Michael Stas (Studio Paola Viganò), 2016-2018. Source of data: DHIE, Geopunt Vlaanderen, AGIV, IGN Belgique, IGN France, VNF, Geoportail Wallonië; Open StreetMap; surveys on field EPFL and/ en Studio Paola Viganò
p. 14 (bottom/ onder) Chiara Cavalieri (EPFL) & Michael Stas (Studio Paola Viganò), 2018. Source of data: DHIE, Geopunt Vlaanderen, AGIV, IGN Belgique, IGN France, VNF, Geoportail Wallonië; Open StreetMap; EuroVelo; surveys on field EPFL and/ en Studio Paola Viganò
p. 19, 21, 22, 25 Witherford Watson Mann Architects
p. 26 © Philipp Ebeling
p. 29 Frits Palmboom, *Rotterdam Verstedelijkt Landschap* (Rotterdam: Uitgeverij 010, 1987), 40
p. 31, 34 Frits Palmboom, graduation presentation/afstudeerpresentatie 'Stedenbouwkundig Ontwerp Capelse Put', November/ november 1981 (personal archive/ persoonlijk archief)
p. 41 'Via Saffi. Re-use of the S. Chiara/ Carceri complex upon the principle of "destructuring/ restructuring"', in: International Laboratory of Architecture and Design, 2nd Residential Course Urbino 1977 (Urbino: ILAUD & Università di Urbino, 1978), 93 (© Paolo Ceccarelli, president ILAUD)
p. 45 Archivio ILAUD, Biblioteca civica d'arte Luigi Poletti, Modena. Box: Projects, 1977 (© Paolo Ceccarelli, president ILAUD)
p. 51, 52 © Bhavyaa Parashar
p. 57, 58 OMA Archive, Rotterdam, © OMA
p. 65 Werner Hegemann & Elbert Peets, *The American Vitruvius* (New York: Architectural Book Publishing Company, 1922)
p. 66 R. Carvalho, O. Fredericks & E. Sennyey, Cornell Urban Design Studio, 1981
p. 69 Robert Venturi, Denise Scott Brown & Steve Izenour, *Learning from Las Vegas* (Cambridge, MA/London: MIT Press, 1977), 21
p. 71 (top/ boven) Student work/ werk van studenten, George Baird's studio, University of Toronto, from/ uit 'Vacant Lottery', 1978
p. 71 (bottom/ onder) West 8, a pattern of terraces as figural voids/ een patroon van rijtjeshuizen als figurative leegten, Borneo-Sporenburg, Amsterdam, 1993
p. 75 Bernard Tschumi
p. 76 Bernardo Secchi & Vittorio Gandolfi
p. 80 Cellule opérationnelle du PLM
p. 83 FABRIC., IABR, Rotterdam, 2014
p. 87 Paul Broekhuisen
p. 91 Rein Geurtsen & Luc Bos, 'Kopenhagen dubbelstad; een bewerkte reisindruk', *Wonen/TABK* 10/11/12 (1981).
p. 92 Paul Broekhuisen/Atelier Quadrat
p. 94 Sander de Knegt, Stadmakerscongres Rotterdam, commissioned by/ in opdracht van AIR (Architectuur Instituut Rotterdam), 2018
p. 101,102, 103 Julie Marin, Matteo Motti & Bruno De Meulder, 'Atelier # 1', in: Joeri De Bruyn et al. (eds/red.), *Het Kolenspoor getest* (Mechelen: Public Space en Ruimte Vlaanderen, 2016), 189-248 (© OSA KULeuven 2016)
p. 109 Marc Treib, Dorothée Imbert & Garrett Eckbo, *Modern Landscapes for Living* (Berkeley: University of California Press, 1997) 125
p. 112 CIVA, Fonds René Pechère
p. 115 H.N. Fisk
p. 118 Alain Freytet & Alain Mazas, *Atlas des Pays et Paysages des Yvelines* (Versailles: CAUE 78, 1992)
p. 122 Gini Lee & Antonia Besa, Geoscience Australia, Sally Ride, Jesse Allen, Google Earth
p. 124 Jože Plečnik & Vinko Glanz, 'Studija regulacije Ljubljane in okolice', *Dom in svet* 5 (1929), bijlage 4
p. 127 KCAP, Kees Christiaanse
p. 130 'Water system design report', H+N+S with/ met Nanco Dolman, Andy Sternad & Aron Chang as part of the/ als onderdeel van het Greater New Orleans Urban Water Plan by/ door Waggonner & Ball and an international team of Designers and Advisors/ plus een internationaal team van ontwerpers en adviseurs, 2013
p. 134 Dominic Spalt, Gustav Jerlval Jeppsson, Julius Stauber, Natasha Engelbrecht Dam, Scarlett Hessian & Teresa Rädler, Master Program Spatial Design, Perception and Detail at/ aan KADK Kongelige Danske Kunstakademis, 2015-2017

Design/ Vormgeving
Karel & Aagje Martens, martens and martens

Copy editing/ Tekstredactie
D'Laine Camp, Gerda ten Cate

Printing/ Druk
Wilco Art Books

Paper/ Papier
schleipen 2,0 extra weiss
Munken Polar 200gr

Font/ Lettertype
Jungka

Publisher/ Uitgever
OASE foundation/ stichting

Distribution
nai010 publishers/ uitgevers
sales@nai010.com
www.nai010.com

Subscriptions and administration/ Abonnementenadministratie
Abonnementenland
De Trompet 1739
1967 DB Heemskerk
the Netherlands
Tel +31 (0)251 - 257924
www.aboland.nl

Subscriptions/ Abonnementen
OASE is published three times a year. Subscriptions can be taken out via the website of Abonnementenland, see www.aboland.nl. OASE can be found under the 'Art & Culture' category. Students at universities and academies of architecture as well as holders of a *CJP* are entitled to a reduction in the costs of the subscription. For the terms and conditions of the OASE subscription, please consult the website of Abonnementenland.

OASE verschijnt drie keer per jaar. Abonnementen kunnen afgesloten worden via de website van Abonnementenland, zie www.aboland.nl. OASE is te vinden onder de categorie 'Kunst & Cultuur'. Recht op reductie op de abonnementskosten hebben studenten aan universiteiten en academies van bouwkunst, alsmede houders van CJP. Voor de voorwaarden van het OASE-abonnement verwijzen wij u naar de website van Abonnementenland.

Subscriptions for three issues in Europe/
Abonnementsprijs voor drie nummers in Europa

individuals/ particulieren	**€ 70**
organisations/ instellingen	**€ 100**
students/ studenten	**€ 50**

Abonnementsprijs voor drie nummers in Nederland en België

particulieren	**€ 60**
instellingen	**€ 100**
studenten	**€ 40**

Subscriptions for three issues outside Europe/ Abonnementsprijs voor drie
nummers buiten Europa

Individuals/ particulieren, **students/** studenten	**€ 100**
organisations/ instellingen	**€ 120**

Subscriptions for three digital issues/
Abonnementsprijs voor drie digitale nummers

individuals/ particulieren	**€ 40**
students/ studenten	**€ 25**

Books distributed by nai010 are available internationally at selected bookstores and from the following distribution partners:

North, South and Central America – Artbook | D.A.P., New York, USA, dap@dapinc.com

Rest of the world – Idea Books, Amsterdam, the Netherlands, idea@ideabooks.nl

For general questions, please contact the OASE foundation directly at info@oasejournal.nl or visit our website www.oasejournal.nl for further information. For sales information and availability for bookshops, please contact nai010 at sales@nai010.com or visit www.nai010.com

Voor informatie over verkoop en distributie in Nederland en België, stuur een e-mail naar sales@nai010.com of kijk op www.nai010.com.

Printed and bound in the EU/ Gedrukt en gebonden in de EU

atelier Quadrat, Rotterdam | atelier Stadsbouwmeester Antwerpen | AWG Architecten, Antwerpen | Daf architecten, Rotterdam | De Nijl Architecten, Rotterdam | De Smet Vermeulen architecten, Gent | Diederendirrix architecten, Eindhoven | FEDDES/ Olthof, Utrecht | Geurst & Schulze architecten, Den Haag | Humblé Martens & Willems, Maastricht | MUST Stedebouw bv, Amsterdam - Köln | Neutelings Riedijk Architecten, Rotterdam | Next Architects, Amsterdam - China | Office Winhov, Amsterdam | PALMBOUT- Urban Landscapes bv, Rotterdam | Powerhouse Company, Rotterdam | Rapp+Rapp BV, Amsterdam | Rijnboutt, Amsterdam | Wim van den Bergh Architect, Maastricht